医学院校创新创业教育及其协同发展研究

陈 蕾 ◎ 著

科学技术文献出版社
SCIENTIFIC AND TECHNICAL DOCUMENTATION PRESS

·北京·

图书在版编目（CIP）数据

医学院校创新创业教育及其协同发展研究 / 陈蕾著. —北京：科学技术文献出版社，2022.12

ISBN 978-7-5189-9811-1

Ⅰ.①医…　Ⅱ.①陈…　Ⅲ.①高等学校—创造教育—研究—中国　Ⅳ.① G640

中国版本图书馆 CIP 数据核字（2022）第 222071 号

医学院校创新创业教育及其协同发展研究

策划编辑：杨　杨　责任编辑：李晓晨　侯依林　责任校对：张吲哚　责任出版：张志平

出 版 者	科学技术文献出版社
地　　　址	北京市复兴路15号　邮编　100038
编 务 部	（010）58882938，58882087（传真）
发 行 部	（010）58882868，58882870（传真）
邮 购 部	（010）58882873
官方网址	www.stdp.com.cn
发 行 者	科学技术文献出版社发行　全国各地新华书店经销
印 刷 者	北京厚诚则铭印刷科技有限公司
版　　　次	2022年12月第1版　2022年12月第1次印刷
开　　　本	710×1000　1/16
字　　　数	222千
印　　　张	13.5
书　　　号	ISBN 978-7-5189-9811-1
定　　　价	58.00元

版权所有　违法必究

购买本社图书，凡字迹不清、缺页、倒页、脱页者，本社发行部负责调换

前 言

创新创业教育的实施往往涉及跨专业、跨领域、跨院校的广泛协作，既包括对校内外资源的深入整合，也包括各方人力、资本、资源等因素的全面协同。因此，创新创业教育远比专业教育更为综合化与复杂化，构建医学院校创新创业教育协同机制势在必行。

基于此，本书以"医学院校创新创业教育及其协同发展研究"为题，在内容编排上共设置7章：第一章是创新创业教育概论，主要包括创新创业教育的相关概念、创新创业教育的理论基础、医学院校创新创业教育的改革发展路径；第二章围绕医学院校创新创业教育协同机制的设计、运行、保障3个方面进行研讨；第三章对医学院校大学生创新意识与创业能力培养、医学院校创新创业教育人才培养的理论与规格、医学院校创新创业教育人才培养的多元路径进行分析；第四章探讨医学院校大学生创业者与创业团队、医学院校大学生创业机会的识别、医学院校大学生创业资源与创业融资、医学院校大学生创业风险的判断；第五章探究医学院校创新创业教育与道德教育的协同发展，内容涵盖大学生道德教育概述、医学院校创新创业教育与道德教育协同发展的必要性、医学院校创新创业教育与道德教育协同发展的主要路径；第六章基于医学院校创新创业教育与专业教育的协同发展视角，探索医学院校创新创业教育与专业教育协同发展的必要性、基本原则、主要路径及实践探索；第七章分别从医学院校的基础医学专业、临床医学专业、医学检验技术专业、康复治疗学专业、护理学专业，具体探讨与创新创业教育的协同发展问题。

本书内容翔实、通俗易懂，理论结构合理，本着务实、求新与开拓的精神，在总结、研究、提炼的基础上，既有对创新创业教育基本理论知识的论述，又有对创新创业教育与道德教育、专业教育融合发展的探讨，力求从理论和实践结合的角度加以融合，为推动医学院校大学生创新创业教育的发展提供参考与借鉴。

笔者在撰写本书的过程中，得到了很多专家学者的鼎力相助与悉心指导，在此表示最诚挚的谢意。由于笔者水平有限，加之时间仓促，书中涉及的内容难免存在纰漏之处，敬请各位读者提出宝贵意见。

目 录

第一章 创新创业教育概论 ………………………………………… 1
  第一节 创新创业教育的相关概念 ……………………………… 1
  第二节 创新创业教育的理论基础 ……………………………… 43
  第三节 医学院校创新创业教育的改革发展路径 ……………… 50

第二章 医学院校创新创业教育协同机制解读 …………………… 52
  第一节 医学院校创新创业教育协同机制的设计 ……………… 52
  第二节 医学院校创新创业教育协同机制的运行 ……………… 66
  第三节 医学院校创新创业教育协同机制的保障 ……………… 87

第三章 医学院校创新创业教育的人才培养研究 ………………… 94
  第一节 医学院校大学生创新意识与创业能力培养 …………… 94
  第二节 医学院校创新创业教育人才培养的理论与规格 ……… 102
  第三节 医学院校创新创业教育人才培养的多元路径 ………… 108

第四章 医学院校创新创业教育的操作实践探索 ………………… 116
  第一节 医学院校大学生创业者与创业团队 …………………… 116
  第二节 医学院校大学生创业机会的识别 ……………………… 130
  第三节 医学院校大学生创业资源与创业融资 ………………… 146
  第四节 医学院校大学生创业风险的判断 ……………………… 161

第五章 医学院校创新创业教育与道德教育的协同发展 ………… 168
  第一节 大学生道德教育概述 …………………………………… 168
  第二节 医学院校创新创业教育与道德教育协同发展的必要性 ……… 174

第三节　医学院校创新创业教育与道德教育协同发展的主要路径 …… 177

第六章　医学院校创新创业教育与专业教育的协同发展 …………… 180
　　第一节　医学院校创新创业教育与专业教育协同发展的必要性 …… 180
　　第二节　医学院校创新创业教育与专业教育协同发展的基本原则 …… 181
　　第三节　医学院校创新创业教育与专业教育协同发展的主要路径 …… 182
　　第四节　医学院校创新创业教育与专业教育协同发展的实践探索 …… 184

第七章　医学院校创新创业教育与专业教育协同发展的具体研究 ………… 186
　　第一节　基础医学专业创新创业教育体系建设 ………………………… 186
　　第二节　临床医学专业创新创业教育策略 ……………………………… 190
　　第三节　医学检验技术专业创新创业教育路径 ………………………… 193
　　第四节　康复治疗学专业创新创业思维培训 …………………………… 195
　　第五节　创新创业教育与护理学专业教育的协同发展探索 …………… 198

参考文献 …………………………………………………………………… 208

第一章　创新创业教育概论

第一节　创新创业教育的相关概念

一、创新

创新是通过概念化过程产生的与原有事物存在较大差异的新思维、新创作、新技术等。英语中，"创新"一词从拉丁语演变而来，其有3层含义：一是更新，替换原有的事物；二是创造，创造出原来没有的事物；三是改变，对原有事物进行发展和改造。创新的3层含义是人类区别于其他生物所特有的能力，是自觉能动性的高级外在表现。因为有创新行为，人类社会才会持续不断地发展。人们对哲学、经济学、社会学理论与实践的不断深入研究，促进了对创新概念的认识和理解。

（一）创新认知

1. 创新的重要意义

创新是推动人类社会发展前进的动力源泉之一，在宏观和微观层面都有重要的现实意义。

（1）从宏观角度而言，创新对一个国家和民族的繁荣兴盛起决定性作用。随着社会发展，国家之间的竞争已经逐渐演变为创新能力的竞争。

从经济学角度来看，创新直接促进科学技术的进步，将高新技术应用到生产实践中，又会推动生产设备及相关技术的更新换代，对劳动者的业务能力和综合素养具有一定的提升作用，在综合因素的推动下会产生先进的生产力。从社会学角度来看，理论创新会促进制度、技术等创新形式的改变，进而带来生产关系及社会政治、经济、文化等制度方面的革新与发展。

从文化角度来看，创新推动人类思维和文化的发展。思维方式的变化受人实践方式的影响，即行为方式作用于思维方式。理论创新和实践创新相辅相成、相互作用，共同推动科学技术的革新，有助于开阔人类眼界、扩大认知范围，进而推动人类思维的转变和发展。因此，创新是推动人类思维方式发展与变革的重要行为方式之一。文化的改变同样需要行为方式的发展与革新，同等道理，创新也推动人类文化的发展。因此，人们需要树立创新意识，不断创新。

（2）从微观角度而言，创新对个人的成长进步至关重要，是个人在工作中保持持久活力的动力源。一方面，创新是人为了解决问题、创造更好的生活而必须做的一种行为，是人的主观需求。创新行为是人将原有事物或思维分解，再利用思维进行加工重组，创造出不同于原来的新事物或新思维。另一方面，创新是人类认识、改造世界的实践活动与勇于开拓的精神状态的协调统一。社会的发展会促使人产生新的物质或精神需求，这种需求会推动人类在现有物质或精神活动的基础上，创造出能够满足需求的新物质或精神，从而充分体现出自身价值。这一满足更高需求的实践过程就是创新。

2. 创新的类别划分

创新可从以下角度进行划分。

（1）从表现形式划分，创新包括理论创新、知识创新、技术创新、产品创新、工艺创新、服务创新、制度创新、商业模式创新、管理创新、渠道创新等。

（2）从服务领域划分，创新包括教育创新、民生创新、医疗创新、金融创新、通信创新、工业创新、农业创新、商业创新等。

（3）从行为主体划分，创新包括个人创新、政府部门创新、科研机构创新、医学院校创新、企业创新、中介服务机构创新等。

（4）从组织形式划分，创新包括独立创新、联合创新、引进创新等。

（5）从过程变化划分，创新包括演化创新、革命型创新等。

（6）从实践效果划分，创新包括有价值创新、无价值创新、负效应创新等。

（7）从创新程度划分，创新包括首创型创新、改创型创新、仿造型创新等。

（8）从管理对象差异性划分，创新包括知识创新、技术创新与制度创新等。

3. 创新的主要特点

创新是对重复、简单的劳动方式的否定，是对原有事物进行根本性变革或综合性改造，它主要具有以下特点。

（1）目标性。创新的目标是指在一段时期内，通过创新活动想要达到的结果。不同的创新活动具有不同的目标，企业创新活动的目标是提高核心竞争力，从而赢得市场。

（2）变革性。创新是对原有事物的改革和革新，是一种深刻的变革。只要变革的方向正确、目标明确，就可以打破已有限制，获得更大的生存空间。

（3）新颖性。创新的新颖性是指创造者对现有的不合理事物进行扬弃，革除过时的内容，创造出前所未有的东西。

（4）前瞻性。由于创新是相对于他人的首创行为，因此创新往往超前于社会认识，能把握未来事物的发展方向。

（5）价值性。价值性不是单纯提高产品的技术竞争力，而是通过为顾客创造更高的价值来使企业获取顾客青睐并取得成功，由此开辟一个全新的、非竞争性的市场空间。

4. 创新的基本阶段

创新的过程一般可以分为以下 3 个阶段。

（1）准备阶段。准备阶段是创新的基础阶段，这个阶段的主要特点是在累积知识的过程中检查和厘清问题，明确创新的方向与目标。在这一阶段，提出问题、收集资料、做出假设是最关键的环节。

第一，提出问题。创新者能够精确地提出问题就相当于解决了一半问题。想要精确地提出问题，首先需要了解引起问题的客观事实，以及在处理问题时已拥有的必要条件，如理论水平和研究积累的科学事实等。

第二，收集资料。在这一阶段，应尽可能根据问题收集信息、建立概念、储备经验，为开展创新活动打下坚实的基础。

第三，做出假设。创新都是以假设为前提的，只有提出可行性的假设，才能从不同的事物中发现共同的东西，从未知的事物中找出已知的东西，从已知的事物中预测未知的东西。有了假设，特别是想象假设，才能发现自然界和社会生活中的新规律，成为新事物的发明者和创新者。

（2）酝酿阶段。酝酿阶段是创新过程的运作阶段，是对各种资料进行全面详尽的解析，并加以"消化、吸收"，继而提出问题与解决策略的过程。

这个过程不仅是创新性思维活动最艰难的阶段,而且是智力与意志活动付出最大努力的阶段。为了能够调整到最佳的创新状态,创新者需要从熟悉的思维模式和对某些事物事件的固有观念中挣脱出来,打破看问题的习惯方式。

(3)顿悟阶段。顿悟阶段是创新过程的收获阶段,常常被称为"直觉的跃进""思想上的光芒"。顿悟是与直觉、灵感具有一定联系的思维现象。进入这一阶段,人在解决问题时豁然开朗,思维范围扩大,以往百思不得其解的难题会瞬间得到破解。

顿悟同准备、酝酿是分不开的,如果离开人们长时间的实践、高度集中化与紧张化的思考,顿悟是不可能产生的,它是一个人长期实践、思考、艰苦劳动的产物。

(二)创新精神

创新是一个国家进步的动力之源,是一个民族发展的不竭力量。创新精神与创新思维是创新创业教育的主旋律。培养学生的创新能力,首先是要培养他们的创新精神和创新思维。21世纪是知识经济时代,知识经济的内在实质是创新,培育创新精神是其对新时代大学生提出的根本要求,也是大学生应具备的基本素养。

创新绝不是无本之木、无源之水,唯有夯实知识基础,创新才成为可能。因此,大学生应精通所学课程,并培养广泛的阅读兴趣。学习无处不在,与他人交流是学习,上网是学习,观看视频也是学习,其关键在于我们有没有用心。唯有理论与实践相结合,理论才有意义。大学生应该活读书、读活书。只有精通理论,才有可能改进实践;只有拥有丰富的实践经验,才有可能产生新的理论。

除此之外,大学生要培养自己的创新精神,应富有怀疑精神,探究各种事物的本源及其实质。引导大学生积极参加社会实践也是培养创新思维、提升创新能力的有效措施。只有通过实践,才能发现想与做的差距,才能将创新理念变为现实,才能真正发展创新精神、创新能力。

(三)创新思维

"成功的创业必须建立在创新基础之上,创新的源泉是创新思维,因此，培养大学生创新创业思维能力已成为时代发展的迫切需要。"[①] 在大脑中负责记忆的海马体被连接到两个被称为杏仁核的神经元小球上。如果出现熟悉的事物，海马体就会被迅速地激活；但如果是新鲜的事物，海马体就很难找到与之匹配的记忆，它会把这种事物鉴定为不熟悉，然后向杏仁核发出信号，人们就会感到抵触和反感。这是人们接受事物的生理学基础，也是人们的一种本能。

1. 创新思维的重要意义

创新思维是人类从事创造性活动的基础，是一切创造原理和创造技法的源泉，人类的成果无一不是创新思维的结果。创新思维结果实现了知识（信息）的增殖，它广泛存在于科学史上的重大发明中，存在于政治、军事决策，以及生产、教育、艺术及科学研究活动中。因此，每个人都具有广义上的创新思维能力。"随着社会的进步和科学技术的迅猛发展，如何才能培养有创新思维和创业能力的应用型人才已成为应用型大学教育教学改革的一个重要而紧迫的研究课题。"[②]

（1）创新思维是开创之道。创新思维是创造财富最便捷、最有效、收益率最高的活动。人类社会存在的目的是创造更多的财富、生产更多更好的物质和精神产品，以满足人们提高物质文化生活水平的需要。各国的竞争就是创造财富能力的竞争。

（2）创新思维是竞争要素。当今社会，要在激烈的竞争中取胜，需要另辟蹊径，在大众化的思维中独树一帜，也就是需要创新。因此，创新已经成为一种社会精神与生存方式。

（3）创新思维是国家之要。古今中外的国家兴衰史表明，科技兴则民族兴，科技强则国家强。综合国力的竞争是创新思维的竞争，要实现中华民族伟大复兴，最根本的是有创新思维作为支撑。

（4）创新思维是创业源泉。一个创业活动包含许多创新行为，而创业的成败往往依赖于创新程度和创新质量。时代在发展，社会在进步，创业不能完全走别人走过的路，只有结合内外环境变化，进行适当创新才有可能

[①] 邓彦敏,曹加文,罗纯. 论培养当代大学生创新创业思维的重要性[J]. 创新创业理论研究与实践,2022,5（2）：99-101.

[②] 孙桂生,郑丽. 应用型大学创新创业人才的创新思维培养探索与实践[J]. 教育教学论坛,2021（31）：52-55.

成功。

（5）创新思维是创意支撑。与众不同、另辟蹊径是大学生创新创业的起点。正因为如此，创意、创新、创业之间的关系才如此紧密，才能被联系在一起。创业成功，离不开艰苦的努力、坚定的创业精神，更离不开创新思维的支撑。

2. 创新思维的基本类型

思维指在表象、概念基础上，进行分析、综合、判断、推理等认识活动的过程。方法由思维派生，受到思维制约。

（1）联想思维。联想思维指充分利用现有资源，对毫无联系的事物进行联想，寻找共性，从而达到创新目的的思维方法。

（2）组合思维。组合思维是把已有的若干事物合并到一起，从而产生一个新事物的创新思维方法。

第一，同物组合思维。同物组合思维是把两个功能相同的事物组合到一起的创新性思维方法。生活中随处可见由同物组合而成的物品，如双头液化气灶、双层文具盒、双头牙膏等。

第二，异类功能组合思维。异类功能组合思维是把两个功能不同的事物组合到一起的创新性思维方法。例如，水陆两用汽车、瑞士军刀等。

（3）分解思维。分解思维是把一个原有事物拆分成多个事物的创新性思维方法。分解思维大量应用在奶粉、麦片等包装中，如将一个大包装袋中的食物分解成若干个小袋，以方便食用。

（4）类比思维。类比思维是对两个事物的相同性、相似性或相反性进行比较，通过异中求同或同中求异，产生创新性想法。主要有以下3种类型：

第一，功能类比。功能类比，即把一个事物内在的独特性应用到其他事物上。例如，受到玉米苗引进后基因逐代弱化的启发，将原本毒性很强的结核分枝杆菌经过多次传代，毒性弱化后制作成疫苗。

第二，形式类比。形式类比，即把一个事物具体的外在特征应用到其他事物上。例如，英国近代史上著名的发明家瓦特，少年时观察火炉上的茶壶，当水烧开时，壶盖会跳动，从中发现蒸汽潜藏着巨大力量，进而发明了蒸汽机。

第三，幻想类比。幻想类比，即根据人们的虚构想象创造新事物。例如，法国科幻小说家儒勒·凡尔纳在作品《海底两万里》中，构思、设计了一种能够长时间在海底活动的船。后来，人们根据他的设计原理，经过几十年的研究，制成现代潜水艇。

（5）借用思维。借用思维是指借用其他事物实现预定目标的创新性思维方法。

（6）变通思维。变通思维是指无法找到解决方案时，从其他环节入手解决问题的思维方法。

（7）逆向思维。逆向思维是指从与常规思考方式完全不同的角度思考问题，这些角度往往与常规思维对立、相反，是一种反其道而行之的逆向角度。逆向思维往往能够打破常规模式和思维惯性的桎梏，开创出一片新天地。

3. 创新思维的影响因素

创新活动的主体是人，现实生活中每个人都生活在集体中，与周围环境有着密切联系。创新思维环境与一般的环境不同，是影响人们创新活动过程的一切外部条件，如家庭环境、学校环境、工作环境、社会生产力、政治环境和国际环境。另外，创新思维环境还包括进行创新活动的人对外部环境的自我创新。

思维定式是人类心理活动的普遍现象，然而其是创新思维最大的敌人。创新本身并不复杂，但很多人很难创新。从客观上看，影响创新思维的因素有以下两个方面。

（1）惯性思维因素。惯性思维即思维定式，是指由于先前的活动而产生的一种对活动特殊的心理准备状态，或者对活动的倾向性。惯性思维一般与个人的世界观形成存在着内在的必然联系。由于惯性思维具有社会性、阶段性，以及知识经验的局限性，在特定的历史时期可以指引个人行为方式从而形成固定模式，但是当时代发展要求改革创新、推陈出新时，其会成为阻碍社会发展的主要因素。消极的惯性思维是束缚创造性思维的枷锁。

（2）线性思维因素。线性思维即线性思维方式，是把认识停留在对事物表面的抽象而不是本质的抽象，并以这样的抽象为认识出发点的，片面的、直观的思维方式，是一种直线的、单向的、单维的、缺乏变化的思维方式。线性思维方式有两个基本特点：①把多元问题变为一元问题。事物之间的复杂联系往往是多元的，线性思维方式要求把其中一个问题突出，把其余问题单独予以处理。②用一维直线思维来处理一元问题，使之成为具有非此即彼的答案。

4. 创新思维的培养理念

问题是思维的起点，创新思维总是指向具体问题，包含解决问题的过程。因此，创新思维与问题解决之间有着密不可分的联系。创新思维过程是从对问题情景的分析开始，从思维的不同方面探索情景的各种结构因素，进而厘清结构因素之间的内部联系，再从不同层次发问，由浅入深、由表及里，层层深入，最终发现解决问题的实质。

创新能力的养成主要取决于两个方面的因素：一是主观上有敢于创新、想创新的意识和愿望；二是客观上有创新技巧和方法。创新意识的培养是一个长期的过程，可以通过以下途径增强创新思维意识。

（1）解放思想。已有知识只是人类已经认识到的部分客观事物的规律，并不是客观事物的全部。创新思维要打破陈规、敢于想象，发掘新的知识和规律。

（2）克服从众。人类是合作共存体，遵守规则、见贤思齐、从善如流是必要的，但是创新需要改变、需要破旧立新，产生新的内容和特点。因此，在创新过程中要敢于怀疑、批判已有的事物，拥有独立思考的意识。

（3）突破定式。不要按照固有思路或仅凭过去经验进行思考，而是需要开辟新路，全方位思考。例如，什么东西具有黄、圆、酸的特征，从常规思维出发，通常先从味觉上判断，想到橄榄、杏子、橘子等自然生长、可以食用的物质。若能突破思维定式，可以想到人工制造的、可以食用的物质，如维生素、药丸等具有黄、圆、酸的特征。

5. 创新思维的训练形式

（1）逆向思维训练。逆向思维也叫反向思维、反转思维，是指从事物的反面去思考问题的思维方法，其特点是改变惯性思维方式，从相反方面认识事物、思考问题。由于这种思维突破了人们考虑问题固有思维方式，因而往往能够获得惯性思维下所不能取得的成效。这种方法常常使问题可以被创造性地解决。创新，有时候不是突如其来的"天才"想法，而是正确思维方法的必然结果。常用的逆向思维训练方法如下。

第一，结构逆向。例如，手机都是正向显示的，如果把画面反转过来，再把手机放到汽车的仪表盘上，导航软件的画面就会反射到前挡风玻璃上，就不必低头看手机了。

第二，功能逆向。例如，保温瓶的功能是保温，运用逆向思维思考后，它可以保冷，于是就有了冰桶。

第三,状态逆向。例如,人走楼梯,是人动楼梯不动,如果将这种情况颠倒过来,人不动而楼梯动,由此出现了自动扶梯。

第四,原理逆向。例如,电动吹风机的基本原理是用电产生空气流动,方向吹向物体,如果逆向利用这一原理,空气依然流动,只是方向相反,由此诞生了电动吸尘器。

第五,序位逆向(是指顺序和位置逆向)。例如,动物园一般是把动物们关在笼子里,人们走着游览。倘若将这个情况反过来,将人们关着,动物们在外面,便有了可以开车参观的动物园。

第六,方法逆向。例如,古代司马光砸缸救人体现了逆向思维的作用。通常从大水缸里取物、救人只可由缸口打捞,或者将水缸放倒,而不损坏水缸。司马光砸缸救人就是运用逆向思维砸缸救人。

(2)批判性思维的训练。医学院校教育中,培养学生批判性思维的能力十分重要。批判性思维能够带来工作和生活中的创新,有助于发现问题、全面思考、改变调整思路、构想解决方案;培养自身的创造力;形成公共说理的理性社会。

常见的批判性思维训练方法包括:①发现和质疑基础假设,这是批判性思维的基础;②检视事实的逻辑一致性和确凿性;③聚焦详细情况和特殊背景;④寻找其他可能性。

批判性思维的应用方法很多,常见的典型方法有:理解论证所涉及的论题、关键概念、立场和观点;辨别和分析论证的论点、主要理由及其逻辑关系,图解论证结构;定义论证中的关键词,澄清主要论题的精确含义;评估前提和理由的真实性或可接受性;评价推理关系,审视它们的相关性和有效性;挖掘隐含的假设,深入拷问和发掘论证中隐含的内涵、条件与结果;反驳无效的论证及其谬误,追寻真理,建构替代论证,得出一个更全面和更合适的结论。

(3)全局之眼思维的训练。世界上的任何事物,均是以"系统"的方式存在着。要素在系统中看得见;而关系是系统中无法看见的。要素彼此间具有互相作用的规律,因此不仅要关注要素,而且要关注要素之间的关联,更重要的是要关注隐藏在这些关系后面的规律,这就是"全局之眼"。掌握了关系和关系中的规律,既能从复杂的系统中认知现在,还能够从某种意义上展望未来。一切战略均是站在未来的角度看现在。

从"系统论"的角度,学习以全局的、关联的、动态的思维方式来提高整体看问题的水平。

第一，关联之眼。事物之间并非孤立存在的，它们彼此之间互相作用，这就叫作关联性。要练习用关联之眼看清事物。

第二，整体之眼。要素及要素彼此之间的关系，便形成了系统，并形成"输入、黑盒、输出"3个物体。这个黑盒子内部就是在用人们理解或不理解的方式精密运作。拥有全局之眼，需要练习用整体之眼看透黑盒。

第三，动态之眼。一个系统的要素和要素之间的关联不是恒久不变的，增加时间变量后就可以看见不同的场景。拥有全局之眼，需要练习用动态之眼看穿时间。

（四）创新能力

1. 创新能力的培养内容

创新人才的培养是一个国家政治、经济和社会发展不可缺少的条件，离开人才的支撑，发展将失去动力。创新人才不是天生的，是高等教育的成果。高等学校作为培养高素质创新人才、传授知识和技术创新的基地，应责无旁贷地扛起培养具备高度创新能力的高素质人才的历史担当。当下国内外的教育工作者一致认为，培育学生的创新能力不但是当代教育的核心任务，而且是社会发展进步的关键因素。

根据人创新能力的作用方向和实践领域的不同，人的创新能力分为理论创新能力、知识创新能力、制度创新能力、方法创新能力、技术创新能力5个基本方面。

（1）理论创新能力。理论主要指从对事实的推测、演绎、抽象或综合中得出的一系列原理或概念。人类在理论上的创新，是指人结合社会发展和科技进步对已有的认识进行整合分析，对原来的认识进行修正或继续坚持，在研究新情况和总结新经验的基础上形成新的认识；是人于改造客观事物实践之前，在思维上对目标事物进行改造。

在理论领域上发挥人的创新能力，可以增强理论自身的说服力和战斗力，对新实践中迫切需要解决的问题进行理论上的推演，可以增加实践成功的概率，节约付出成本，从而不断推进实践向前发展。

在许多情况下，理论是要先行实践一步的，不间断地拓展理论创新的空间，发现新真理，这是实践发展的内在要求。实现理论创新向实践创新的转化，是理论创新的最终目的，也是理论创新普及化的客观要求。就源头性而言，理论创新是知识创新、技术创新、制度创新和其他一切创新的基础和灵魂。理论创新会带动文化创新进而影响意识形态，有利于与时俱进地确立先进的执政理念，时刻掌握意识形态领域的话语权。理论创新对社会发展有直接的促进和指导作用。有什么样的理论，就有什么样的实践方向和相对效果，理论必须走在时代的前面，才能持续引领实践。

为了更好地进行理论创新，我们要转变思维方式，应从原来固有的封闭性思维转向开放的发散或逆向思维。思维方式的改变是理论创新突破的基础。任何一个理论都只有在其是一个开放的体系时，才具有包容力和成长力，否则理论就会封闭、退化。只有营造一个良好与宽松的环境，才能取得有助于人的理论创新成果。

（2）知识创新能力。知识是我们人脑对客观事物的性质与联系的反映，它是客观事物的主观表征。随着时代的发展，人们越来越认识到科学知识对人的重要性，科技生产力已经成为生产力、竞争力和经济发展的关键，成为创造性生产活动的驱动力。

知识创新能力体现了探索、发现和更新知识的能力，是知识生产力的先导。知识经济时代的本质表明先进生产力的定向、定性和定位都应该体现在科学技术的更新上，因此科技进步的强大生命力为经济发展的可持续性提供了可能，也使代表先进生产力的思想具有可操作性。

随着时代的变迁，知识的性质也在发生改变。它已经从客观的、可表述的知识，变形为主观的、构建性的知识。这种要求必须重视发挥知识创新能力，以应对时代变化提出的新要求。运用知识创新能力对落后的知识进行更新，对传统知识进行升华，对急需知识进行填空，进而为人类社会进步提供动力。要提升知识创新能力，在当今知识日新月异的环境下就必须不断补充和更新自己原有的知识，才能跟上时代的步伐，因此终身学习已成为个人立身社会不可或缺的支撑点。

在知识经济时代，知识成为发展经济的主导力量，并已成为生产力的驱动因素和先导因素，而知识生产力向现实生产力转化的能力又取决于创新能力的高低。知识和能力是互相促进、互为依托的，没有知识的能力很难达到先进性层次，而不利用知识所进行的创新是经不起考验的。知识是人脑创造的产物，也是人进行创造的原料、工具和基础，是人具有创造能力及其力量的源泉。整体上讲，发挥人的知识创新能力，其方向是将单一学科的知识点、知识线和知识面转向多学科交叉的知识环、知识链和知识圈。

（3）制度创新能力。制度创新能力是对政治、经济、文化、科技、人才等方面的管理总模式进行改革、创新和完善的能力。计划经济时代的体制下，由于民主性、多元性、宽松性、自创性与交叉性的不及，严重影响了人创新能力的发挥，只有从制度上革新，才能为理论创新、方法创新、知识创新、技术创新提供保障。

制度对社会的各要素及社会的运行都有着重要的制约与保障作用。社会发展的历史证明，只有进行制度创新，才能解放和发展生产力，从而促进社会进步。上层建筑对经济基础的反作用决定了制度创新是理论创建的保障。只有创立有利于广大群众发挥创新能力的制度，才能实现整体和全局上的创新。只有发挥制度创新能力，加强制度创新，使各个方面配合一致，才能使其健康发展。从制度创新能力的主体角度来看，相比其他几个方面的创新能力，制度创新能力发挥的主体不具有广泛性，主要归属于政府部门和权力部门。

（4）方法创新能力。方法创新能力，是指对原有的方法、流程及规划进行创新的能力，没有这种创新能力，理论创新便会是永远落实不到位的空想战略。

方法创新要求人的理念向有利于创新的方向转化。在理念引导下，并有正确目标，方法创新才能带来职能创新。创新本质上是一种对事物内在联系的新发现或是知识信息内在结构相关因素的重新组合。对智力资源的重新配置就需要人发挥方法创新能力，使创意想法变成可以被有条不紊实现的方法规划。方法属于实施前的准备工作，从这一点上看，方法本身就具有预见性、面向未来性和不确定性，同时方法具有全局性和整体性的特点，故而方法的制定对人的智力、信息综合、预知预见及临机决断等能力要求很高。

方法的特点决定了需要灵活制定方法、具体情况具体分析，方法的制定有时需要从大局进行战略性指导，因为情况总是在变化之中，太刻板、细化的方法缺少了前瞻性和机动性的特点，更是因为其决定了方法创新的经常性和灵活性，这也决定了方法创新较其他几类创新具有更大的难度。有时在方法制定在关键处又需要细化，这样才能保证方法在实践中的还原度。

方法是连接理论创新与实践创新的桥梁，从个人的事业规划到集体的职能转变，再到国家或民族的战略调整，都需要发挥方法创新能力，以便及时调整实践中的行动方案，做到应时而变，从而使配置最优，避免事倍功半或南辕北辙的结局。为了更好地发挥方法创新能力，一方面要把握社会发展和理想目标的变化趋势；另一方面要充实各类知识，以适应职责变动的需要。

在运用这一创新能力的同时，要充分与逻辑思维能力相结合，以便将横向和纵向的线索进行整合排列，得到正确有效的方法与方案。

（5）技术创新能力。技术创新是指技术上的改进和物的突破，也指在工具领域把某事物的功能作用从不可更改的变为可更改的。改进旧系统和创造新系统的技术创新与技术发明，是利用科学理论改造自然和造福人类的实践活动。科技知识只有外化和物化为推动经济发展的新技术、新工艺、新服务与新产业，才能转化为现实生产力，才能成为影响社会发展的主导力量。

技术创新的重要意义无须多言，"科学技术是第一生产力"已成为深入人心的一句口号。从我国现实来看，我国解决社会基本矛盾需要大力发展生产力，因而加大科技创新的力度是当务之急。从历史发展的角度看，技术创新让人的力量变得强大，使人拥有了征服自然的工具和能力，而且技术创新也极大地推动了人类社会的发展。科技进步可引发社会变革，甚至推动人类社会形态的演进，并改变世界格局，成为对精神发展创造必要前提的最强大的杠杆。

技术创新能力比起上述其他领域的创新能力，更有据可循，它所使用的方法侧重于经验和试验，要求的是实用、经济、有效及可行。

在早期阶段，技术创新方法已经通过标准、手册等规范，变成可以通过课堂学习和现场见习方式进行传授的技巧。随着技术的发展，技术创新方法进一步严密化、精确化和程序化，其中大部分已经可以利用机器和公式来进行，避免了人的大量重复劳动，使人的智慧集中到更复杂、高难度和创造性更强的关键问题的解决，提高了工作效率和成功率。

技术创新能力不仅是最为显现的创新能力，而且是终端的创新能力，因此技术创新能力在实践活动中被很多人直接等同于全部的创新能力。正确的态度应该是恰如其分地看待科学和技术上的创新。如果说科学技术是知识经济的生命线，那么，人及其所依存的社会文化形态则是科学技术的生命线，而先进的思想、高尚的情操及坚强的意志等精神因素，就是社会文化形态的生命线了。所以，在知识经济时代，不能一条腿走路，技术层面的创新固然重要，但是必须和其他方面紧密结合起来，才能实现持久、快速、健康及有序地发展科技、经济与社会。

在人的创新过程中，创新以理论创新为先导，以方法创新为承接，以知识创新和技术创新为结果，以制度创新为保障，形成了一个有始有终、首尾相援及自我循环的良性体系。理论创新促进战略创新和知识创新，方法创新和知识创新为技术创新提供了可能。而知识创新和技术创新发展到一定程度，必然促使理论和方法产生新的变化。这5个方面的创新能力相互作用和支撑，构成了人的创新能力的全貌。

2. 创新能力的培养主体

由于高等教育规模的进一步扩大，我们国家进入了高等教育普及化阶段，同时知识经济全球化发展趋势对人才培养的质量又有了更高的要求，既要有深厚丰富的理论知识根基，也要具有开拓创新的思维与能力。培育拔尖创新型人才与训练高层次专门人才将成为高等教育重要的历史使命，这也是建设创新型国家的发展需求。因此，建立可以有效提高大学生创新能力的训练体系对于医学院校而言势在必行。

（1）医学院校。大学生创新能力的培养是涉及学校教学、科研、管理等诸多方面的一项系统工程。作为培养体系中主要的组织者和策划者，学校及其二级学院要给予充分的重视，医学院校领导和各部门要制定必要的政策、管理制度及激励机制并给予财力支持，形成强有力的组织保障，以确保这项工作的有效推进。因此，医学院校的主体作用主要体现在：①正确的宣传引导。在培养大学生创新能力的过程中，要激发教师和学生的兴趣，调动师生的积极性，医学院校及其二级学院必须进行正确的宣传和引导，鼓励教师开展教学改革，鼓励学生参与到教师的科研工作中。②组织实施。为规范有序地指引师生参与到创新创业实践中，促进大学生创新能力的培养，医学院校及其二级学院必须建立完善的规章制度，包括指导教师的奖励制度、参与学生的奖励制度，以及项目实施办法等。依据规章制度，对项目全程实施进行有效的监督和管理。③经费投入。大学生创新能力的培养需要医学院校及其二级学院的资金投入，包括教师科研经费、大学生科研项目经费、组织学生参加各种大赛所需经费、实验室及设备、材料等。

（2）教师。教师是培养体系中的主要执行者，尤其在培养大学生科技创新能力过程中具有重要的主体地位。首先，大学生创新创业实践项目需要教师的指导，包括项目选题、研究思路、研究方法、实施过程及论文撰写等。教师的科研水平及素质直接影响学生的能力培养；其次，教师需有效地将科研实践与教学融合在一起，将大学生实践成果展现在教学工作中。开展教学改革，完善教学手段，不仅可以提升教学质量，而且可以燃起学生对科研实践的热爱，有助于学生创新能力的培养。

（3）学生。大学生是训练体系中的培养对象和主要受益者。通过创新能力的培养，首先可拓宽大学生的知识面，完善其知识结构并使其了解创新方面的知识，培养创新思维，激发大学生的灵感及探究欲望；其次，由教师和学生共同营造具有探索性、创新性的学习环境，不仅能够培养大学生的科研素质和科研能力，还能够提高其沟通能力、表达能力及团队协作能力；最后，学生在大学学习阶段学会将知识的创新、加工和传播融为一体，与未来的研究生教育相互渗透，可为未来的发展奠定良好基础。

（4）实验室。实验室是医学院校大学生创新能力培养的重要环节；是从事实验教学、科学研究和学术交流的重要基地；是传授知识，增强实践能力，培育创新意识、科学精神与创新能力的重要场所。教师和学生的教学、科研实践活动依赖于雄厚的实验室资源，包括良好的实验环境和氛围、先进的实验设备，以及经验丰富的实验技术人员。

实验室作为医学院校的重要机构，需要提供各种材料与设备，使教师和学生能够利用先进的实验教学资源开展教学和科研工作，学生能够更好地掌握理论知识。实践过程还可以激发大学生的创新意识。因此，创新的源头在实验室，科技创新离不开实验室，其为锻炼医学院校大学生的动手能力和培养创新能力提供了良好的条件。在知识经济时代，医学院校实验室已经成为培育创新型人才的重要场所。

3. 创新能力培养体系

培养大学生创新能力是一项既艰巨又复杂的系统工程，不仅需要具备丰富的基础知识，还需要一个循序渐进、由表及里的培养过程。因此，建立创新能力培养体系必须贯彻整个实践教学的全过程，从课堂教学到课外实践活动、从构建基础理论和专业知识体系到科研能力的培养，激发大学生的创新意识、训练大学生的创新思维，以实现全方位提高大学生创新能力的目标。因而，大学生创新能力培养体系的构建主要分为训练创新知识与思维方式、训练实践创新能力、训练科研意识与综合能力3个层次。

（1）训练创新知识与思维方式。创新是自然科学与社会科学交叉的新兴学科，是探究人类创新活动基本规律的一门科学，核心是挖掘培养人的创新能力。从方法论视角上看，向学生传授创新技能与创新思维方式的"授之以渔"，实际上比传授知识的"授之以鱼"更为关键。因此，可通过课堂教学和课外实践相结合的方式，帮助学生熟识创新基本知识与基本技能，激发学生的创新意识，这是实施创新教育的重要前提。

第一，进行探究式教学，搭建创新知识基础。创新，是继承基础上的创新，需要批判性继承前人理论，没有继承，创新便失去了根本，成为空谈，就像没有批判就不存在创新一样，人类总是在不断地自我否定中前进。这就要求创新主体必须学习、学习、再学习，要知其然，更要知其所以然，扎实掌握基础知识，构建合理的知识结构。课程教学是大学生掌握基础知识与专业知识最根本的渠道，课堂是激发大学生创新意识与培养大学生创新能力的主阵地，因此要在教学观念、教学内容和教学方法3个方面进行改革，以适应大学生创新能力的发展。

转变教学观念：创新需要基础，而这个基础是否坚实，取决于学生是否会学习。因此，课堂教学改革目标应该由传授学生知识转变为帮助学生培养并形成适合自己的学习方法。而教师首先要做的就是转变观念，在教学中运用先进的教育思想，为培养学生的创造能力提供自由发挥的舞台。改进教学观念是当代教育实现自身发展的必然要求。

完善教学内容：在教学中应以学科为根基，不仅要有合理的知识框架体系，还要融入学科最新的研究成果。可以酌情增添学科的前沿进展与其他相关学科知识，实现寓教育于创新，将科学研究的最新成果及时充实到教学内容中，把老师的教学工作和科研工作全面结合，让大学生在课堂与课程学习过程中掌握最新的科学发展动向，科研思维与创新能力不断得到提升，逐步成长为适应社会发展需求的创新人才。

改进教学方法：为了增强课堂教学的有效性，在教学中最大限度地鼓励指导学生参加教学活动，使其从被动吸收转为主动研究，尊重和激发大学生的学习主动性，教师可采用案例式、问题式或探究式教学方法，指引学生认知问题、探究问题和处理问题。这样的教学方法能够锻炼大学生的思维方式，增强其获取知识与解决问题的能力，从而提升大学生的创新能力。

扎实的理论功底和文化储备是主体创新应有的基础条件，是创新活动中的力量源泉。掌握渊博的知识，具有深厚、丰富的文化底蕴，不仅可以开阔视野、打破学科之间的界限、激发创造性思维，还可以铸造人格，给人以超凡的智慧、才华和胆略，造就创新者的气度。

第二，启发式训练，培养创造性思维。创造性思维连接着学习和实践，人类的知识可以传承、实践方法可以学习，而创造性思维是无法教出来的，只能在实践中锻炼和培育，并存在于整个创新过程中。因此，可以通过启发式训练营造良好的创新氛围，这有利于大学生创新思维的形成与培养。

营造良好的创新氛围，首先需要创新精神做主导，并形成自由、和谐和民主的环境，使学生在这种氛围中能够充分展示个性，从而激发和培养其创新精神。可以通过建立由博士教师、教授、学生共同参加的"博士论坛""学术沙龙""大学生科技节"等创新互动平台，打造浓厚的创新文化氛围，唤醒学生的创新个性，应侧重于创新知识与创新思维的形成。

"博士论坛"：由博士教师或教授讲述学术前沿与未来进展、科研思路及实验技术方法，通过这个平台，教师与学生面对面沟通交流，为学生解惑释疑，学生不但能够了解课堂之外的前沿动向以开阔眼界，而且容易被博士教师、教授严谨的科学态度与创新的科研精神所感染，激发其创新意识，培养其创新精神。

"学术沙龙"：教师与学生的共同参与，通过交流学术思想和见解，启发学生的创新意识，培养学生的创新素质，进一步提升大学生的创新能力。学术沙龙能够为教师和学生提供很好的平台，通过学术交流，利用学生思维的多样化，充分发挥其创造力，增强其创新意识，培养其创新思维，积极调动学生的主动性与创造性。

"大学生科技节"：通过举办开展多种形式的活动，鼓励学生参与到科研实践和各种竞赛中，充分展示大学生的创新意识、创新思维和创新成果，通过这个过程，使学生置身于探索创新的学术氛围中，进一步强化大学生的创新意识，训练并提高大学生的创新能力。

综上所述，创造性思维是大学生创新能力培养所需的最重要的心理素质，通过调动已有知识、能力和天赋，理性地考察现实，按照新的思维角度和思维方式实现对现有观点和知识的超越和突破，进而产生新观点、新知识和新方法，实现创新。

（2）训练实践创新能力。拥有扎实的理论知识和丰厚的文化底蕴可以使大学生在实践中融会贯通，准确地找到创新的切入点。创新是一个"厚积薄发"的过程，如果说知识的储备和应用实践是"厚积"的过程，创造性思维则是"薄发"的时刻，是创新的实现形式。大学生在实践中发现问题、提出问题，是激发创新意识的基础。因此，通过组织课外实践活动等方式开辟第二课堂，丰富知识、拓宽视野，为学生提供实践创新的平台，培养大学生的创新实践能力。

第一，社团活动。学生社团是培养大学生创新能力的重要平台。医学院校社团能够为学生提供一个自主学习、形成创造力的宽松环境，为培养和提高学生创新能力打下良好的基础，这是课堂教学无法替代的。学生在课堂教学上的被动学习方式不利于创新素质的养成，只有在教学改革的同时，使学生积极参与学生社团这样的第二课堂实践活动，才能够锻炼他们的观察力、想象力和创造性思维，构建独特的知识结构，从而开发和培养他们的创新素质。医学院校社团活动能够为学生提供充分展示自我的平台，激发学生创新精神和积极性。在这种环境与氛围中，学生能够将理论知识与实践有机融合，这不仅有利于学生掌握和理解理论知识，还能够提高发现问题与解决问题的能力，并逐渐在实践活动中实现创新。

因此，医学院校对学生创新能力的培养需要第一课堂的理论教学与第二课堂的实践教学有效结合，而开展学生社团活动就是一种促进理论教学的创新实践活动。学生社团为学生提供了参与实践活动的广阔舞台，使学生在参与的过程中获得自我认知、培养创新精神、增强综合素质。为了实现创新型人才的培养目标，医学院校不仅需要积极开展教学改革，更好地提高课堂理论教学的效果，还要充分利用学生社团这一重要的第二课堂资源，使其充分发挥培育并提升学生创新能力的积极作用。

第二，社会实践。社会实践是指学校依据教育培养目标，在学校假期和学生课余时间，有组织、有目标、有规划地让学生参加政治、经济与文化生活的体验式教育活动。组织学生参加社会实践，是对课堂教育教学的有利填补，对医学院校培养创新型人才有着非常重要的意义。21世纪是一个知识经济时代，核心是创新。由于经济快速发展、社会不断前进，我国急需大批创新人才。社会实践是增强创新意识和培养创造能力的能动过程，是推动大学生探索新事物、形成创新精神和创新思维的动力。医学院校是培养创新型人才的圣地，要充分利用社会实践活动，培养出能够适应社会发展、为国家社会做贡献的高层次创新人才。大学生只有走出课堂步入社会，才能在实践中检验课堂上所学的理论知识，在实践中更好地认识自己、展示个性，在实践中培养创新能力，成为全面发展的创新型人才。

第三，开放实验室。目前，医学院校普遍存在重知识、轻能力的倾向，学生动手能力差，解决这个问题的方法就是开展实践教学，而实验室则是实现实践教学的主要场所之一。开放性实验室可以使学生将课堂上的理论应用实践，并从中发现问题，促进学生主动学习与思考，逐步形成创新思维。教师还可以将自己的科研项目开放，设立适合学生的相关实验项目，培养学生查阅文献、阅读资料的能力，锻炼他们的动手能力，提高他们的科研思维与创新能力。因此，通过开放实验室这一有效的实践教学活动，不仅能够增加学校实验室仪器设备的使用率，而且能够提升学生的实际动手能力，对培养学生的创新思维、创新精神与创新能力有显著成效。

（3）训练科研意识与综合能力。科学研究的过程即发现并解决问题的过程，考量的是各方面的能力，它不仅是锻炼、提升个人综合能力的过程，还是培养学生创新能力的主要途径之一。大学生的科研能力训练和创新能力培养是大学教育教学的核心环节，大学生要从参与教师的科研项目逐步过渡到能够主动独立申请并实施科研项目，逐步增强科研意识、培养科研思维、提升综合素养、提高创新能力。

第一，参与教师科研，训练科研意识。近年来，在"大学生创新创业训练计划项目"的支持下，我国医学院校涌现出很多大学生积极参与到科学研究和技术开发等创新实践活动中。这些计划的主要目的是培养学生自主学习和探索研究的能力，并引导学生自愿参与到教师的科研工作中，有利于发掘学生的创新潜力、培养学生的创新精神，提高学生的创新能力。学生通过参加教师的科研实践，能够了解学科的前沿动向与未来展望，促进学生搭建合理科学的知识框架，为学生创造力的养成奠定坚实的基石。此外，在教师的指导下开展科研活动，学生不仅能够学到正确的研究方法，训练科研意识，还会受到指导教师潜移默化的影响，培养良好的科研素质，提高创新能力和综合实践能力。

第二，独立开展科研，提升创新能力。引导学生从参与教师科研项目逐渐过渡到独立开展科研。目前，很多医学院校鼓励学生申报各级、各类科研项目，设立大学生科研基金和各种奖励制度来激发学生从事科研训练的积极性。学生申报科研项目、独立完成研究过程，并获得研究成果，既提高了科研水平和团队协作能力，也提升了创新能力。

从事科研工作是具有挑战性的，能够独立完成科研工作的学生需要有锲而不舍、百折不挠的意志，以及严谨踏实、实事求是的作风。因此，科研训练有助于培养学生的社会责任感和科学事业心，培养良好的创新品质。

综上所述，医学院校要完成培养创新人才的历史使命，一个重要的途径就是构建大学生创新能力培养体系。创新能力的培养是一个漫长且艰辛的过程，只有重视教育教学过程中的所有环节，方能更好地挖掘大学生的创新潜力。科学、有效、具有示范作用和推广价值的医学院校大学生创新能力培养体系，是启迪创新意识、激发创新思维、提高创新技能、实现医学院校大学生创新能力培养的重要载体。

创新能力的培养是一项全方位、渐进性、高质量的系统工程。学生的创新能力培养，关系到未来可持续性发展的根本性问题。培养和造就富有创新能力的人才，是时代赋予教育的神圣使命。因此，医学院校需打破招生规模较大、各类资源缺乏、专业类别局限的禁锢，构建科学、有效的体系，创造性地开展大学生创新能力的培养。

（五）创新方法

1. 试错法

试错法是一种系统方法，主要以试验及消除误差的方式不断加深对"黑箱"性质事物的认识。动物在其行为中会无意识地使用这种方法，人类则是有意识地使用这种方法。试错法也是一种学习方法，是通过不断试验获得经验的过程。应用这种方法的主体，在试错的过程中根据实际情况间歇或持续改变黑箱系统参数，在不同参数作用下，黑箱给出不同的反馈，以此反复，直到寻到答案或接近答案。主体行为是否有效一般通过两个指标评价：一是接近目标的程度；二是实现阶段性目标的过程。当主体获得接近目标的反馈时，会持续原来的行为；当主体得知偏离目标时，会停止原来的行为。如此行动及反馈，主体会不断接近目标。

这种方法的特点包括以下4个方面：①以解决问题为导向；②针对特定问题；③不追究最佳答案；④对知识要求不高。也就是说，试错法不要求对问题相关的知识有丰富的积累，而是要完成猜测及反驳两个步骤。

（1）猜测。猜测是第一步，主要目的是发现并更正问题，并为反驳与更正提供基础。可以将猜测理解为怀疑，但不是漫无目的的怀疑，而是一种有意识、带有科学依据的怀疑。认识来自两个方面：一是来自观察与社会实践；二是来源于已有的知识。毋庸置疑，已有的知识需要选择性地被利用，并在一定程度上可以对其进行批判。这也正是猜测存在的意义——不断修正、扩充已有知识。

通过观察、实践等方式，我们积累了一定的事实材料，对事物有了一定的认识，但无法把握事物全貌。在这种情况下，事物本质不可能自动呈现在我们面前，需要我们积极探索，并且对探索的结果做进一步的猜测与审查，不断证实结果的正确性及发现新内容。猜测需要与直觉、想象相融合，也就是说猜测与创造性思维密不可分，即便如此，猜测也不是胡编乱造、随意想象，猜测时不仅要尊重客观事实，还要满足以下3个方面的要求。

第一,简单性要求。指的是通过猜测得到的想法要通俗易懂、简单明了,既能让人理解其与旧知识关系,也能让人明白创新之处。

第二,检验性要求。通过猜测得到的项目不仅能够解释我们需要进行解释的事物,还应该包含新推论,并且这些新的推论要能接受检验。这就与撰写分析报告的情况类似,分析报告一般包括已取得的成果与不足,对于不足之处,提出新观点,表达新观点中重要的意见或结论。

第三,尽可能达到目标。猜测的主要目的是寻求新的认识并形成新的理论,如果没有达到这些目标,并且认识理论不能长期有效,那么猜测就没有意义。

(2)反驳。在猜测之后要进行的就是反驳。反驳的主要目的是排除猜测结果中的错误。可以将反驳理解为批判,不断对猜测的结果进行挑错、确认错误,直至排除错误的一系列过程。只有排除错误,对世界的认识才能够持续增加。因此,从这个角度来看,动物可以发现错误,但相比动物,人类的优势体现在能够排除错误,不至于像动物一样陷在错误中走不出来。"从错误中学习"是反驳的本质,其推动了人类的前进、社会的发展、科学的进步。

试错法是将猜测、反驳进行了有效融合。与假说法存在着相同之处,也存在着一定的差异,相对来说,假说法是正面的,试错法是反面的。假说法主要是寻找证据以支持预先设立的假说;试错法则是试图寻找能够反驳已有认识的例子,然后再推翻这些例子,进一步增强知识的科学性。在实际活动中,二者可以交叉使用,保证我们提高认识的准确性。

2. 学习迁移与顿悟

学习迁移理论的目的是理解事物的关系,对该理论进行再认识、再理解。学习迁移理论并不是对经验类的否定,而是重新认识了顿悟与迁移的关系,其认为前者是后者的决定因素之一。两个学习情境之间仅存在共同因素并不能产生迁移,迁移的产生来源于学习者对学习经验间关系的认识。以此为基础,迁移与顿悟可以理解为学者认识到两个学习情境的关系。

关系转换理论主要论述了学习主体、认识事物及迁移产生之间的关系,这种理论的主要观点为:迁移是否产生及产生的难易程度,与主体认识事物及事物之间关系的深刻程度有关,认识越清晰,迁移越容易发生。

人及部分高级动物能够认识事物、发现事物之间的关系,并且通过顿悟处理问题,这种能力是与生俱来的。认识事物、处理问题的过程可以脱离练习、经验来完成。通过观察大学生的学习与生活,我们发现顿悟产生的快慢与个体面对问题的熟悉程度有关，也就是说，越熟悉的问题，越快顿悟，反之，面对不熟悉的问题，一般需要不断试错。以解决象棋残局为例，如果是一位经验丰富的象棋大师，他面对陌生的象棋残局，想出破解方法的速度要比新手快，而且在绝大多数情况下，新手需要不断尝试才能找到破解的方法。我们不能将顿悟理解为一种学习形式，它是不断学习积累的结果。顿悟的产生需要不断地试错及经验的积累。

3. 六顶思考帽

六顶思考帽能够为全面思考问题提供一个基础模型，是一种"平行思维"工具。其关注的重点是提供解决方案、探寻发展思路，并不以谁对谁错为讨论核心，可以有效提高沟通效率、避免无谓争执。应用这种工具，能够厘清思路，将无意义的争论变为有价值的讨论，提升人们的讨论参与度，提供建设性的意见，充分发挥团队中个人的能力。六顶思考帽是一种思维工具，能够对人际沟通提供基本的操作指导，进而促进团队智商、效率的提高。在实际应用中，这种工具操作简单，并且能够增加人们的热情，赋予人们勇气与创造力，让会议、讨论、报告及决策过程不再单调、枯燥，充满新意与生命力。从实际操作层面，六顶思考帽可以实现以下5个目标：①提出具有指导性的建议；②学会倾听，更愿意聆听其他人的观点；③与其他人思考相同问题时，能够站在不同的角度进行分析，提出的方案更具有创造性；④以"平行思维"看待、思考问题，从而规避批判性思维、垂直思维带来的问题；⑤让团队成员充分参与讨论，积极提出自己的观点。

人们对六顶思考帽存在着一定的理解误区，其中最大的误区是有的人认为这种工具只是把思维划分为6种颜色，实际情况是，当人们应用这种工具的时候，核心应该考虑帽子的顺序，即代表着思考的流程。因此，学会组织思考流程才能真正理解这种工具的核心应用方法。

帽子顺序的重要性在日常工作中就可以体现出来。以写文章为例，在写文章之前，作者应该先构思文章的结构，并且列出提纲，这样能保证自己言之有物，不至于混乱不清；再以程序员编程为例，程序员编写程序之前，应该先设计各个模块之间的关系。思维也是如此。六顶思考帽对思维类型进行了定义和划分，同时考虑了思维流程结构及其影响。因此，应用六顶思考帽不仅能够促进团队协同思考，而且能使个人获得巨大价值。

当需要制订任务计划时，可能会出现两种情况：一是没有思路，头脑一片空白，不知从何开始；二是想法过多，思维混乱，理不出头绪，造成"淤塞"。无论是哪种情况，都可以使用六项思考帽，帮助计划制订者列出思考提纲和思考流程，并且能够按照一定的次序，理顺计划制订的思路。因此，应用这种工具，可以使人们的头脑更加清晰，做事更有条理。

团队经常召开各式各样的会议，讨论会议一般是团队成员就某一问题发表自己的看法，以期得到解决问题的一致方案。在这种会议中，成员之间的思维、观点相互碰撞，由于各种因素，成员之间很难形成统一的意见，这种情况不是外在技巧不足导致的，而是来源于成员对彼此观点的不赞同。如果能够应用六项思考帽就能够有效解决这一问题。当团队成员以蓝帽为指引，依据特定的框架进行思考，并且有序发言，不必要的冲突就能够避免，成员之间的讨论也更有效，对问题的理解也能够更加透彻。因此，在讨论性质会议中使用六项思考帽法能够大幅度提高会议效率。

另外，这种思考模式也为书面沟通提供了有效基础。以管理电子邮件为例，这种模式可以用于报告书的整理及文件的审核。该思考模式对于工作及学习能起到很好的效果。很多团队不允许团队成员的思维模式多样化，只是让他们接受固定的模式，直接影响了团队协作及问题处理。当在团队中使用六项思考帽，成员的思维模式就可以变得多样，不受固定模式的影响，思考帽是6种思维角色，并不针对表演者本人，不仅能够运用于个人行为，也能够让团队成员的讨论更加激烈。

4. 头脑风暴法

从心理层面来讲，大学生群体中的个体容易相互影响，导致少数服从多数的现象出现，这就是所谓的"群体思维"，它在一定程度上削弱了群体的创造力和批判精神，从而降低了群体决策的质量。因此，必须不断改善群体决策的方法，以保证群体决策的科学性、合理性及创造性。经过实践检验，这些方法中较为典型的方法之一是头脑风暴法。

（1）头脑风暴对创新思维的激发。精神病理学理论认为，精神病患者精神状态所表现出来的错乱感即为"头脑风暴"。后来，"头脑风暴"一词又指在激发新观念、产生创新设想的过程中而进行的自由、无限制的联想与讨论。在大学生群体决策过程中导入头脑风暴法，主要体现在将有关专家聚集起来召开专题会议，主持者将会议问题、会议秩序等内容以一种清晰明确的方式传达给参与者。为了确保会议氛围的和谐融洽，专家们往往会畅所欲言，提出各种参考方案，以替代意见的发表。具体来讲，在激发大学生创新思维方面，头脑风暴主要体现在以下4个方面。

第一，联想反应。新观念的产生离不开联想，当大学生以集体的形式出现，并围绕同一问题进行探讨时会提出不同的观念，每一个人的观念都能引发其他人的联想，继而在这种相互作用、相互影响过程中，形成连锁反应的新观念堆，这些新观念都可能是解决问题的创造性方法。

第二，热情感染。排除各个限制因素，在激发人的热情方面，大学生对问题的集体讨论具有重要作用。具体来讲，当大学生的言论自由权得到充分尊重时，大学生的发言会相互影响，其思维会相互碰撞，为创造性思维能力的发挥创造条件。

第三，竞争意识。在竞争意识的影响下，为了分享独到的个人见解和创新想法，人们的发言主动性也会得到有效激发，大脑思维活动的活跃度会得到大幅提升。从心理学的层面来讲，人人都有好胜心，这种心理会在竞争环境中表露无遗，人的心理活动效率也会得到提升。

第四，个人欲望。个人欲望在大学生对同一问题的集体讨论过程中能够得到充分尊重，保障这种自由不受任何因素干扰是集体研讨过程中极其重要的一点。在头脑风暴法中，对于仓促发言不得予以批评，不得表现出质疑的表情、肢体动作等，这是非常重要和必须坚守的原则。在这种原则的规范下，个人的表达欲望能够得到有效激发和利用，从而产生大量的新观念。

（2）头脑风暴的满足条件。头脑风暴法能够排除折中方案，以便更客观、更系统地研究所探讨的问题，确保执行方案的可操作性，因此在民用决策和军事决策中，头脑风暴法得到了广泛认可和普及。但需要注意的一点是，实施头脑风暴法需要较高的时间成本、经济成本，更加需要参与者具备较高的素养，这些既是头脑风暴法开展的前提，更是其效果的保障。

除了程序上的要求，探讨方式对于一次头脑风暴结果是否成功也具有直接影响。总体上来讲，若想确保充分交流的无偏见、非评价性，应当满足以下 4 个条件。

第一，自由畅谈。所谓畅谈的自由化就是彻底摆脱各种条件的束缚，实现思想层面的放松，给思维绝对的自由发挥空间，确保参与者可以拥有不同方位、不同层面的想象空间，从而提出带有个人色彩的真知灼见和创造性观点。

第二，延迟评判。在现场，对于任何设想不做出任何评价是头脑风暴必须坚持的基本原则，这里所说的"不评价"指的是对某个设想既不肯定，也不否定，同时不发表任何个人性质的评价。等到会议结束以后，才允许各种评价和判断。这种规则，首先保证了与会者的积极思维不受任何外界因素影响，避免自由化的畅谈氛围被打破，其次可以使与会者的注意力集中在设想的开发上，确保了整个讨论流程的有序和有效，以及创造性设想的大量产出。

第三，禁止批评。头脑风暴法要求所有与会者必须坚持的一个重要规则就是不允许对其他人的想法进行批评，这是因为他人的批评会直接影响与会者的设想开发和思想表达，使与会者的创造性思维得不到充分调动。与此同时，发言人的自我批评也在禁止范围内，这是因为部分人可能会因为自谦而说一些妄自菲薄的评论性言语，这将给积极向上、畅所欲言的会议氛围带来沉重的打击。

第四，追求数量。产生大量的设想是头脑风暴会议的目标，而对数量的追求则是其首要任务。因此，所有参会人员必须提高思考效率，在有限的时间内尽可能提出更多的设想，等到会后的设想处理阶段再去考虑这些设想的创新性、可操作性和有效性，并对其进行筛选。通常来讲，设想的质量与数量为正相关关系，即数量越多，质量才有可能更好。

（3）操作程序如下。

第一，准备阶段。准备阶段的工作主要包括两方面：①研究所议问题。这一环节主要由策划与设计的负责人参与，通过对问题的分析研究，精准把握问题的本质和核心，在此基础之上找出问题的解决办法，以确保目标的最终实现。②参会人员的选定。在确定完参会人员之后，还要向其传达会议的基本信息，如时间、地点、议题、参考资料和设想，以及会议预期达到的理想效果等。

第二，热身阶段。热身阶段的主要内容在于为参会人员参加会议营造一个和谐、放松、自由的会议氛围。当主持人宣布会议开始后，需要将会议规则制度予以告知，而后就是活跃参会者的思维，通常主持人会分享一些有趣的话题或问题进行讨论，来让大家放轻松。当主持人提出的有趣话题与会议议题存在某种联系时，就完成了会议主题的导入工作，参会者在思想放松的前提下参与讨论，也会使会议收到预料之外的效果。

第三，明确问题。这一环节主要是主持人对会议待解决问题的简明介绍，需要坚持简洁明了的基本原则，不可做过多的赘述，否则就会使参与讨论的人具有先入为主的思想，无法打开思路，影响其提出创造性建议。

第四，重新表述问题。经过一段时间的思维碰撞和意见交流，参会者会建立对问题的初步告知，而为了继续加深大家的理解和思想解放，使这种整体感知升华为新思想、新观念，就需要主持人或记录员对大家的发言进行记录，并进一步整理发言记录。整理工作结束后，要筛选出见解独到、富有启发性和创新性的发言，为接下来的畅谈阶段提供参考依据。

第五，畅谈阶段。畅谈阶段是创新想法的迸发阶段，而为了激发大家的创新思维，需要遵循相关原则：①为了集中注意力，明令禁止私下交谈行为；②个人只负责个人想法的表达，既不能妨碍他人发言，更不能对其进行评论；③一次发言只表达一种想法，确保见解发表时的简洁明了。为此，在会议开始之前，主持人就应当就这些规则向大家解释清楚，在此之后再引导大家各抒己见、畅所欲言、交流碰撞、思想共享，只有这样才能确保讨论结果，在这个过程中，需要做好会议发言记录的整理工作。

第六，筛选阶段。为了对会议记录进行补充，主持人通常需要在会议结束后的1~2天内再次了解参会人员的新想法和新思路。在此基础之上，完成个人想法的方案整理工作，并依据可操作性、创新性、可识别性等标准规范，对这些方案进行多次反复筛选和对比，从中选出1~3个最优方案。通常来讲，最优方案直接反映了集体智慧，因此是多种创意的优势组合。

二、创业

（一）创业认知

一般情况而言，创业是凸显人主体地位的社会实践活动，是人类借助于服务、技术、工具等自身拥有的资源，从事社会生产的一种劳动方式，具有广义和狭义两种概念：广义的创业是指各行各业的人为了创造价值、成就事业而进行创造性的社会实践活动，其功能指向成就国家、集体和群体大业，突显主体独有的理念、能力和行动等；狭义的创业是经济学领域的概念，指主体为了解决就业或创造经济/社会价值而成立一定规模的企业，专门提供某项物质产品或服务的经济活动。

创业是人类在社会生产实践中，通过自身敏锐的洞察力发现商机，并据此成为商业主体，创造出新的产品或服务，充分发挥其潜在价值的一种复杂的实践活动过程。这一过程通常指从创业意识萌发到落地实践的阶段。

创业的特征表现为4个方面：一是复杂的创造过程。开创的新事业必须是对个人和社会都具有价值，否则创业活动毫无意义。二是需要付出巨大的努力。创业活动要成功，需要创业者花费大量的时间、精力和体力。因为大多数情况下在创业初期都非常艰苦。三是需要承担一定风险。创业面临的风险表现形式各有不同，主要涉及资源、市场、财务、技术等方面，创业者要有一定的魄力和胆识。四是预期会带来回报，包括精神和物质两个方面，这不仅是创业者从事创业活动的主要原因，也是其在创业活动中奋勇向前的动力。

由此可见，创业是主体发现商机，借助已经掌握的信息、资源、技术等，利用一定方法和手段，在现有基础上创造出新的产品或服务，最终实现创业目标的创造实践过程。

1. 创业的重要意义

（1）站在社会角度来看，创业能够推动科学技术的创新研发，促进国家整体经济形势的繁荣发展，在创造出丰厚的物质财富、带来巨大经济效益的同时，还能够增加就业机会，提升整体就业率，有效缓解紧张的就业形势。另外，创业活动对促进我国创新教育改革发展、培养社会急需的创新型人才意义重大，能够为创业型教育活动提供宽广的实践平台和现实理论。

对社会而言，创业具体的意义和作用表现在4个方面：①增加经济效益，提高经济发展水平；②拓展就业渠道，缓解就业压力；③推动科技和社会发展，提高整体创新能力；④带动区域整体发展前进。

（2）站在个人角度来看，创业需要付出巨大的努力，会面临不同的困难和风险，这些考验会不断促进个人思维和实践能力的提升。首先，创业可以满足生存需求，获得经济回报。其次，创业有利于实现个人价值和社会价值。选择自主创业是为了通过这一途径证明个人能力。创业者可以在一个空间里发挥个人才能，通过影响一部分人实现自我价值，得到社会认可。最后，创业是一种职业。在就业压力增大的情况下，自主创业的人越来越多，甚至成为社会主流，成为大学生毕业后就业的重要选择。

2. 创业的类别划分

创业可以依据不同标准进行多层面划分。进行创业类别划分的目的是帮助主体通过对不同创业决策的对比，找出最适合的创业类型。因此，创业具体可从以下层面进行划分：

（1）从动机划分，创业包括机会型创业、生存型创业。

（2）从企业建立渠道划分，创业包括自主型创业、企业内创业。前者是创业个人或团体从零开始创造新的公司；后者是已经发展成熟、步入正轨的企业为了更好地发展，刺激创新或使创新成果转为现实生产力，利用授权或物质支持等方式进行创业。

（3）从主体划分，创业包括大学生创业、失业者创业、退休者创业、辞职者创业等。

（4）从项目性质划分，创业包括传统技能型创业、高新技术型创业、体力服务型专业、知识服务型创业等。

（5）从承担风险划分，创业包括依附型创业（依附大企业/产业链或进行品牌加盟）、尾随型创业（模仿他人成功经验）、独创型创业（填补市场内容或形式空白）、对抗型创业（对抗垄断企业）等。

（6）从周期长短划分，创业包括初始创业（从无到有）、二次创业（成熟期再创业）、连续创业（初始创业到二次、三次等）等。

3. 创业的基本阶段

创业的一般过程包括以下4个阶段。

（1）识别和评估市场机会。

第一，创业机会的识别。市场缺失的情况下，有创业思想的大学生会嗅到创业机会。创业机会的识别，是大学生创业中最基础的一步。

第二，市场信息的收集与调查。观察法是最简单的信息收集方法，大学生创业者可以通过观察潜在客户的行为或反应，达到收集所需信息的目的，也可以通过观察行业先进者的行为，获取必需经验。观察法获取信息较为客观，具有一定的真实性，但很难了解用户需求的真正动机。面谈法是指与潜在客户面对面交谈的方法。通过面谈，大学生创业者能够较容易地获得所需信息。因此，应根据所处的实时环境，灵活采用不同的谈话技巧，使交谈顺利进行。此外，大学生创业者也常常采用电话询问与网络问卷法进行市场信息的收集与调研。市场调查的项目主要有行业环境调查、政策法律环境调查、宏观经济情况调查等。

第三，创业环境的综合分析。SWOT分析法是大学生进入市场进行机会评议的主要方式之一。评议创业环境的机遇与挑战、优势与劣势，以便对创业机会环境做出详细深入的评价与选择分析。

（2）准备和撰写创业计划书。

第一，创业计划书的内容。一个风险投资公司每月都要收到各式各样的创业计划书，为了确保创业计划书能够引起风险投资者足够的注意力，必须进行充分周密的准备工作。创业计划书一般要包括创业公司摘要、创业公司业务描述、产品或服务、收入、竞争情况及市场营销、管理团队、财务预测、资本结构等。

第二，创业计划书的制作。撰写创业计划书的最主要目的是吸引投资者，使他们产生兴趣。因此，创业计划书应有精彩的概要，用以吸引投资者的注意力。另外，在寻找投资者之前，需要做好市场调查，厘清投资者的基本情况，更细致地呈现投资者感兴趣或关心的方面。所以，制作创业计划书要清楚收益、成本及风险等问题。

（3）获取创业资金。

融资方式包括银行贷款、股票筹资、债券融资、融资租赁等。银行贷款是企业最主要的融资渠道。按资金性质而言，银行贷款分为流动资金贷款、固定资产贷款和专项贷款3类。一般企业采用发行股票的方式筹资，即股票筹资，风险相对较低，有助于企业经营机制转换为具有独立自主权利、可以担负本企业盈亏、依靠自身发展并进行自我限制的独立法人。采用发行有价债券进行融资的创业公司，一般要经过法定程序，承诺在规定期限内连本带息一起偿还，而且在发债企业与投资人之间形成债务与债权的关系。在该企业进行破产清算时，作为债权人的投资企业享有剩余资产优先分配权，并且对债券具有自由转让处理的权利。融资租赁包括直接购买租赁、售后回租及杠杆租赁等，是将融资与融物相结合，兼具金融与贸易的双重职能，可以提高企业融资效益，促进创业企业技术进步。

股权融资是创业者用未来企业部分股权换取投资的一种融资方式，如风险投资。近年来，风险投资逐渐为创业者所熟悉。在风险投资支持下，企业成功发展的案例激发了无数创业者的激情。

（4）管理新创企业。

第，企业法律组织形式。在创建新企业之前，大学生创业者应该事先确定企业的法律组织形式，一个新创企业可以选择不同的组织形式，但无论选择哪种形式，都必须在科学衡量各种组织形式的优点和不足后，确定合适的组织形式。

第二，企业组织结构。企业组织结构主要分为职能制、直线制、直线—职能制、事业部制等。

职能制的企业中，相关管理责任与职权并不是由主管直接负责，而是分配给设立的相应职能机构。这些职能机构在职责范围内有权利指挥自己的下属行政单位。

直线制是在企业中最早出现的,也是复杂程度最低的组织结构。采用该组织结构的企业的各级组织之间具有直接领导的关系,即下级只有一个直接的上级,一般适合规模较小、生产技术复杂程度低的企业。

直线—职能制是由直线制与职能制相互补充而形成。直线制企业领导及相关人员可以在职权范围内决定并指挥下级行为,且对自己部门的行为负有全责。

职能机构及其人员,是在领导进行直线指挥时提供参考意见并对业务进行指导,但并不拥有直接向下级部门下达命令的权利。事业部制是公司在管理上采取的高度集权的分权机制,一般适合规模比较庞大、产品种类复杂、生产技术复杂程度较高的企业。在国外,大型联合公司采用该机制比较多,近年来,我国也在尝试向企业引进该类组织结构。

(二)创业精神

创业精神是突破现有资源限制而追求商机的精神,从这个角度来讲,创业精神是冲破资源束缚,抓住并运用机遇,勇于承受必需的风险,为创造某种新的价值而充分发挥创造力潜能,从而达到创新的一种心理过程。

大学生要培养自己的创新思维能力,善于在已有经验的基础上,发现新事物、创造新办法,从而解决新问题。大学生要勇敢面对挫折,具有坚定的创业意志品质。大学生要养成吃苦耐劳的品德,吃苦耐劳的品德是一个人在面临问题和战胜困难的过程中,锻造出的一种坚韧不拔的精神状态及较为坚定的、持续的毅力品格。大学生应该增强危机意识,当下市场竞争日益剧烈,若没有危机意识,获得成功的可能性将越来越小,因此大学生应该通过创新活动和创业实践来提高自身危机意识。创业精神为创业提供思想和精神上的支持,创业知识是创业的理论基础,因此大学生应不断丰富相关的创业知识,如法律、金融、管理学等领域的知识,竭力为创业做好一切准备,从而在实践中自如地应对挑战。

第二课堂是培养大学生创业精神的重要阵地。第二课堂中的挑战杯竞赛、专业社团活动、创新创业工作坊实践等,都对大学生创业精神的养成有着潜移默化的影响。对于大学生来说,一方面,要积极参加社会实践活动。社会实践活动对医学院校大学生来说,主要包括到医院、诊所、机构、社区、乡镇等开展志愿服务活动或在寒暑假和周末时间做一些兼职等,通过以上这些创业实践来增加自身的社会阅历,有利于觉察商机。另一方面,积极参加学校组织的各项各类第二课堂活动。积极利用大学生创业孵化基地、创业园等学校所提供的各种创业实践平台,通过创业者亲身实战,感受创业的艰难不易,并借此来锻炼自身意志品格,增强自身抗挫能力。

三、创新与创业的关系

(一)创新精神推动创业

大学生创业者通过技术创新,即新产品或服务生产的新流程,获得战略优势。在一段时期内,获得战略优势的创业企业可能是唯一使用该创新手段的企业,因此该企业可以预期获得"垄断利润"。但是若其他企业也发现这个创新技术并模仿该技术,这样创新就进一步提升了整个产业的生产力,并且在模仿中涌入大量新思想,使垄断利润逐渐减少并最终达到平衡,之后新的创新循环开始。在创新过程中,有创新目的的大学生需要一定的经济利益支撑创新技术的研发,大学生创业者在新的利润增长点的驱动下,需要创新实现垄断利润。在寻找创新点的同时,需要创业,实现对创新持续的支撑。创业来自新产品、新技术、新供应来源与新组织的竞争。而创新不仅是其竞争的工具,也是保障的基础。所以,创新精神推动创业是新时代创业浪潮最典型的特征之一。

(二)创业精神推动创新

创业精神意味着有远见、睿智地运用相关工具,精力充沛地执行创新创业战略,以及带有冒险倾向性的判断与决策。创新型组织需要在组织中创造一种结构(部门、团队、专家小组等),其利用资源并承担推动创新的责任。倘若缺乏创业精神,有效的组织变革便不会发生。

在现实中,创业精神会在不同的阶段发挥作用,如在一个大学生创业者新成立的企业里,员工冒着巨大的风险将新产品投放市场。创业精神更多体现在更新企业现有产品和改进生产、提供产品的方法层面。当然,改变事物的激情并不一定要局限于创造的商业价值,也可以用于改善生产条件或是在更广泛的社会领域与社会环境可持续发展方面,这被人们称为"社会创业"。在创新创业组织的生命周期里,通常被称为"内部创业者"的,或者工作在

"公司创业部门"及"公司风险投资部门"的创业者需要用创业精神驱动创新，从而创造商业价值和社会价值。

四、创新创业教育原理

"创新创业教育概念提出代表了中国高等教育改革发展的重要方向，其理论意义在于承认每个学生都具有创新创业潜能，其实践意义在于引导每个学生都成为创新创业人才并促进高校教育教学范式转型。"①

（一）创新创业教育的界定

1. 创新教育的界定

创新教育是一种增强创业能力、丰富创新能力的新型教育形式，反映的是社会发展的新需求。此新型教育形式包含两个方面：一方面是培养对整体经济环境的了解和分析能力；另一方面是培养其他方面的相关能力。例如，基本的学习知识能力及其相关方面的利用，或者是商机预测能力及创新活动能力，甚至是风险管控及合作能力。在实践过程中，创新教育需要多方面考虑，其不是只沿用历史教育发展过程中既定的内容，还需要懂得创新教育发展的相关规定，以及创新教育的变革和将来的发展路程。

创新教育是让人学会创新，并运用创新的东西。以人为本的创新才能更好地拓展思维、提升能力，才能真正提高教育水平，才能被称为真正意义上的创新教育。医学院校是我国培育医学相关人才的基地，尤其是创新型医学相关人才。创新教育在让学生拥有更多探寻精神的同时，在其运用相关知识的实践能力上也有很大帮助。

学校的创新教育不局限于传授先人的思想，而是包含多方面，如让学生学会自主学习、不断改变个人的思维模式、喜欢思考等。真正的创新能力，是一种综合技能，需要人们在创新过程中学会观察、懂得分析和应用、注重个人整体实践能力及自身的提高与创新。另外，创新能力不是一个人的认识和实践，而是一个人的自主创新能力和社会经济环境的相辅相成与相互促进。

---

① 王洪才. 创新创业教育：中国特色的高等教育发展理念 [J]. 南京师大学报（社会科学版），2021（6）：38.

创新教育是随着时代变化而发展出来的。21世纪,高等教育顺应历史潮流发展,对原有教育模式进行变革,其中培养创新能力与创新精神是医学院校提倡的创新教育的中心。创新教育要创造出一个可以提高学生兴趣、激发学生潜能与创造力的环境。对此,医学院校可以通过制定完善健全的教育体系和实践基地,发掘学生的潜力、创造力,让学生养成自主学习的习惯,同时使他们学会学以致用。创新创业的大环境是当代各医学院校对教育体系的改革与对教育教学内容的改变,是对教育价值体系的再探索,也是高等教育创新的方向。

2. 创业教育的界定

创业教育作为一种新型教育概念,经过多年发展,已经拥有一定成绩。但还有很多人普遍认为创业教育所指向的是创业方面的指导,对于受指导的人而言,创业教育不仅是创业方面的理论指导,也是提升其整体实践与应用能力的重要途径。这些认识从字面意思便可以看出来,但是目前对于创业教育还没有明确的定义。

创业教育被认为是继学历教育、职业教育后的第三种教育,即人类的"第三本护照",也是随着经济、教育科学发展,能帮助人们获得更加优越生活的必需教育。只有通过创业教育不断拓展学生的创新能力与创新精神,学生的创业素质才会有质的改变,可以说创业教育是在新时代经济环境下必须具备的一种教育。当然,这种理论也是与知识教育环境相对应的一种新型教育观念。

创业教育存在广义和狭义两个方面:从广义上讲,创业教育是强调在当前环境下造就更多的创业人员,他们较普通创业者存在很多优势,如创新与创造能力更佳、拥有自主的创新精神和强烈的探险意识。从狭义来看,创业教育致力于提升学生的基础教养与素质,如以创新思想与创新思维能力等基础素质为主要培养方向,方便学生在离开校门走向社会以后可以有更好的机会进行创业。有更好的创业基础,可以让学生创业走捷径并做出成绩。创业教育是让学生从大众思想的单纯找工作转换为创作工作岗位的教育,是一种整体而又综合的教育。因此,从大方面观察会发现,创业教育有非常多的优势。首先,创业教育可以培养医学院校学生的创新精神、直接提升学生总体的创业素质与综合能力;其次,创业教育是现今解决大学生就业难的一个途径,很大程度上能够缓解社会就业压力,对于当代各医学院校学生而言非常重要。

（二）创新教育与创业教育之间的关系

创新教育属于新式教育模式，在医学院校中其主要作用是培养学生的创新能力、创新意识、创新精神，让学生各方面协同发展是其主要目的。而创业教育是一种教育活动，主要是让医学院校学生自主自觉创业，提升学生的创业能力，着重强调创业人员及创业知识。虽然，创新教育在一定程度上和创业教育存在重合点，但它们之间不可以相互代替和等同。

第一，创新教育与创业教育内容相通、目标一致且功能相同。创业教育和创新教育相辅相成、相互交融，创新是创业的基本。从广泛意义上而言，实践成果是说明创新或创业是否成功的一个标杆；创新所呈现的形态是创业。创业成功的关键是拥有良好的措施。创新教育是一种新型教育形式，提倡增强学生的探索创新能力，这也是其终极目标。创业教育强调的是学生要有创业意识和创业思维，进而增强创业能力，注重基础知识的广泛普及。创新教育与创业教育二者之间相互推动、相互关联。

创新教育不只是对传统教育方式的改变，而是对教育的功能意义进行定位，是一个全方位且具有根源性的教育变革。当今社会的发展对高等教育提出了新的要求，即需要培育更有探索精神及创业思维的人才，提高他们的创业素质，各大医学院校更需如此。因为新时代经济迅猛发展，只有拥有高素质的人员才能跟上社会经济的发展步伐。

第二，创业教育是创新教育的深入与强化。创业是一种新形式的创新，而创新是创业的根基，创新必然在创业中有所体现。社会经济主体在进行创业时需要有稳固的基础，这个基础是具有创新与冒险思维，在创业时勇于冒险、勇于突破，更为重要的是有绝佳的管理能力。因此，要成为创业者，必须具有各个方面的能力，只有具备这些能力，才能做好管理方面的工作、扮演好相应角色，这也是创新教育必须不断深入，并演化为具体创业教育的原因。因此，创业教育在各大医学院校中需要广泛普及。

综上所述，创业教育与创新教育相辅相成、相互制约的同时，相互融合又相互统一。医学院校对学生实施创业教育，一定意义上是让学生可以更好地完成创新教育。

（三）创新创业教育的功能与特点

1. 创新创业教育的功能

以教育理念促进教育实践，创新创业教育对人的发展、社会进步、教育改革有着积极长远的意义。创新创业型人才的培养，不仅能够推动社会的发展和前进，还能够推动教育变革和发展，甚至能推动人类全面自主发展。

（1）社会发展功能。对于社会发展而言，创新创业教育有着极其重要的作用。其一，通过创新创业教育能够让学生做好就业与创业的准备，从而使毕业与就业之间的空窗期缩短；其二，创新创业教育能够推动自主创新能力的开拓，提高科技创新的能力。医学院校既是培育人才的摇篮，也是实现科技创新的聚集地。因此，医学院校应引领学生把创新转变为实际的生产力，让学生既要成长为知识的拥有者，也要成长为社会发展进步的驱动者，实现经济增长和就业增长的良性协同。

（2）教育发展功能。对于医学高等教育的发展而言，创新创业教育发挥着相当重要的影响。医学高等教育想要打破传统教育理念的束缚性，开展创新创业教育是必由之路。大学创新创业教育应建立"宽口径、厚基础、综合化"的教育模式，让学习者不断丰富学识、充分发展能力、全面提升素养，使科学精神和人文素养互相交融；优化现有的专业课程体系，进一步完善学生的知识体系，发挥教育方法的启发性和参与性；不断探求教学管理机制，如实施学分制与选课制等，激发学生的创新创造性。

（3）人的发展功能。创新创业教育关乎人的全面发展，可以帮助大学生形成正确的世界观、人生观与价值观，形成社会责任感，激发学习积极性，促进其全面发展。医学院校创新创业教育要做到以学生为本，协助指导学生做好职业生涯规划，特别是大学时期的奋斗目标。医学院校创新创业教育需要培养学生处理与社会、他人、集体关系的能力，激发学生的创新创业潜能，训练学生的创新创业素质，提高学生的适应能力、学习能力、创造能力和竞争能力，使学生进一步完善与提升自我。因此，创新创业教育不仅可以帮助学生健全人格，而且有利于学生的个性发展与全面成才，这是人类发展进步的根源所在。

2. 创新创业教育的特点

创新创业教育作为一个全新概念，由创新思想、实践经验同创业教育相统一而形成。学术理论界对此有很多理解，很多专家对于创新创业教育的理念与想法有所不同，发展到今天，他们的理念仍然没有达成统一。一些专家认为创新创业教育在高等学校中出现的目的是培育学生创新能力与创业过程中的基本素质，只有基本素质提高，才可以使学生各方面得到发展。正因为这样，创新创业教育才可以被称为是全新的教育形式。

"21世纪初，创新创业教育成为国家实施科教强国战略和改革高校偏重知识教育的重要策略，形成一种培养富有创新创业知识、意识、精神和能力的创新型、应用型、技能型人才的教育理念和教育模式。"[①] 大学生创新创业教育是一种新的教育模式，是一种各个方面教育教学理念相结合的教育，其对医学院校学生而言，需要同时切合当今社会发展的需求和总基调。创新创业教育的主要目标为既要提升学生的自主能力与探求精神，又要培训学生的创新思维与创业能力。创新创业教育不同于传统意义上的教育思想之处在于使医学院校教育教学和创新创业之间的关系更加密切，从而提高学生的整体思维能力与创新创业素养，与当代信息发展及经济社会环境相辅相成。此外，创新创业教育已逐渐从单纯的教授知识转变为重视素质与创造力的培育，为医学院校学生走向社会、走向创业奠定牢固的根基。

创新创业教育提倡自主意识，而不是等待被他人"挑选"，这要求大学生具备自主创造力的同时，需要有相应的探索及创新能力。只有这样，大学生才能在走出校园后发现自我，自主探索。

创新创业教育是基于传统教育方式演变而来，主要拥有以下3个方面的特点。

（1）传统教育模式的目的性较弱，而创新创业教育是以学校学生为对象，目的明确。创新创业教育不仅可以给学生提供更多的创业机会与创业建议，还可以让学生到相关机构和企业实践，了解更多的管理思想。这需要学校有相对应的教育方式与教育内容，如创业进程设计、定期定点实践及开展管理经营教学等。

（2）创新创业教育的核心是实践，通过各项实践，可以激发学生的创业思维。例如，医学院校不仅要组织与创新创业有关的活动或竞赛，还要设立创新理念或创业能力方面的奖励，成立有关的创业协会、创业中心、创新创业工作坊、创业社团基地等，使学生更加了解创新创业教育模式。

---

① 赵长林.高校创新创业教育概念内涵、政策演进与时代变革[J].继续教育研究，2022（8）：67–73.

（3）创新创业教育需要有相应的依托。医学院校自行建立的创新创业基地可以很好地实现这一目的，能够给本校学生提供更多的创业课程及管理理论知识。例如，建立研究中心或创新创业基地，为学生提供良好的平台。

（四）创新创业教育的原则与本质

1. 创新创业教育的原则

（1）全程性与分层性共同结合的原则。创新创业教育要发展得好，其全程性必须体现开放性与延续性的特点，这也是终身教育系统的重要组成因素。医学院校需要将创新创业教育的目标与其专业教学体系相结合，更好地培养创新创业人才。

医学院校的创新创业教育在不同的时期应当具有不同的侧重点。在刚进入大学时期，先让学生充分了解创新创业，重点培养学生的创新创业意识，让他们掌握相关基础知识。在学生具有创新创业意识后，有针对性地开展技能培训教学，并且不断提高学生在创业过程中的意志力、创业能力与综合素质。

针对高年级学生，医学院校应当重视教育延续性特点，由全面人才培养到重点创新创业人才培养。要达到更好地发展创新创业教育的目标，需要将医学院校创新创业教育落到实处，发挥其最大作用。

（2）理论与实践结合的原则。医学院校在开展创新创业人才培养计划时，要重点关注理论与实践相结合。只有理论与实践相结合，才能培养出现代社会所需要的创新创业高素质人才。因此，医学院校在培养创新创业人才过程中，不仅需要加强理论课程的教育教学培育工作，开发学生的创新创业思维，提升学生的创新创业能力，还需要根据创业者的自身特点，指导学生积极实践，鼓励他们参与到创新创业活动中，锻炼他们的创新创业能力，做到理论与实际相结合。

（3）开放与协同结合的原则。医学院校易受到教育资源分配与资源有限等问题的影响，要获取有利于培养创新创业教育人才的优质资源，医学院校应该坚持开放办学，并与各部门健全共同创新体制机制；同时，为了培养创新创业人才，建立创业协同机制，将各部门的步调统一，从而促进创新创业教育的长久发展。

2. 创新创业教育的本质

（1）创新创业教育是一种新型素质教育。迅速发展的信息时代让高等教育走向大众化、普及化,而创新创业教育是当今时代高等教育发展的必然趋势。现今世界各国均尤其看重创新创业教育对国家经济发展的作用,我国亦不例外,创新创业教育已成为我国教育改革的突破口,受到学界广泛关注。

素质教育是在传统教育基础上更新而来,是对传统模式的反思成果。素质教育相较于传统教育,呈现出明显的综合化、全面化倾向,其教育目标是提升受教育者的综合能力,实现人的全面发展。

创新创业教育是知识型时代、数字化时代下发展的新型教育模式,标志着高等教育进入全新阶段。创新创业教育的出现推动了素质教育的变革,让素质教育升华为与时俱进的实践教育。创新精神、创业能力等是新时代人才的重要素养。为了顺应时代要求,创新创业教育应该开展具有实践性、创新性等特点的教育教学活动。总体而言,创新创业教育是素质教育在新时代需求驱动下的更高层次深化与延伸。

(2)创新创业教育是"四创合一"教育。创新创业教育是创造、创新、创业、创优"四创合一"教育,其目的是培养学生的创造性思维、创新精神、创新能力、创优意识,其最终目标是实现人的全面发展。

创造是一种思维方式,创造需要经过新想法的提出、新理论的建构、新产品的生产等,是从无到有的过程;创新是一种发展能力,以现有的思维模式对现存事物的重新发现、重新认识,所有有价值的新事物、新思想的诞生都可以看作是创新成果;创业是创新和创造进一步发展的结果,将创新、创造结果应用到管理或技术上产生一定经济效益,在现代社会创业中被视为一种生存方式;创新创业教育培养的是一种精神品质,是创造、创新和创业的升华。

所有新的物质或精神成果都属于创新,而试图将创新性成果落实的活动过程就是创造;利用商业机会和社会资源将这种创新性成果应用于生产活动的动态过程就是创业,其贯穿于创造与创新的始终。

(3)创新创业是教育体系的一部分。创新创业教育模式是一种新型教育模式,但并不是将传统教育全盘否定的教育模式,而是在传统教育基础上延伸、发展而来的教育模式。创新创业教育对固化、刻板的传统教育进行改造,更强调综合式教育,即既强调基础教育与职业教育、继续教育有机融合,又关注知识理论、实践技能、情感体悟的共同开发。简而言之,创新创业教育是为适应时代需求,在传统教育的基础上衍生而来的新式综合教育模式,是对传统教育的一次继承与发展。

（五）创新创业教育的重要意义

1. 创新创业教育对国家宏观战略的重要意义

（1）创新创业教育满足了我国经济发展和社会进步的需要。在参与国际竞争的大背景下，知识经济浪潮的冲击使社会急需大量具有创新创业素质与创新创业能力的创新型人才。为应对经济全球化的挑战，各国政府需要从长计议，加速发展本国高等教育，大力培育具备全球视野、富有创新创业能力与全球竞争力的人才。

发展创新创业教育已成为全球高等教育的共识。随着我国经济的增强，我国主导性产业将直接参与国际竞争。对此，要求我们必须拥有大量具有国际竞争力的人才。我国将有更多的企业发展到国外去，同样需要一批高级管理人员与科技人员作为企业骨干，这些骨干必须与国际人才标准接轨。对于医学院校而言，要培育拥有创新创业能力、与世界接轨的医学有关人员。这样的人才必须是熟悉国内国外情况，了解国外文化，具有扎实的专业知识，具有创新精神和知识创新、技术创新、较强经营管理能力的创新创业型人才。因此，医学院校必须由传统教育向创新创业教育转变。

（2）创新创业教育有利于实施科教兴国战略。在国家创新创业体系中，医学院校具有特殊作用。医学高等教育作为教育体系的重要领域，是科教兴国战略实施过程中极为重要的部分，为了推进科教兴国战略的顺利实施，医学高等教育必须适应时代需求，从应试教育转向素质教育，而素质教育的灵魂是创新创业教育。因此，医学高等教育应当推进创新创业教育的全面落实，让大学成为新知识、新思想的生产库，而不仅是旧知识的储藏库。鼓励学生运用已有知识开拓创新、开辟事业，在手脑并用的实践中吸收、消化知识并创新。

（3）发展创新创业教育是国家兴旺发达的显著要求，是推动国家经济发展、社会进步的不竭动力。创新创业是社会个体的一种生存方式，也是国家的一种发展模式，在国家发展、进步中扮演着极为重要的角色。21世纪，知识时代全面到来，经济已经不是国际竞争的唯一决定因素，创新能力及创新人才竞争成为当下竞争的主要对象，已经有许多发达国家将发展创新创业教育当作本国发展的重要战术。

一方面，国家和社会呼唤创新人才，创新创业教育在创新人才培养方面发挥独一无二的作用；另一方面，创新创业教育能够帮助学生积极投身社会实践，通过创业活动拓展学生的就业途径，开创更多的社会就业岗位，进而推动社会经济发展。目前，我国经济机构中，中小型企业在国民经济中的比重逐渐上升，而创新创业活动便是从中小企业开始。因此创新创业活动带来的新企业，对于激发社会经济活力具有至关重要的作用。

无论是引导医学院校学生开展创新创业实践，还是帮助国家培养适应时代需求的创新创业人才，均不能离开创新创业教育的开展实施，因此持续推进创新创业教育全面开展对实现国家兴旺发达具有重大意义。重视创新创业教育能够有效提高医学院校大学生的创新创业能力，促进创新型人才诞生，也是我国教育活动中极为重要的内容。

2. 创新创业教育对国家教育发展的重要意义

（1）创新创业教育有助于教育思想的转变。现代市场经济的发展和知识经济时代的到来，为医学高等教育更新教育观念，为转变教育思想提供了充分的现实依据，对此，我们应把创新创业教育的精神实质融入医学院校整体的教育管理和具体教学过程，彻底抛弃应试教育中普遍存在的知识灌输和过分强调整齐划一的教育模式，围绕创新创业教育重新构建适应时代需求的人才培养模式，在传授创新知识与创新技能的过程中激发学生的个性与潜能，推动学生全面发展，并将这一理念推广到整个医学高等教育内部，从而推动国家开拓创新型教育思维、建设创新型教育模式，深化当代素质教育，确立以培养创新意识为目的的新时代教育理念。

由于中国医学高等教育起步不算早，要追上甚至赶超世界医学高等教育的步伐，其首要问题是进行教育观念的更新和教育思想的转变。这一问题的提出是基于适应国家当前经济社会发展的基础上，加快经济发展方式转变及建设国家创新体系的迫切需要。只有加快教育观念的更新和教育思想的转变，才能实现中国医学高等教育真正意义上的跨越式发展。

医学高等教育要在创新创业教育思维、知识和方法上取得有价值的全新成果，培养高素质创新创业人才，不仅要提高广大教师自身的综合素质，更为重要的是使每一位教师充分认识到自身在创新创业教育中的重要地位和主导作用，切实转变育人观念，把对学生创造力、创新力与创业力的培养，潜移默化地贯穿整个教学过程，着力培养学生的创新精神、提升学生的实践能力、增强学生服务国家与人民的社会责任感。

近年来，中国在素质教育理论中的不断研究和探索使得医学高等教育正在发生全面而深刻的变化。素质教育在近年的教育活动中没有被全面、切实落实，无论是教育模式、教育理念，还是教育手段，都没发生根本性改变，这一现象影响新时代创新创业教育的推进和创新创业人才的培养。创业的本质与核心是创新创造，内涵是开拓事业、岗位立业、创建新公司、拓展新岗位等，而创业教育并不只是人们以前认为的传授创办公司的知识，而是注重对大学生学习能力的培养，旨在让大学生学会学习与生存，以及把握机会，加快自我发展的步伐。

教师教书育人观念的转变，是医学院校现有教育思想转变和教育观念革新的体现。当前，创新创业教育围绕着创新的核心和本质展开，其中强调的创新性、个性、实操性、开放性均是其基本属性，创新创业教育已不再局限于对学生专业知识的灌输，而是更注重培养学生的创新创业思维和创新创业理念，目的是增强其创新创业素质、提升其创新创业能力。

（2）创新创业教育有利于教学模式的更新创新。创新创业教育有利于教学培养模式的创新，具体体现在两个方面：一是人才培养模式的创新；二是教学管理模式的创新。创新创业教育是从应试教育和就业教育的人才培养模式向素质教育和创业教育的人才培养模式转变。简单来说，是以创新精神为导向，建立新的人才培养方案和目标。

（3）创新创业教育是教育改革的必然趋势。创新创业教育受到越来越多国家的关注，是顺应时代发展的必然教育改革趋势。全面推进素质教育，实现医学高等教育转型，培养满足社会与市场需求的创新型医学相关人才，是我国医学高等教育改革工作的主要目标，也是适应社会主义市场经济发展要求的人才培养目标。

21世纪已经进入全新的知识经济时代，发展创新创业教育是新时代对医学高等教育提出的新要求。知识经济时代的特征是科技产业发达、市场环境多变、产业变革迅速等，创新与共享已经成为市场常态。因此，医学高等教育如何适应新时代需求，培养符合时代潮流的创新型人才，是当下教育改革面临的重要课题。

3.创新创业教育对国家社会经济的重要意义

当今世界，伴随着以微电子技术、通信技术、计算机技术、信息应用技术为支撑的现代信息技术的发展及全球经济一体化的推进，知识经济已在世界范围内兴起。在知识经济时代，我国综合国力的强弱取决于我国科学技术新知识总量在国际上所占份额，取决于我国创造新知识新技能的优秀人才总量在国际上所占份额。因此，培养创新创业型人才已成为紧迫问题。如果将大学看作"知识工厂",那么"知识工厂"不仅是旧知识的储存、传输基地,更是新知识、新文化产生的重要发源地。因此,高等教育作为教育体系的最高阶段,在知识经济时代居于核心地位。

知识经济时代,需要全社会支持、鼓励广大学生创业(创造新产业、创造新的工作岗位)。医学院校只有实施创新创业教育,培养学生的创新意识和创业能力,才能让医学在不断适应时代潮流中实现自我发展。教育是知识经济竞争的基点,对知识的再生产、传播与应用具有重大作用。为适应知识经济下的人才需求,需要医学院校把教育重点转移到创新创业教育上来,转移到培养创新创业人才上来。在知识经济社会,知识产业成为社会的主导产业,知识劳动者成为劳动的主体,教育上升到经济发展和社会进步的首要位置,成为社会生活的中心。因此,建立面向全民的创新创业教育系统是一项紧迫任务。开发在校大学生的创新创业智慧,引导、鼓励他们在"创中学,学中创",将加快创新创业型人才的培养进程。

工业 4.0 时代给人才培养带来了两大主要挑战:一是对人才创新能力提出了更高要求。人类在生产活动中的身份发生转变,已不是传统的服务者角色,而是扮演全新的指挥者、决策者和规划者的角色,也对人才提出了更高层次的要求。二是智能化带来的"劳动力"导致人才需求下降,与之相伴的是医学院校大学生就业率的降低,市场人才过剩成为常态。因此,培养创新创业型人才是必然趋势,创新创业教育能够为社会提供更多的新型人才,也能够为社会创造更多的新职位。可以说,创新创业教育处于知识经济时代的制高点,可有效提升国家在未来经济、文化竞争中的竞争力。

20 世纪 90 年代后,以信息技术、生物技术为代表的知识经济迅速发展壮大,人类社会进入全新的知识经济时代,智力资本、人才资本已经成为企业竞争的重要资源。因此,为适应时代发展,人们更需要具备创新意识,用创新的眼光看市场,及时把握市场机会。

随着社会生产力的不断发展,技术和教育成为新时代衡量社会经济增长的测算指标,被称为"技术进步指数"。创新创业教育培养出的创新型医学相关人才,能够有力地推进国家经济和社会发展,为国家的繁荣与强盛提供源源不断的发展动力。可以说,创新创业教育是维持当今时代经济不断发展、社会持续进步的内在驱动力。

第二节　创新创业教育的理论基础

一、创新理论和"创新人"假设

(一)创新理论

所谓"创新"是主体在已有知识基础上，不局限于某一固定思维模式，从而发现新事物的过程。而创新理论最早是由经济学家熊彼特在20世纪初提出来的。他主要是从经济学的角度来定义"创新"，认为"创新"是一个经济而非技术范畴，是一种企业和管理者的经济活动，是一个内生变量，是一切经济发展的源泉，是对新产品或新过程的商业化，即将一种全新的生产要素和生产条件的组合引入生产体系，以此形成一个新的生产函数。这个新的生产函数不只是科技上的发明，更多的是将业已存在的科技应用到企业中去，形成一种全新的以营利为目的的生产能力。它将变革组织的生产技术，更好更快地提高其生产力水平，从而能够最大限度实现企业的终极目标——利润最大化。

此外，熊彼特所理解的创新主要有以下3个方面的内容：基本含义、创新与管理者关系、创新与创造的异同。他的创新概念一直是一个高度集成的表述，即广义概念的创新，而不是单纯指技术创新。他所认为的属于经济范畴的创新有以下几种情况：一是创造新产品；二是采用新生产方法；三是开辟新市场；四是取得新供给来源；五是实现新组织方式。不同于熊彼特的创新理论，马克思在其许多经典著作中认为创新涉及社会的各个领域、各个方面，它不再仅是管理者或是企业家的特权，社会中的每个人都有权利去创新。他多次强调创新是一个国家兴旺发达的不竭动力，对于整个社会的发展尤其是经济发展极其重要，影响重大。

(二)"创新人"假设

"创新人"假设是德鲁克于20世纪90年代提出来的一种关于人性假设的全新理论。德鲁克认为，提高企业整体创新水平和成员创新能力是一个现代管理者变革成为领导者的关键。"创新人"假设的主要内容如下。

第一，马斯洛需求层次理论表明，人的需求层次是不断上升的，是一个由低层次逐渐向高层次递进的升华过程，自我实现是人的最高需求层次。这里的自我实现便是实现自我创新、自我突破。

第二，知识经济时代要求人们不断实现创新来提高自我的创新能力，从而更好地在事业上做出成绩，更好更快地适应当今社会的快速发展。自我激励、自我控制是个体实现持续创新最根本的途径。从企业角度出发，营造一种积极、平等、自由而又民主的工作氛围，使得成员在这样的氛围中能够更好地实现自我创新是一个企业可持续发展的关键。管理者应该采取多种激励方法和手段鼓励员工在保持个人目标与组织目标一致的前提下，最大程度上实现自我创新和自我价值，从而能够更好地完成企业目标，实现组织利益最大化。

总而言之，"创新人"假设强调的是个体追求创新和变革的内在需求，为医学院校培养创新创业人才提供了强大的动力。

二、创造力理论与三螺旋理论

（一）创造力理论

人类有一种能力叫创造力。创造力不仅是让人更新思想和创造新事物的能力，也是人随着心理变化逐步完善各种创造的内容的能力，其内容有发现新方式、新科技或新物品等，这些发现都是创造力的体现。创造力较其他方面的能力有明显的特点，即独特性、新颖性。除此之外，对创造力还存在其他判断方式，如对社会发展是否有用、对个人或人类是否有帮助等。个体的创造力是一种外部行为，这种外部行为具有发散思维，在学术界有其特定的定义。创造力主要包括以下3个方面。

第一，知识。知识是创造力产生的基础，无论是何种创造力，所依托的都是不断增长的知识，没有知识，创造力便不能实现。知识学习是对知识的内在加工过程，包括知识的获得、保持、提取3个阶段。

第二，智力。我们通常提到的智力是指人认识、理解客观事物并运用知识经验等解决问题的能力。这种能力的运用通常需要人们深入认识、了解事物的本质，再根据大脑中预存的知识、阅历处理问题。理解问题，并根据对问题的判断去处理相关问题，可以提高个人的思考能力和学习表述能力。

第三，品质。品质是一个综合范畴，一般包含毅力、恒心、涵养等。品质是个人在一定环境下，通过各种社会活动及实践体现出来的，也是个体在毅力、恒心、涵养等方面的一种素质。个体通过拥有优良的素质拓展能力，才可以充分发挥个体的主观能动性。

这3个有机组成直接关系到个体创造力的高低。目前，很多医学院校课程侧重根据创造力延伸出其他方面，让大学生对于创新创业教育有更加深刻的认识，这也是创新创业教育改革的一个基础。

（二）三螺旋理论

三螺旋理论主要是针对政府、大学、企业三者之间的相互沟通和协作而提出。三螺旋理论认为三者之间的联系与沟通是逐渐紧密，也是相辅相成、一同进步的关系，这种关系对于社会发展具有很大的积极作用。本部分以医学院校为例。

第一，对于医疗领域企业和政府，医学院校对他们具有很大的影响。一方面，各大医学院校要更好地筹划教育教学规划，需要从政府发展及医疗企业管理和经济发展方面确定教学方向，只有切合整体发展的教育，才能让整个社会不断前进；另一方面，医学院校的科研成果可以通过多元化方式在医疗企业和政府等转化与应用。通过这样的模式，可以保证三者共同发展、相互促进。

第二，医疗企业对医学院校、政府发挥巨大作用。一般情况下，医学院校的各种创造发明、研究发现，能够让医疗企业的发展更加快速，也是医疗企业想要更好发展必须有医学院校支撑的原因。一方面，医疗企业要达到利润增长，需要医学院校的各种科技成果及研究，使市场更加活跃；另一方面，优良的医疗企业发展是医学院校、政府发展的有力支撑，能为医学院校、政府带来更多资源，让医学院校的科研发展不出现断层情况。

政府、医学院校、企业三者之间相互交融、相互推动，为国家发展起到拉动作用。在我国，政府侧重于宏观调控，行政机关通过调节等手段协助各大医学院校和企业发展。如果二者之间有经济、社会等方面的困难，政府可以解决。

根据以上情况可知，政府、医学院校、企业三者之间是相辅相成的关系。医学院校以提高学生创造力为基础，开创各种创新创业教学；医疗企业提供学生自主创业的辅助设备或辅助资金；政府则起到中介作用，维持企业与各大医学院校的整体平衡。政府根据社会经济发展，更新各种政策性信息，也是让企业和各大医学院校更加和谐的要点。政府、医学院校、企业发挥所长，相互沟通与合作，逐渐演变成为新兴螺旋体。

三、协同创新理论与"2011"计划

（一）协同创新理论

"创新"最早是由熊彼特所提出，他主要从经济学的视角去界定"创新"，此时的"创新"属于经济范畴而非技术范畴。它不只是指科技上的发明，更多的是将业已存在的科技应用到企业中去，形成一种全新的以营利为目的的生产能力。与之前相比，它的功能或效率得到了明显的增强，更关键的是它能够在整个创新过程中取得超额的经济利益和社会价值，同时还能够不断地促进科学技术和生产资料的革新，这也是协同创新的体现。

具体来讲，协同创新是一种以知识增值为核心的创新机制，是组织内部形成的一种关于技术、知识、能力等方面的分享机制，是为了最大程度上取得重大科技成果创新而由政府、机构企业和医学院校等主体建立起来的大跨度整合的创新组织模式，是指对创新要素和资源进行集中整合，从而能够打破各个创新主体间的隔阂并实现彼此间关于信息、资本、人才、技术等方面的深入合作。在协同创新机制下，每个相对独立的创新主体拥有着共同的奋斗目标，通过多种方式进行沟通协作，并依靠现代化信息技术搭建资源共享的平台。

随着全球经济的快速发展、科学技术的进步，不同学科、科学技术和社会经济间的联系越来越密切，导致科学技术的创新和发展增长点逐渐转变为"交叉学科"。比较重大的科学技术创新或是工程的创新常常需要配备先进的科研仪器、优秀的科研队伍，尤其是基于复合学科的"联合创作"是当今知识经济时代最需要的协同创新。在新时期，协同创新对我国高等学校开展创新创业教育也同样具有现实意义：开展协同创新有利于我国在全面把握当今全球范围内科学技术创新的新趋势的基础上，更有效、更充分地发挥每个创新要素的"综合效应"，从而实现创新资源的优化配置。总而言之，协同创新机制对我国医学院校新时期顺利开展创新创业教育提供了最基础的理论指导。

从整体上来讲，协同创新是一项比较复杂的创新组织模式。它的关键在

于构建一个恰当的机制和制度安排,形成一种多元主体参与的协同创新、良性互动的创新模式。在这种创新模式下,医学院校、研究机构是核心要素,政府、企业机构、中介组织等实践平台或非营利性组织是辅助要素,这些"知识创造主体"和"技术创新主体"纵向合作并对资源进行某种整合,一种"系统叠加"的非线性效用就会随之出现。发展协同创新要大力发展科学技术,不断提出创新办法和思路,建立一个分工明确、权责明确的实践平台,持续推动科技创新,从而增强综合竞争力,在创新实践中不断取得"新技术""新知识""新工艺"等。

大体上,协同创新理论主要有以下特点:①整体性。协同创新强调要充分发挥每个创新要素的"综合效应",从而实现创新资源的优化配置,由此可知,它需要的并不是各要素的简单相加,而是各要素之间的紧密结合;此外,协同创新存在的方式、目标及其功能均体现"统一的整体性"。②动态性。协同创新是多元主体参与、具备良性互动、比较综合的创新组织模式,医学院校、研究机构等"知识创造主体",以及企业机构、中介组织等"技术创新主体"双方彼此深入合作,进行资源整合。这个过程必然是动态的,不断变化的。

(二)"2011 计划"

高等学校创新能力提升计划,简称"2011 计划",这个周期为 4 年的计划于 2012 年正式启动,以构建协同创新模式、推动我国高校与政府、企业、事业单位的合作,营造协同创新的氛围为目标,建立一批"2011 协同创新中心"。此外,"2011 计划"还要求高校要以"国家急需、世界一流"作为终极发展目标;争取以协同创新来引领当今知识经济新时代的方向,从而提升高校的整体创新能力;让高校在国内教育事业发展的战略高度上努力提升"科技、人才与课程"三位一体的创新能力。我国高等教育作为创新创业人才的摇篮,发挥其在社会创新发展进程中的重要作用十分关键。

对于医学院校而言,"2011 计划"协同创新模式是以推动我国医学院校与政府、医疗机构企业等合作,营造协同创新的氛围为目标的创新模式,同时也是一种面向学科前沿、社会发展的创新模式,它借助科学研究、课程发展及创新创业者训练方法,实现提升医学院校大学生创新创业能力与培养医学院校高质量创新创业人才的目标。

四、个性化教育理论与人的全面发展理论

(一)个性化教育理论

当今社会是一个尊重与注重个性发展的新社会,个性化教育是新时代下的产物,顺应时代发展的潮流,已经成为知识经济时代背景下世界教育改革的主要趋势,引发了世界范围内的教育改革思潮。世界上的大多数国家都认为个性化教育是一个国家教育迈向现代化的重大标志,引领教育领域的改革方向。个性化教育理论主要强调的是教育主体的差异化、个性化。所谓差异化与个性化是指每个人都会因为自身生理因素、心理因素、社会背景,如遗传特征、生活环境、教育环境等而存在差异。个性化教育最大的特点就是它承认受教者在各个方面存在差异。在此基础上,个性化教育理论会根据这种差异制定适合受教人特点的发展方案,从而让个体能够更快更好地适应新的有针对性的教育模式,继而促进其的全面发展。

总之,个性化教育理论是在承认个体生理、成长环境、心理方面存在差异的前提下,有教无类、因材施教,从而使个体的个性充分发展,继而得到全面发展。我国医学院校应重视个性化教育。在进行创新创业教育的过程中,也应该留意这种差异。这种教育理论强调或重视医学院校不同学生表现的特性,认为要想充分发挥医学院校及其学生自身优势资源、突破传统教育模式的僵化,使学生的个性得到充分发挥,最终实现自身的全面发展来更好更快地适应信息经济时代的要求,就要依托个性化教育理论,立足现实情况,以个体个性为出发点,有针对性地设计适合个体的发展方案,具体包括教育的模式、内容、目标等。

(二)人的全面发展理论

对于人的全面发展的独特理论,大体上可以分为以下几个方面。

第一,只有人的体力、智力得到了充分发展,人的全面发展才有可能实现,换句话说就是个体、智力的充分发展是人自身全面发展的基础。

第二,只有当人自身的本性和道德得到充分发展,人的全面发展才会实现。马克思关于人的全面发展的理论强调,一个人要想成为自由发展的人,就要充分发挥自身全部的能力和资源,从而达到人的类特性和社会性,以及个体个性的协调发展。

鉴于马克思的全面发展理论，我国教育界所理解的"人的全面发展"有两个方面内容：一方面，所谓全面发展一般是指一个人的德智体美劳均匀平衡发展，是脑力劳动和体力劳动的完美结合；另一方面是指每个个体的能力和才华都能够最大限度地发展。而我国传统教育模式最大的缺点就是填鸭式教学方法：单方面向学生输送各类知识，把学生当作没有自我判断力、自我思考能力及思想情感的机器。这种教育模式在很大程度上忽视学生的自我发展能力，挤占学生自我发展空间。这种模式从小的方面讲，无疑会对学生的全面发展产生不利的消极影响，阻碍了学生自我潜力的发挥和创新能力的提高；而从大的方面讲，则是与当代社会需要更多创新型多面性人才的现实情况背道而驰。

个性化教育理论认为每个个体都具有差异，因此它强调的是在教育过程中要格外注重个体特性和潜能的充分发展。而全面发展教育则是比较注重学生整体素质的发展，在学生扎实掌握理论知识的基础上，通过各种各样的活动形式营造良好的学习、发展环境，从而使得学生自身能够在社会实践中学以致用，更好更快地适应知识经济时代对复合型人才的需求，为每个学生的全面发展提供可能。全面发展的教育模式能够遵循学生身心发展规律，最大限度上实现学生的充分发展，使学生尽快成长为现实社会需要的"会生存、善学习、勇创新"的复合型人才。

事实上，个性化教育理论和全面发展理论是相互补充、相互促进的关系：二者既有相通之处，又有各自的独特之处。个性化教育理论主要强调的是个体个性发展，从这方面讲它是全面发展教育理论的一个方面，是一种更精细化、更高层次的全面发展表现形式；而全面发展教育理论则是更注重个体全面的整体的发展。二者之间并不是相互排斥的关系，而是共性与个性，你中有我、我中有你的渗透或结合的关系。只有将个性化教育和全面发展教育紧密结合起来，个体的个性发展和全面发展才有可能。而创新创业教育就是强调在个体全面可持续发展的基础上进一步加强个性化教育。

第三节　医学院校创新创业教育的改革发展路径

一、医学院校加强创新创业教育的日常教学工作

第一，做好创新创业教育的日常教学工作，要依据医院、地方、机构、企业等对人才的需要及学校的特色优势，从人才培养规划开始，与在学科领域优势互补的国内外其他医学院校，共同组建创新创业教育联盟，进行全方位的协作教育研究，并积极组织创新创业教育实践成果交流活动。医学院校要侧重大学生创新创业实践平台的日常管理工作与考核评价工作，主动与当地政府、企业的创新创业培育机构等形成长期良好的协作，为创新创业教育的推行赢得社会各界的大力支持。

第二，在创新创业的教学模式与课程体系设计等方面增强创新，鼓励教育工作者创新出适应当前医学院校发展的教学模式与创新创业教育课程体系，大力完善创新创业教育的软硬件基础设施以提高医学教育质量。适当情形下，医学院校也可实施涵盖高等教育全部阶段的跨院校创新创业教育模式，通过明确创新创业课程的学时学分比例，充分运用第一课堂、第二课堂与企业项目资源等，构建更加优质的创新创业教育体系。

二、医学院校大学生积极参与创新创业教育

第一，塑造科学的创新创业教育理念，重视个人创新创业思维的培养与创新创业能力的提升，从而使大学生能够真正参与到创新创业教育的各个教学环节中。医学院校应指导学生从入校起就初步制定好将来的职业生涯规划，结合课程学习与活动实践，依据自我优势进行客观分析，确定好自身毕业后的发展方向，在创新创业活动中能够做到虚怀若谷、迎难而上，发扬不怕苦不怕累的斗争精神。

第二，医学院校大学生应该注重培养学生高尚的品德素养，积极提升学生的创新创业素质与能力。引导学生无论是面临成功还是挫折都应该客观冷静地面对，深刻总结成功的经验，不断汲取失败的教训，培养良好的创新创业心理。在日常学习过程中，医学院校大学生应该主动投入到创

新创业实践中，如大学生创新创业训练计划项目、社会实践、社会志愿服务、互联网创新大赛等项目，磨砺毅力、累积经验，为今后创新创业活动奠定扎实的基础。

第二章 医学院校创新创业教育协同机制解读

第一节 医学院校创新创业教育协同机制的设计

"创新创业教育作为高等教育改革发展的突破口和新方向,要扎实推动协同育人在创新创业课程建设、教学方法、教师队伍、人才培养等方面的创新和培养工作,提升创新创业教育工作的规划与教学改革创新能力,更好地促进创新创业教育发展,为学生提供良好的就业与发展机会,为经济社会发展提供人才智力支撑。"[①]

一、医学院校创新创业教育协同机制的设计原则与思路

(一)设计原则

1. 与传统教育体系相融合原则

普通教育和职业教育是传统教育模式中最重要的两个部分。普通教育通常注重身体素质和心理素质的锻炼和培养,即德智体美劳的全面发展。职业教育则是立足于前者,以所学专业为核心,加强对专业技能和素质的培养,以满足社会经济发展的需求。由于教育需求逐渐向多样化和专业化方向发展,普通教育和职业教育也随之细分,各有其不同的教育理念和模式,在教育体系中发挥着不同的功能和作用。在传统教育中,虽然会无意识地涉及关于创新创业教育的内容,并进行一定的实践,但其所涉及的创新创业教育处于零碎且不固定的状态。与传统教育相比较,创新创业教育增加了更为适应

---

① 葛茂奎,张然,许春蕾,等.基于协同育人视角下创新创业教育课程与实践体系研究[J].经济师,2022(3):154.

经济社会发展需要的内涵,包括创业精神与创新能力。

创新创业教育与传统教育的发展是相辅相成的。因此,在构建创新创业教育体系的过程中,要充分发挥普通教育和职业教育的基础性作用。普通教育为创新创业教育提供基本的发现问题的能力、知识储备,以及创新创业所需的开拓进取、敢于担当的责任感;职业教育为创新创业教育提供相应的规范标准与专业技能。创新创业教育的实践过程是循序渐进的,有着不同于普通教育和职业教育的教学模式和体系,能够满足医学院校多样化的教育需求。医学院校作为教育主体应整合不同资源和路径,以普通教育和职业教育为基础,扎实推进创新创业教育相关工作。

2. 创新性与实践性相融合原则

社会的发展、国家的繁荣、民族的进步离不开创新创业教育的发展。当今世界各国竞争激烈,谁具备创新精神,谁就能在竞争中占领先机,因此敢于创新、积极进取的高素质人才就成为国家发展不可或缺的因素。以社会服务为导向的医学院校应以创新创业为核心,配合教学、管理、科研等领域的改革,对教育模式、人才培养方式等进行革新。创新创业教育是面向全体学生的,教育理念、教学模式、学习方法是重要的创新内容。医学院校大学生能够在学习中获得开创性、多元化的思维能力,这是创新创业教育的目的。想要达到这个目的,需要整合多方面的渠道和资源,构建能够满足不同需求的创新创业教育体系。

与传统教育相比,培养创新的思维方式、创业的行动能力、开拓进取与勇于担当的品质是创新创业教育的核心内容。创新创业教育模式的探索是困难和艰巨的,因为它是对普通教育和职业教育的进一步深化。实践能力是在创新能力之外又一不可或缺的条件,它是影响医学院校大学生创新创业的关键因素。实践能力包括身体和心理两个方面,可以通过学校教学活动和社会生产相结合的方式来培养学生的实践能力。

3. 一致性与差异性相融合原则

培育具有创新思维和实践能力的专业型人才一直是医学高等教育的主要目标。创新教育是在创业教育的过程中实现的,不能将二者分离,要将创新教育和创业教育相融合,为学生构建创新创业教育机制,协同不同主体,重点培养学生的创新能力、创新思维、创新意识,以及敢于开拓、主动承担的精神品质,这也是医学院校创新创业教育的落脚点。因此,创新创业思维要始终落实在对学生的培养过程中,它符合医学院校专业培养的要求,是培养人才的路径。

不同医学院校受不同因素的影响会选择符合自身条件的发展方向，因此其在创新创业教育机制的构建上不尽相同。首先，地理因素决定社会环境，不同地域的医学院校有着不同的社会条件，医学院校在构建创新创业教育机制的过程中可利用的社会资源也就存在差异，这直接影响医学院校对创新创业教育实践模式、教育方式的选择。其次，发展导向存在差异的医学院校，在人才教育的目标定位上也不同。医学院校应充分了解不同专业学生的需求，并要以专业类型为基础，有针对性地制定创新创业教育中的个性化教学内容和目标，照搬其他医学院校的教育模式是不可取的。

4. 主体性与互动性相融合原则

教师和学生在创新创业教育中发挥着重要作用，在以研究为导向的院校中，师资力量充足、科研水平较高，教师既可以开展教学工作，也能推动院校科研活动的发展。通过教育让学生获得知识和技能，并将其运用到实践中以满足社会多样化的需求，是医学院校培育学生的根本目标。因此，在教学过程中要帮助学生制定符合其实际的目标，注重培养学生的个人品质，让学生在学到知识和技能的同时，又能感受到人文关怀。师生之间的互动在创新创业教育中发挥着重要作用。教师在教学时要避免使用单向灌输式教学模式，而是要丰富教学内容、创新教学方式，在教学过程中重视与学生的沟通与互动，增强师生之间的了解。教师要及时回应学生的反馈，通过多样的沟通渠道帮助学生提高发现问题、解决问题的能力，发掘学生的创新意识和创业精神。人们常常片面地认为创新创业教育仅仅是为了培育新的企业开创者和提高就业率，对其更深层次的作用缺乏了解和认识。在这种思想的影响下，容易使创新创业教育成为成功者的宣传平台，在教育理念和模式上偏向功利，从而与创新创业教育的初衷渐行渐远。

（二）设计思路

创新创业教育机制的建立对医学院校来说是一项艰巨的任务，需要协调多方力量参与其中。与传统教学聚焦学科建设相比，创新创业教育在提高知识水平和技能的基础上，更强调学生与社会的匹配。所以，医学院校应整合多方资源，协调各方力量参与到教学中，构建创新创业教育机制，为学生提供细致全面的创新创业指导。医学院校的创新创业教育将创新作为最根本的教育理念，这是与传统教育思路和模式最大的不同。创新创业教育机制构建的关键是要根据社会和学生的需求制定新的培育标准和目标,医学院校应将创新意识和创业精神贯彻到教学活动中,并与学校的长期发展目标相结合。医学院校既要让学生们学到基本的知识和技能,又要通过创新创业教育引导学生开拓知识和财富,锻炼学生提出、发现、分析并处理问题的能力,提升学生的创新创业意识与创新创业素质,培养学生勇于承担的精神与勇于探索的品质,促进学生全面发展。

具体来说,医学院校可以建立合理的奖励制度,如针对学生的创新创业制定激励标准,为有意愿创业的学生提供知识、物质及政策上的支持。如果创业顺利,学校应给予肯定,如果创业遇到挫折或失败,学校不能置之不顾,应帮助学生发现问题并给予支持,通过合理的激励制度,帮助学生加深对创业精神的理解,使学生将创业作为步入社会的重要选择之一,让学生在知识储备、专业技能和心理素质上做好准备。

医学院校在创新创业教育机制的构建过程中,应以教育目标和理念为出发点,在教育过程中始终贯彻创新创业的目标和理念,把创新创业的思维方式深入到教师队伍建设和学生的培育中。

在教学方式上,除传统学校教学外,还应注重对学生实践能力的培养,丰富实践课程内容,如举办创新比赛、建设创业基地等,让学生能够将自己的思考"转化"为实践,锻炼学生自主发现并分析解决问题的能力,利用此过程把学生的创新创业意识和创新创业精神激发出来,为学生创业奠定基础。医学院校在构建创新创业教育体系的过程中,还应注意传统教育内容与前沿教育理念的结合,只有在传统教育的基础上吸收、应用好新的教育理念,才能高效构建创新创业教育体系,并真正发挥创新创业教育的作用。

总而言之,社会发展与日俱进,对人才的要求和标准也在持续更新,医学院校应在发挥传统教育模式优势的基础上顺应社会发展需求,重视教育的社会服务功能,协调和调动多元主体参与到创新创业教育中来,以学校为主体,整合多方资源,构建完善的创新创业教育模式。

二、医学院校创新创业教育中的"校院地企"协同设计

（一）"校院地企"协同的人才培养

1."校院地企"协同人才培养的主要宗旨

为满足区域和不同行业经济发展需求、培育符合社会要求的专业型人才，匹配高等医学教育改革和发展的要求，应把学生作为教育的核心，培养专业技能；医学院校与医院、地方、企业建立多样的合作关系，包括技术研发、学术研究、人才培育及社会服务等，将学校的教学资源和医院、地方、企业的社会资源相结合，推动"校院地企"的协同发展，这是"校院地企"协同教育的基本目标。

2."校院地企"协同人才培养的功能定位

医学院校身处教育改革的一线，应提高为经济发展服务和满足社会发展需求的能力。对此，医学院校应充分整合资源和渠道，以区域经济为基础，构建完善的"校院地企"协同机制。处于市场竞争环境中的医院、地方、企业对人才的需求是多样的，医学院校要重视对学生创新创业教育的投入，为学生提供社会服务平台，帮助学生更好地与社会需求相匹配，既能充分发挥人才对社会经济发展的推动作用，又能提高学校创新创业教育平台建设水平，提升学校的综合实力。

3."校院地企"协同人才培养的主要目标

医学院校和医院、地方、企业作为"校院地企"协同创新创业的主体，都应参与人才培养目标的制定。医院、地方、企业要想获得符合自身长期发展需求的人才，需要将医院、地方、企业的长远发展目标与人才培养相结合，对人才精准定位和培养。当前国际竞争日趋激烈，创新越来越成为提升综合国力的关键，国家和社会对具有创新素质人才的需求增大。以研究为导向的院校应承担起培养创新型人才的责任，与医院、地方、企业共同构建创新创业人才培养平台。与以研究为导向的院校不同的是，以教学为主的院校的主要任务是培育具有较强实践能力的应用型人才。所以，以教学为主的院校应与医院、地方、企业协作制定符合经济和社会发展需求、能够提高实践能力的人才培养机制。由于自身的定位，以教学研究为导向的院校更注重培养学生的综合技能，因此具有良好学习能力、应用能力、实践能力和创新能力的人才是其培养目标。

（二）"校院地企"协同的教学体系建设

培养目标的实现必须以完善的教学体系为基础。课程内容不能及时跟上社会经济发展的变化、教学方式上缺乏与学生的沟通和互动、不能为学生提供充足的实践机会、不符合社会发展的实际要求等都是传统教育存在的问题。因此，院校和医院、地方、企业应在教学体系建设方面相互协作，共同制定符合院校和医院、地方、企业需求的教育体系。

1. 理论课程体系建设

在理论课程体系建设方面，专业基础课程与专业课程是国内医学院校专业教学中最重要的两个部分。专业基础课程包括理论教学和理论实习、实践等教学环节，主要目的是传授学生基本知识和基本理论基础，提高学生的基本知识与技能。要充分发挥专业基础课程在培养学生应用能力方面的作用，这些都应在课程的制定过程中予以体现。专业课程在设计中则应注重培养学生的实践能力。

在设计医学院校课程时不应局限于本校，还要为学生提供多领域、跨专业及其他学校的选修课程。经济社会各领域联系日趋紧密，任何一个领域和专业都不可能独立发展，都需要加强和其他领域的联系与交流，以此来推动自身领域的发展。国家之间的交流与合作也是同样的道理，国家的发展也越来越需要具备综合素质能力的人才。因此，选修课程的设置上应注重多元化。学生通过学习基础课程达到课程要求后，院校应引导学生选修对自己专业有帮助的跨领域学科课程。学生根据个人知识存储及短板等情况，选修符合自身发展需求的一些课程。具体来说，选修理工学科能够锻炼逻辑思维水平，提高自身实践能力；选修人文学科能够增加社会科学知识储备，培养自身人文情怀。多学科课程的学习有利于提高学生的综合能力，为培养创新思维夯实基础。

除此之外，院校还要引导学生选修其他学校的课程，不仅能拓宽学生获取知识的渠道，还能提高各学校教育资源利用效率。当今各行各业都在不断发展变化中，医学院校要围绕社会发展需求开设相关课程，并随时根据行业变化更新课程内容，以符合社会的发展要求。当前大部分医学院校与医院、地方、企业的沟通局限于管理人员层面，使得"校院地企"协同的主要参与者缺乏交流与沟通，造成院校对医院、地方、企业的需求了解不足，在课程制定上容易与医院、地方、企业的发展产生偏差。因此，应让院校与医院、地方、企业的沟通层面下移，使双方清楚彼此的想法和需求，这样可以减少课程设置的偏差。此外，学校要对所开课程的相关领域保持高度关注，时刻掌握行业的变化动态，及时对课程方向进行调整，既让学生学到最前沿的行业知识，也能满足社会发展的变化需求。

2. 实践课程体系建设

为了提高学生的实践能力和创造能力，院校应与医院、地方、企业积极协作，在课程设置上为学生提供能够把理论知识转化为实践的平台。从医院、地方、企业的角度来讲，让学生参与和医院、地方、企业发展相关的研究项目与课题，在学校教师和医院、地方、企业相关人员的指导下对项目或课题进行研究，在这个过程中，学生的专业技能可以快速提升。在与医院、地方、企业项目有关的课程设置上，学校应制定合理的学分标准，提高学生参与积极性。

3. 开设第三学期课程

通过设置第三学期课程的形式指导学生实习，让学生有机会将学到的理论知识应用到实践中。第三学期课程是在国内院校采用"3+1""3+2"教学方式的基础上开创的新的教学模式。当前，国内只有少数院校开设了第三学期，公立院校对开设第三学期的投入不足。第三学期的设置不影响第一、第二学期的课程计划，它是在前两个学期课程周数不受较大影响的基础上，将第一、第二学期的部分课时整合为第三学期课程。第三学期课程有别于第一、第二学期课程，包括课程设计、综合实验、专业实习等实践内容。学生通过对第三学期课程的学习，能够将前两个学期所学的理论知识转化为实践能力，并在实践中总结和解决之前学习存在的问题，从而发挥第三学期的过渡作用。

经济社会发展需求变化较快，因此第三学期的设置也要不断更新，需建立与第一、第二学期的教学联动机制。规范的课程设置和充足的资金支持是第三学期课程正常开展的重要条件。在课程上主要有实习地点、实习内容、考核标准等的设置。

（1）指导教师在第三学期课程的教学过程中发挥着重要作用，教师的教学时间和教学难度增加了，所以应合理提高教师的收入水平。

（2）实践课程是第三学期课程的主要内容，这使学校的设备损耗增加，为了确保教学的顺利进行，学校应加大对设备维护的投入力度。

（3）与学生学习生活相关的图书馆、教室、宿舍、食堂等的工作时间也要根据学生的课程活动进行合理规划。

（4）学校对于学生在实习过程中的安全要做好全面、细致的管理。由于不同于第一、第二学期的教学模式，所以学校需要科学制定第三学期的考评体系。每个学校都有不同特点，因此第三学期的开设没有统一标准，学校应根据条件的不同制订符合自身发展的计划。

（三）"校院地企"协同的实施培养过程

1. 订单式培养

订单式培养是指医学院校和医院、地方、企业签订用人合同，以医学院校教学资源和医院、地方、企业等社会资源为基础，共同参与人才培养计划的制订及人才培养过程的落实，学生通过考核达到培养标准，则医院、地方、企业按照合同规定安排学生就业的协作办学模式。订单式培养的最大优点在于医学院校—学生—医院、地方、企业之间的关系是平等的，三方都能在人才培养中发挥各自的主体作用。医院、地方、企业应把握好行业发展方向，根据医院、地方、企业的发展需求制定培养标准和数量，以订单形式交由学校，学校对学生进行培养管理。在培养人才过程中，院校和医院、地方、企业应加强沟通，把握医院、地方、企业和社会发展的需要，协同制定培养方案和目标。医院、地方、企业将行业最新的动向提供给医学院校，医学院校则以"校院地企"协同制定培养方案对学生进行定向培养，若学生达到考核标准，毕业后由委培单位安排就业。

"一班一单"和"一班多单"是订单式培养的两种形式。"一班一单"是指一个医院、地方、企业的职位需求都为同一个专业，且医院、地方、企业对该职位的需求数量能够组建一个班级；而"一班多单"指的是医院、地方、企业缺少某一领域的专业人才，但是对该类人才的需求量不足以组建班级，为了提高人才培养效率，多个医院、地方、企业共同下订单，医学院校则将职能相近的岗位整合在一起，培养学生的职业岗位能力，即一个班级和专业与多个医院、地方、企业订单相对应。为了保证订单式培养的质量，学生可自愿报名，通过初审的学生组建班级，并在医院、地方、企业的实践基地接受培训，通过严格规范的考核提高学生专业技能，满足医院、地方、企业的需求，使学生素质更好地与医院、地方、企业发展相匹配。院校和医院、地方、企业之间良好的互动交流是订单式培养顺利开展的重要条件，包括招生、专业设置、岗位要求、教学内容等，与医院、地方、企业生产经营相匹配等问题，都需要双方在确定订单前达成一致。医院、地方、企业应将长期发展规划和需求明确向院校传达，避免培养过程中出现偏差，从而提高培养效率，降低培养成本。

2. "校院地企"教育资源共享

"校院地企"协同的培养模式还在不断发展中，院校和医院、地方、企业应同心协力，探索构建"校院地企"沟通交流机制，整合共享人才培养资源，提高人才培养的资源利用效率。医院、地方、企业竞争力的增强，医学院校科研水平的提升及创新创业机制的构建都有赖于"校院地企"协同及教育资源共享。实习平台由医院、地方、企业搭建，医学院校则给予医院、地方、企业技术研发支持，以人才协同培养机制为基础，为医院、地方、企业输送专业人才，形成合作共赢的良性互动机制。整合医学院校的教育资源和医院、地方、企业的社会资源，为学生的培养提供优质资源，不仅有利于创新创业协同机制的建设，还有利于为社会发展提供所需人才。医院、地方、企业的创新能力，人才队伍的建设都能从"校院地企"教育资源共享中受益。院校和医院、地方、企业共同建立实验室是资源共享的另一种形式。实验室及实践基地所需的设备由医院、地方、企业提供，学校则提供教学设施和师资力量，通过资源的整合与共享，提高资源利用效率。将人才的培养和员工的培训相融合是协作共建实验室的特点，能够实现"校院地企"的优势互补，降低培训成本。

实验室的建设要以教学内容和学生能力为基础，建设满足学生多样化需求的实验室，包括：①基础实验室，主要为一年级新生设立，旨在将课程教学与实验相结合，夯实学生的基础知识，提高学生的实验技能；②综合应用实验室，面向二年级及以上的学生，通过创新型和开放型创新实验内容，提升学生对知识的实践应用能力；③创新研究实验室，是为理论知识牢固、实践能力出众的学生提供科研和创新实践的平台。其中，创新研究实验室的实验环境和设备水平较高，在医院、地方、企业项目的引导下，有利于学生创新意识的培养。实验室及实践基地的硬件条件对学生的培训发挥着至关重要的作用，但是设备的维护与更新需要较大投入，仅仅依靠医学院校自身的力量难以满足教学发展需求，导致人才培养达不到医院、地方、企业的要求。建立完善的实验、实践基地对于大多数医学院校来说非常重要，实训设备若跟不上教学内容的变化，则会造成学生的实践能力与社会需求不匹配。因此，借助医院、地方、企业的力量有利于减轻医学院校负担。

具体来说，医学院校向医院、地方、企业提供技术服务和有偿服务，医院、地方、企业则给予医学院校实验设备资源，这对双方来说是互利共赢的。技术是医院、地方、企业发展的核心要素，高水平的员工培训既能够减少设备养护成本，又能帮助医院、地方、企业提高工作效率、降低成本。

3. 医学院校冠名企业

除了与医院、地方、企业合作的模式，医学院校还可以通过冠名企业的方式培养人才，提高学生的实践能力和创造能力。在挑选冠名企业的过程中，医学院校应注意企业的生产经营活动是否与学校的专业方向相符、企业的技术是否成熟，这些都会影响冠名后的人才培养成效。确定冠名企业后，医学院校应给予企业科研和资金支持，使其成为学校发展的一部分。准确合理定位冠名企业的地位是发挥"校院地企"协作建立教学基地最大效用的前提。另外，合作机构的确定也是医学院校冠名企业发挥作用的重要条件。由医学院校、教育局、劳动局、企业、行业协会等选派代表组成培训委员会。

此外，医学院校还要制定合理的教学标准，在实践基地设置教学管理岗位，理论教师和实践教师的配备应与学生、实验设备的数量相匹配。理论教师和实践教师应注重沟通协作，加强双师型教师教育模式的建设。若学生人数充足，则需设置教学管理助手。通过精细化的管理模式，要积极推动"校院地企"实践基地的教学内容与标准和医院、地方、企业发展相适应。实践基地整合医学院校与医院、地方、企业资源，为学生提供实践平台，这也是构建创新创业教育"校院地企"协同机制的载体。实践基地既要落实教学内容，也要让学生在医院、地方、企业环境中得到锻炼。医院、地方、企业通过实践基地能够提高工作效率，降低成本；学校通过实践基地为医院、地方、企业培养实用型人才，从而实现教育目标。

三、医学院校创新创业教育中的"三课堂"协同设计

培育具备创新意识和创业精神的人才是医学院校实施创新创业教育的目标。学生是创新创业教育的核心，是构建创新创业教育体系的主体。建立科学合理有效的创新创业教育体系，必须覆盖所有学生群体，以第一课堂为平台，教授学生创新创业的理论知识。在此基础上，在第二课堂加入实践化的教学内容，通过"校院地企"协同创建的实践基地，帮助学生将理论落实到应用与实践中，更加贴近真实的社会环境，提高学生综合能力，满足社会发

展需求，构建具有第一课堂、第二课堂、实践基地"三课堂"的创新创业教育体系。

创新创业教育体系既包括不同的领域，也包含多元主体，为了搭建培养目标定位明确、教学内容与时俱进、保障机制健全完善、评估标准规范有效的创新创业教育体系，需要合理规划理论建设、理念内容与实践模式，同时要求各方面统筹协作。

（一）"三课堂"教育的内容组成

在第一课堂、第二课堂、实践基地"三课堂"的教育教学内容方面，创新创业教育呈现层层深入的情况。第一课堂重点是对学生开展创新创业的基础理论教育；第二课堂是课堂教学与实践活动相互融合；实践基地是从课堂转向实训教学。详细内容归纳为通识类教育、活动类教育、融入类教育、实践类教育、职业类教育，建设"三轨并行、五类教育、互相协助"的卓有成效的创新创业教育模式。

医学院校建立创新创业教育体系必须改革现有教育模式，在培养学生的过程中要始终注重学生综合素质的提高，改变传统灌输式的教学方式，引导学生树立问题意识，锻炼学生主动探究问题并解决问题的能力。在教授理论知识的同时，鼓励学生将自己的想法应用于实践，并在实践中不断提升自己的综合能力。将理论知识与实践培训相结合，加强与学生的互动，给学生创造更加自由的实践环境，鼓励学生将自己的想法转化为行动方案并予以实施。整合教学资源和校外资源，增强学生的创新创业实践能力。教学内容要紧贴社会发展方向，将最前沿的知识、理念和技术传授给学生，增强学生主动探究问题的意识，为学生创新创业奠定扎实的理论和实践基础。

1. 第一课堂课程化创新创业教育

创新创业教育的关键是课程体系的建设，课程形式包括第一课堂、第二课堂、实践基地。创新创业教育的原则包含以下3个方面：一是教育对象为全体学生；二是教学内容要与不同专业相匹配；三是培养目标要与人才培养模式的改革方向一致。创新创业教育包括"通识型"和"融入型"两种教育形式。其中，针对所有学生开展的创新创业必修类课程教育和选修类课程教育是"通识型"教育形式。

具体来说，一是针对本专业学生开设的创新创业必修类课程，设有固定的学分，可以有效实现对本专业学生的"通识型"创新创业教育；二是创新创业选修类课程对本专业及其他专业学生开放，是将专业课程中的创新性课程设置为任选课的形式。创新创业选修类课程在创新创业教育中发挥着重要的作用，是创新创业必修类课程的补充与延伸。医学院校可以通过创新创业必修类课程和选修类课程这两个重要工具，再结合传统培养模式、学生的多样需求，选择适合学生发展的课程形式和内容。从学生的角度出发，尽力设计出与医院、地方、企业运行环境相一致的学习系统，在这样的学习系统之下，可以提高学生的创新、创造能力，以及自主决策能力。这样不仅可以使学生学到更多的创业知识，而且可以更好地激发学生的创新创业意识。"融入型"创新创业教育需要满足社会和行业发展的多样化需求，因此它面向各专业学生开展相应的创新创业教育，并与不同学科和专业相结合，将创新创业教育的内容融入教学过程中，在培养学生创新精神和创业技能时与专业教育相结合。

创新创业教育并不是自成体系，它与专业教育的结合是一个互补的过程，这个过程对创新创业教育和专业教育的发展来说具有十分重要的促进作用。二者是优势互补的关系，是可以相互交叉渗透的，因此进行相关教育时要科学、辩证地处理好二者之间的关系，既不能过分开展创新创业教育而影响专业教育相关知识的传授，又不能使创新创业教育完全依附于专业教育，进而失去主体地位。

在进行相关教育时应做到以下两点：①对学生开展专业的创新思维训练，合理引导学生对相关知识点进行创新性想象和创新式解决，创新思维训练可以有效地培养学生的创新思维，但这建立在学生对专业知识充分掌握的基础之上；②分析本行业、专业创业前景和具体实施过程，夯实创新创业教育的发展平台，这建立在学生对专业知识进行创新性想象和创新式解决的基础之上。

2. 第二课堂活动化创新创业教育

第二课堂活动化创新创业教育相对于第一课堂课程化创新创业教育而言，其内容和表现形式更加丰富，且容易被学生接受，如通过开展各式各样的主题活动对学生开展创新创业教育，它主要有以下3个原则：一是教育对象为全体学生；二是重视培育学生自身特色；三是活动与教育相结合。第二课堂的创新创业活动按照项目内容可以分为3种类型，分别是"普及型""项目型""竞赛型"。

"普及型"创新创业活动指的是在普通学生中开展各类普及性创新创业

活动，通过活动的形式开展创新创业教育，包括创业沙龙、创业讲坛、科技制作与创意活动、创业征集活动、流动科技馆进校园活动等。服务机构是"普及型"创新创业活动成功举办和顺利开展的坚实依托。

"项目型"创新创业活动相对于"普及型"创新创业活动而言更为正式，针对部分学生开展的项目化创新创业活动是"项目型"创新创业活动的重要内容，可以有效培养和锻炼学生的创新能力、协作能力、决策能力等。大学生创新创业训练计划项目是"项目型"创新创业活动开展的载体。

"竞赛型"创新创业活动不仅可以通过建设学院、学校、省级、国家级科技比赛平台大幅提升学生的创新创业能力，还能有效激发学生创新创业的热情。

第二课堂创新创业活动发挥着至关重要的作用，它是第一课堂创新创业活动的有效延伸和课外补充，通过开展包括"普及型""项目型""竞赛型"在内的第二课堂创新创业活动，有效推动学生创新创业教育。

3.实践基地实践化创新创业教育

对于医学院校的大学生而言，实践基地是实施创新创业教育至关重要的平台，实践环节在整个教育阶段有着举足轻重的作用。因此，医学院校应格外重视医疗机构、企业等实践基地的拓展与建设，力图通过实践化创新创业教育达到提升学生创新创业能力的目标。

（二）"三课堂"教育的评价方式

要想合理有效地组织实施具有第一课堂、第二课堂、实践基地"三课堂"的创新创业教育体系，充分发挥各自的优点和长处，切实提升学生的创新创业意识和能力，医学院校需要建立科学合理的创新创业教育评价体系。无规矩不成方圆，合理的创新创业教育评价体系可以有效规范创新创业的绩效评价指标和奖惩行为。评价指标因素的筛选和确定是该评价体系建设的关键，建立该指标体系时既要强调单项评价，又要注重综合评价，不仅要创建与创新创业教育理念和原则相匹配的单项模块化评价标准，还要将评价标准融入整体绩效综合评价体系。

1.单项评价

加强创新创业单项评价体系建设，创建与创新创业教育内容及特征相匹配、可操作的创新创业模块化评价体系，是不断提高创新创业教育质量的关键。要根据创新创业人才培养目标、现实需求、院校特点来研究制定创新创业教育效果的评价体系，创新创业模块化评价体系要涵盖学生、教师、二级学院3个维度，不仅应包括数量统计，还应包括质量评估。除此之外，还要与时俱进，根据时代和现实的要求，积极改革过时或不合理的创新创业教育评价方式，在评价和考核过程中不能只重视结果考核而忽视过程考核，考核方式不能过于单一，可以考虑将多样化的考核方式与网络考核相结合，提倡第一课堂、第二课堂及实践教育采用项目选择、案例剖析、成果质量等方式进行综合考量，努力实现全方位、全过程科学有效的考核。

2. 综合评价

仅对创新创业教育进行单项评价远达不到评价的标准和要求，还需对单项评价进行有效补充，应将创新创业教育作为综合评价的一部分纳入学校整体绩效考核评价体系。具体措施包括以下两个部分：一是创新创业教育应作为医学院校年度绩效考核评价体系的子模块之一，对于二级学院亦是如此，创新创业教育质量可视为判定学院人才培养质量和办学水平的参考标准，与此同时，医学院校需要对相关工作突出的院系予以一定奖励；二是改进、完善本校二级学院的创新创业绩激励办法和措施，医学院校相关教师的创新创业教育业绩、成果和质量评价，应该纳入津贴发放体系、教职工绩效考核和岗位聘任体系，甚至可以纳入医学院校职称评价体系。其目的在于进一步提高教师进行创新创业教育、普及创新创业知识技能、带领学生开展创新创业活动的积极性。如此进一步加大相关教育质量的评价力度，有助于医学院校全员重视并形成积极参与的良性局面，推动创新创业教育进一步发展。

（三）"三课堂"教育的基本保障

创新创业教育不是封闭式教育，而是典型的开放式教育，仅仅依赖医学院校的力量远远不够，需要政府、院校和社会三方协同推进。只有建立起政府、院校和社会三位一体、互帮互助、工作高效的创新创业教育运行体系，我国的创新创业教育才能得以飞速发展并取得长足进步，因此要搞好创新创业教育，眼光不能狭窄。实现政府、院校和社会三方协调推进需要做好协调工作：一方面需要促进校内各部门的协同；另一方面需要整合校内校外各方资源。

1. 校内协同

实施大学生创新创业教育，各医学院校是义不容辞的责任主体。加强校内各部门的协同，首先需要将创新创业教育确定为学校发展的目标之一；其次医学院校需要积极搭建创新创业教育实践平台，不断完善开展创新创业教育活动的硬件设施；最后是医学院校需要营造出浓厚的创新创业教育氛围，培养更多富有创新精神、掌握创新创业知识并积极投身实践的高质量应用型创新创业人才。医学院校需要结合本校发展实际建设创新创业教育中心或成立专门的创新创业学院。

2. 社会协同

医学院校是孕育创新创业人才的摇篮和沃土，但是社会环境也会对创新创业起潜移默化的作用。从社会大环境的角度来讲，有利于医学院校大学生创新创业的社会大环境是非常重要的，这就需要积极推进政产学研合作，集聚相关要素与资源，搭建各级政府、院校、创客空间、孵化基地及其他企事业单位等多方联合的创新创业平台，加大对创新创业教育支撑与服务体系的建设，这样可以实现资源整合、资源共享、信息交换和服务优化，为创新创业创造一个良好的局面和氛围，进一步促进大学生创新创业环境的形成，以带动医学院校创新创业教育机制的完善和发展。

第二节 医学院校创新创业教育协同机制的运行

"进入新时代以来，创新创业教育在高等教育中发挥的重要作用越来越明显，不仅可以协助促进学生全面发展，还可以推动毕业生创业就业、服务国家现代化建设。"[①]

一、内在契合机制

（一）内在契合的条件

创新教育是创业教育的基础，创业教育把培养医学院校学生面对陌生事物的应变能力和创新能力作为出发点，致力于培养学生的高创新意识和思

---

① 王鹏，宋洪庆，邵丽华. 协同理论视域下高校创新创业教育研究[J]. 北京科技大学学报（社会科学版），2021，37（6）：638.

维结构，使其拥有创新思维和思考能力。在培养创新意识的同时，也要传授学生知识技能。传授学生有实践性的知识技能、锻炼学生的就业意识和创业心理，可以使学生更顺利地进入社会。创业教育可以提高学生的就业成功率，可以转变学生的就业观，帮助社会维持稳定的状态。创新教育是对人的总体发展进行把控，侧重对思维的培养，而创业教育则侧重人的自我价值的实现。

创新教育和创业教育二者具有相同之处和不同之处，是两个辩证统一的教育理念。二者的目标具有一定的趋同性，目的是为了培养学生的创新精神和实践技能，都是为了新时代的发展而做出努力，是推动新时代发展和教育历程的关键内容。

（1）明确创新创业教育的学科定位。要对一个项目进行评估，需要对其进行定位，有了准确的定位，才能进行衡量，创新创业教育同样如此。创新创业教育是大学教育的一项重要内容，在学科教育中占据重要地位。但是，在现有教育中，医学院校并没有将医疗机构管理、企业经营、技术和经济科技等创新创业教育纳入教育范围中，没有重视该项教育工作造成教育环节缺失，创新创业教育的发展遇到了"瓶颈"，被越来越边缘化。对此，医学院校学生在把握市场动向时，不仅需要掌握技术创新，还要及时创新思想，顺应时代潮流。

（2）认清创新创业教育的现状。

第一，创新创业教育覆盖面有待扩大。从目前形势来看，已经有一部分学生在医学院校组织的创新创业教育活动中有所收获，但仍有大部分学生并未在活动中收获经验，难以形成创新创业教育热潮。在医学院校组织的创新创业教育活动中，学生的创新创业成绩是学校关注的重点。结果显示，参与创新创业教育的学生可以显著提高技术能力。学校设立的大赛与社团有一定的参与门槛，即需要有能力和技术基础的学生参与，而部分学生会因为能力不足而被排除在活动之外。

第二，创新创业教育的认识有待厘清。大学生是社会创新创业的主力军，但在创业过程中往往会出现创新创业经验不足的情况，这是由于大学生刚步入社会，人际关系协调能力较弱，而抗压能力较低、心理素质较差的学生更可能面临创业失败。可以看出，医学院校的创新创业教育应该面向全体学生，而不应该发展为精英教育，只让部分学生参与。

（3）完善创新创业教育政策。创业作为促进社会发展的一部分，是一项

系统性工作。创业环境过于艰辛会使大学生创业时遇到许多问题,这些问题往往会打击学生的创业积极性。因此,对于大学生创业需要考虑多方因素,需要全社会给予帮助和高度关注,制定并完善创新创业教育相关扶持政策。

(二)内在契合的策略

开展医学院校创新创业教育需要选择合适的路径和明确目标,然而,选择合适路径的前提是明确发展目标。选择合适路径的目的是提高学生的创新能力和综合素质,这就需要医学院校管理层率先转变思路,同时教师需要转变固有的教学模式和内容,树立创新观念,将教育同时代相结合;需要政府和社会对创新创业教育进行干预并提供支持,使学生了解毕业即工作不是唯一的目标,还可以加强自身的创新意识、创业思想,积极创业。

1. 转变教育理念

(1)以全面发展创新创业人才为培养目标。医学院校大学生毕业后可以从基层开始,如从基础工作中吸取工作经验,增强在工作中的实践能力和动手能力,经过实践才能具备创新创业的决心。在创新创业过程中,应及时改变个人心态,提高心理承受能力,努力创新。在创业活动过程中,大学生还可以积累一定的经验、丰富个人见识、拓宽人脉,从而提高创业成功的概率。

(2)了解创新创业人才的知识结构与能力结构。专业知识能够帮助一个人在特定行业中提升职业技能,并且这种技能在就业过程中发挥着关键作用。为解决医学院校大学生的就业问题,可以从提高大学生的就业能力入手。较强的就业能力不仅可以提升大学生在创业活动中的自我存在和自我发展的能力,应对社会创业活动中的问题,还能为个人的未来发展提供一定的竞争筹码,赢得更多的创业和就业机会,缓解就业带来的压力。大学生在创业过程中,可以将个人的职业发展方向与兴趣相结合,充分发挥个人优势,以更大的动力达到所设定的目标,实现个人价值。

(3)改革医学院校人才培养模式。医学院校需要构建以学生为主体的教学模式,改变传统的教师讲课、学生听课模式,只有让学生参与到课堂中,增强其体验感和参与感,才能充分调动学生的创新意识和创业能力。

2. 利用校内的多元渠道

医学院校应构建以创新创业为核心的课程体系,目的是培养更多具有创新意识,能够独立创业、参与工作,以及能够将社交、管理处理得游刃有余

第二章
医学院校创新创业教育协同机制解读

的专业性人才。为了使创新创业教育有更多的发展机会，需要从更多角度，更加客观地认识创新创业教育的意义。只有这样做，才能够发挥其对社会的推动作用。

创新创业教育具有4个核心内容：①创业理论。在具有充足的理论基础的前提下开展创业活动，能够增加成功的概率。创业理论是对整个创业活动进行研究和分析，通过学习把握创业过程中的规律。②创新能力。有创新意识才能创业，创新贯穿整个创业过程的始终，也是创业的核心之处。③创业精神。在创业过程中，困难和挫折是不可避免的，这要求创业者有坚定的思想和精神，有强大的心理素质，才能成功创业。④创业能力。创业者在创业过程中应具备一定的实践能力，否则是纸上谈兵。只有同时具备以上4个核心内容，才能构成创新创业教育的基本框架，且其相互联系，缺一不可。

对于有创业想法的人，如果能够接受相应的创新创业教育，对于整个社会创业局面的发展将会起到推动作用，可以减少甚至避免不必要的失败，使创业者能够更加快速地踏上成功之路，也可以充分调动创业者的创业热情。

对于创新创业教育课程的改革，必须遵循理论同实践相结合的原则，注重充分融合各学科。创新教育已经在医学院校中有了一定的关注度，为开发和保护学生的好奇心与创造意识，培养学生的创新精神和科学精神，帮助学生树立世界观、人生观、价值观奠定基础。

（1）加强产学研三方合作教育。创新创业课程是一项社会实践课程，它的性质规定了这项课程的内容仅为医学院校教育的相关知识是行不通的，还要同社会上的优秀企业、机构和事业单位合作，构建创新创业平台。此外，实现创新创业教育，要集生产、学习、科研于一体，不是简单地对学生进行知识灌输，而是要给学生的实践提供机会和场所。

医学院校将生产、学习、科研纳入课程范围内，是教育的发展趋势，是社会对于创新教育的需求，是创新创业教育改革的　大关键要素。具有独立创新意识，是国家屹立于世界民族之林的基石，如果缺乏创新，无论是团体还是国家都会停滞不前。大学生作为社会中最具活力的群体，需要具备创造欲望，因此应提高医学院校学生的创新创业精神和创业能力，为国家创新发展提供不竭的支持和动力。

在开展实践活动的同时，医学院校应当邀请创业成功的医学相关人员、企业家或已经毕业的学长到校演讲，给学生传授经验，也可聘请成功人士为校内教授，更有助于与学生有效沟通，及时给学生提供创业信息和学习指导；将创业成功者熟悉的领域作为开发创新点，交给学生开发，既可以调动学生的积极性，还可以提升企业的创新活力，学生也可通过这种方法获取一定的收益。通过活动，不仅密切了学生和创业成功人士、企业家之间的关系，也是学生步入社会之后的"一笔巨大的财富"。

（2）深化创新创业教育教学改革。创新创业教育同传统的就业教育有所不同，除了体现在内容方面，还体现在形式上，因此医学院校在效仿国外院校进行创新创业教育的同时，还应对自身学科进行教育创新，深入推动创新创业教育教学的改革，建设适合我们国家国情的创新创业教育体系。在开展教学实践的同时，不仅要建设行业和专业课程，还要丰富创新创业教育的知识结构，以拓宽学生的知识面。学生根据自身的学习情况确定学习方法，搭建知识框架，吸纳需要的知识。在打牢基础的前提下，医学院校应借鉴和吸收国内外其他院校的成功经验，让学生在创新创业教育中学习到真正有益的知识。

如上文所述，除了课堂上的知识教育，还需要进行课外实践活动。医学院校在实践教学中加入了具体的创业案例，定期组织学生参与就业创业大赛。其中，就业创业大赛激发了学生的创业热情，使其积极与其他学生交流，为学校的教育注入色彩。院校增加了学生同专家面对面交流的机会，如开展对话交流论坛、讲座等。此外，学校还可以给学生举办多种多样的创业实践活动，如把学校刊物的编辑工作交给学生完成，使学生发挥创意。此外，医学院校还引导学生积极参与各类活动策划，开发学生独立思考的能力和创新意识。

（3）搭建创业实践平台。创新创业教育是一种应用于实践的教育，仅仅在课堂上对学生进行创业理论知识的传授和邀请成功企业家到校对学生进行演讲教育是完全不够的，不能完全激发学生的创业意识，还需要搭建创业实践平台。创新创业教育的核心是让学生在实践中有所体会、有所感悟。针对这一观点，学校在对学生进行创新创业教育时，应当注重为学生提供创业支持，充分发挥学校的管理服务功能。例如，多增加"校院地企"合作的机会，给学生提供更多的实习机会；鼓励学生组建创业团队，为学生创业提供一个良好的环境。学校可以组织创业竞赛活动，让学生有更多的参与机会，增强学生的就业创业意识，提高学生的创业能力，进一步推动学生就业创业。

3. 优化校外环境

仅通过医学院校本身贯彻落实创新创业教育并不能实现预期目标，还要有校外环境及必不可少的社会支持,尤其是政府相关部门应当充分发挥领导作用,全面配合落实创新创业教育活动。对于学校,应当在政府相关部门帮助下合理运用市场机制。政府相关部门在整个创新创业教育过程中具有一定的管理权利,有权采取一定措施对其进行管理,以促进社会的和谐稳定发展。总体而言,政府与医学院校关系密切相关、相辅相成、相互促进,在院校落实创新创业教育时应当从以下4个方面进行:

(1)落实与完善国家创新创业政策。随着时代进步,党和政府高度重视并提倡全民创业。为了响应国家号召,各地政府部门出台有关创新创业的政策并予以响应指导,以提升创新创业能力。

首先,让更多大学生了解出台的创新创业政策,通过免费咨询等方式为大学生答疑解惑,针对有想法的大学生,应当予以充足的肯定并为之提供创业帮助,如减免税收、无息贷款等。为了能够让更多的大学生了解创新创业,还需要将整合的内容装订成册,向大学生发放。

其次,让大学生了解政策还远远不够,更重要的是教会他们如何使用相关政策。针对此问题,解决的办法是举办宣讲会,主要围绕创业分析展开论述,为大学生提供更多的思路,并使他们深入了解相关政策。

最后,为大学生争取更多有关就业的优惠政策,政府与教育部门应当就大学生就业问题加以干预,采取一定的方式方法培养大学生的创新创业能力。例如,专门开设创新创业学科并将其纳入必修学分,倡导并鼓励大学生自主创业;如果大学生是以创业为目的地留学,学校可以为其保留学籍。此外,还需要不断优化市场竞争模式,力争为大学生打造良好的就业环境。

(2)建立多元化的融资渠道。医学院校开展教育活动的经费大多源于政府部门,只有政府部门足够重视医学院校教育并加大资金投入,创新创业教育才能够获得更好的发展。政府部门在投资时会侧重于创新能力、科研能力较强的医学院校,具备一定的竞争机制且效率高的院校具有优先权,总体而言应遵循公平公正的原则。应当从思想上重视,并用实际行动为创新创业教育事业做出贡献,不断加大对于医学院校的投资力度;为大学生谋求创新创业基金最大化,主要通过建立"大学生创新创业基金"的方式开展,常见的渠道有社会募集、贷款、政府扶持等。

就筹集资金问题,有效方法如下:

第一,通过担保方式获取贴息贷款的资格。担保人一般为学校、企业或政府，为了更好地解决大学生在创业初期资金不足的问题，贴息贷款可以减息让利，是大学生创业筹集资金的有效方法之一。

第二，采用信用担保贷款。此种方法并不适用于全部大学生，能够采用信用担保贷款的大学生，一般需在校表现优异。由于校方与企业具有合作关系，医学院校可以直接将品学兼优的大学生推荐给企业，学校的评选结果可以作为他们信用良好的有利凭证。大学生可以采用这种方式向银行提出信用担保贷款的申请。

第三，建设高新创新创业园区，主要面向有理想、想创业的大学生，为他们提供相对优越的创业环境，并专门在园区内设有创新创业"孵化器"。学生有权提出园区转换申请，具体是将高新技术开发区转变为适合大学生创业的创业园区，向大学生适当降低门槛且不收取额外费用。在资金问题上，相关部门应当予以更多帮助，如减免税收、免费办理相关手续等，充分肯定并鼓励大学生开展创新创业活动。

（3）给予医学院校更多的办学自主权。通过给予医学院校更多的办学自主权，可以使院校合理合法地对学校教育与发展实施自主管理，同时对于政府相关部门的自身管理也十分有利，可以在法律规定范围内监督与管理院校活动。因此，医学院校若要落实和扩大办学自主权，即招生办法权、费用制定权、学校开设专业的自主权等，实质上需要政府给予医学院校更多的关注与支持。

（4）完善政府服务体系。

第一，人社部门向广大社会发布创业信息。发布创业信息的渠道众多，可以借助报纸、网络、媒体报道等，为大学生提供最新的创业信息与发展趋势；政府相关部门也可以为大学生提供免费的创业咨询服务。

第二，建立相关的创业项目负责机制。可以由行政管理部门负责，主要针对教师进行专业化的指导培训，还需要跟进项目并予以一定指导。

第三，创建"大学生创业超市"。"大学生创业超市"只是一种形象的比喻，具体指整合有关创业信息，供大学生选择并使用，主要目的是提供资料、资源共享等。

第四，成立专门针对大学生的法律援助中心。实际创业过程中会涉及众多法律问题，而为大学生提供法律援助不可或缺，尤其是提供免费的法律咨询至关重要。

第五，修订大学生创新创业联合会议。创新创业联合会议作为研究、分析、指导大学生创业的重要会议,每年由政府相关部门组织召开,主要是解决大学生在创业中遇到的难题。

第六,制定奖惩政策。政府相关部门应当合理运用手中的资源,为大学生谋求更多就业创业的机会。此外,还需要不断完善大学生创业服务,充分利用社会中的优良资源,帮助大学生顺利创业。

政府与医学院校应相辅相成、相互促进、相互影响,如何处理二者之间的关系成为焦点。纵观教育事业的整体发展可以看出,二者所承担的义务不可互换,对此要求二者的工作应适当融合。政府相关部门需要结合实际情况进行宏观调控与管理,真正实现医学院校向和谐稳定、专业化方向迈进。

4. 提升医学院校大学生素质

创新创业能力的形成是相对漫长的过程,在这一过程中,大学生需要不断积累经验,加上自身不断努力,才能够有所提升。对于各大医学院校,应当重视并加强对学生创新创业能力的培养。

(1)对医学院校大学生进行心理疏导。一些外在条件看似是阻碍大学生前进的主要因素,实际上大多数学生遇到的是心理问题,他们在创新创业方面缺乏坚定的信念和信心,对自身缺乏信任。若让这一问题得以解决,学校必须将心理疏导带入课堂,着重培养学生的自信心与自我认同感。但教师的疏导只能起到辅助作用,关键在于学生进行自身调节,需要积极转变心态,并与同学或教师及时沟通,逐步培养自信。

(2)培养自主学习能力。自主学习是一种现代化的学习方式,与传统意义上的接受学习相反,学习者通过自主领悟、探究与实践,实现学习目标。自主学习能力的主要特点包括:①自主性,是指个体生命不是被强迫地学习,而是清楚学习的重要性,能够自觉且自愿地学习。②能动性,是指个体能够自主并富有创造性地开展学习,不仅是单纯地输入知识,自身还能够不断"吸收"与"消化",将其转化成为潜在能量。③创造性。人之所以需要不断学习,是为了能够学习新思维、新方法、新知识,顺应时代发展,紧跟时代步伐,进而立足社会。在知识不断更新的时代,大学生必须掌握自主学习能力,在日常学习与生活中不断激发自身的创造力。通过不断学习掌握各个方面的知识,完善自身、提升个人的创新创业意识、训练个人的创新创业思维。

能够创造性地学习且具备自主学习能力,是对当代大学生提出的基本要求。因此,学习不可停歇,并且还要能够在短时间内进行高效学习,才能及时全面地获取最新知识。具有创新能力、顺应时代发展的团队可以对大学生自主学习能力的提升起到引领、示范和带动作用。该团队可以是以提升自主学习能力为主旨的社团，也可以是班级内几人组成的学习小组。优秀的团队必然是学习型的团队，只有这样才能充分调动成员积极性，成员才能不断进步。团队只有不断向前，才能够掌握新技术、新本领，才能够更好地推动成员的创新，最终取得成功。

（3）积极参加校内创业活动。校园文化生活丰富多彩，医学院校大学生应当充分利用课余时间，积极参加校内创新创业活动。校内创新创业不仅为校园文化增添色彩，还为大学生提供良好的平台，为他们增添宝贵的财富。创新创业过程中的核心是创新创业精神，与同学、教师共同努力，不断突破与取得成绩的过程令人终生难忘，在创新创业过程中所形成的锲而不舍、不畏艰难、敢闯敢拼的创新创业精神，可使大学生终身受益。积极参加校内创新创业活动，在锻炼自我的同时，还能实现人生价值、获得自我认同感、培养自身的创新创业意识。这种创新创业活动可以让大学生不断丰富与完善自我，不断获取快乐。创新创业活动为大学生提供了自我展示的平台，其可以大胆提出想法并递交申请，出色的计划还可以用于参加创新创业比赛，为组织贡献力量。

（4）积极投身社会创业实践活动。实践是检验真理的唯一标准，对于医学院校大学生创新创业同样如此。创新创业能力的培养离不开创业实践活动，积极投身社会创业实践活动中，更有利于大学生了解并认识社会，进而更好地适应社会；只有走出校园，不断锻炼自我，不断进行创新实践，才能大幅提升自身的创新创业能力。当前，国家十分重视大学生创业，并出台了一系列扶持政策，对创业大学生予以全力扶持。

大学生应学会合理规划时间，将课外时间用于创业实践，如通过市场调研、创业分析、社会需求调查等方式展开创业实践，也可以到相关的创业部门学习，深入了解创新创业流程，在体验生活的同时增长见识。医学院校在培养学生创新创业能力时，应当引导并鼓励学生积极参加创业实践活动，让更多的大学生接触创业，在实践过程中不断进步与发展，只有学以致用、理论联系实践，才能够紧跟时代步伐，适应社会发展。

二、管理决策机制

医学院校创新创业教育是一种全新的教育类型，其实践过程并不成熟，需要根据运行实施的具体情况而定，并且要对运行过程中所涉及的各个方面进行不断完善与调整，因此其与其他较为成熟的教育相比，在运行过程会面临更多的选择，相应地产生更多决策。为了保证创新创业教育的实施与推广始终围绕共同的总体目标，确保运行保障、育人内容等各个方面始终适应实效育人这一标准，必须建立高效的创新创业管理决策机制，这是医学院校创新创业教育运行的核心与关键。

（一）管理决策机制的构建原则

为了使创新创业教育更好地运行、实施与推广，推动创新创业教育的科学发展，构建医学院校创新创业教育的管理决策机制是必不可少的举措。由于创新创业教育的实施运行与发展都有着明确的特定目标，因此二者必然有着相同的价值内涵，对于医学院校创新创业教育的构建来说，必须遵循特定的价值规律与基本原则。从宏观层面考虑，医学院校创新创业教育的宏观目标是：结合国家政治、经济与文化的发展，联系中国特色社会主义教育实际情况与院校学生全面自由发展的需要，通过教育实践帮助学生了解创业过程、培养其创业意识及创业能力，这不仅可以让学生以正确的目标导向与价值取向了解、认识并参与到各个领域的创业中，而且可以更好地服务于中国特色社会主义教育事业的科学发展。从微观层面考虑，其发展目标是树立正确的创新创业价值理念、明晰创业主体意识、完善创业能力结构、提升创新创业的实践水平。医学院校创新创业教育管理决策的价值内涵应紧紧围绕这一宏观与微观相结合的目标体系，因此构建医学院校创新创业教育的管理决策机制应遵循以下4项基本原则。

第一，把握中国特色社会主义的发展方向。医学院校创新创业教育的最终目标是培养能够服务于中国特色社会主义事业发展的先进创业者，因此创新创业教育管理决策运行的指导方向应当是正确的。在创新创业课程的内容与理论研究中，不仅要保障教学和理论研究成果，而且要使其更好地适应并服务于中国特色社会主义事业的发展。

第二，明确面向广泛学生群体的发展思路。创新创业教育应适应国家社会发展的各个领域，无论对于何种专业、背景或是职业发展的学生，教育主管部门都应当认识到创新创业教育对他们的能力提升是有价值的。创新创业教育不应仅仅局限于小众教育，使少量精英学生受益，而是应当面向广泛的学生群体，开展普适性的科学教育，以树立创新创业意识，提升创业能力。

第三，遵循面向社会的实际需求。我国正处于经济转型发展阶段，经济社会的转型升级与发展需求要求创新创业教育进行调整与改进，因此需要对创新创业教育实行高标准、严要求，以此来更加适应社会的转型升级。在医学院校创新创业教育管理决策的过程中，要注重理论与实践的紧密结合，适度整合与调配更多以投入到实践性的教学任务与科研环节中，促使广泛学生群体知行合一，真正推动社会转型升级以顺应时代发展的要求。

第四，坚定全面发展的育人目标。马克思主义的最高命题与根本价值是"人的自由而全面发展"，这也是中国高等教育所追求的至高目标。对于创新创业教育来说，创新创业的综合性较强，可以从价值取向、理念运作及社会管理等多个层面锻炼和培养学生的综合能力。应坚定全面发展的育人目标，将其作为医学院校创新创业教育管理决策过程中的核心任务。只有这样，才能实现学生的全面发展与创新创业教育改革发展的至高目标。

对上述医学院校创新创业教育管理决策机制的构建所应遵循的基本原则进行深刻分析，可将其升华至医学院校创新创业教育所应遵循的基本原则。创新创业教育的开展不应照搬原有的教育内容和模式，而是将这种创新创业教育的理念方法融入创新创业教学体系活动和人才培养机制中。

（二）管理决策机制的构建对策

第一，转变创业教育观念，树立正确的创新创业教育课程理念。医学院校的管理者要用前瞻性的眼光来设定创新创业课程的思想宗旨和发展方向，创新创业的重心是实现素质教育、培养创新思维能力，为受教育者创造条件，使其认识到知识重组的力量。因此，医学院校既要培养适应目前就业发展需要的普通型应用人才，也要为国家未来的经济发展输送顶尖的创新型人才。明确创新创业教育的课程理念，立足于现实需求与长远发展角度，是开展创新创业教育的指导思想。

第二，加强创新创业学科建设，明确创新驱动发展的新要求。当今社会的发展战略对于我国医学院校创新创业教育的人才培养途径提出了新要求。学校是开展医学院校学生创新创业教育的核心阵地，它担任着教学科研培

第二章
医学院校创新创业教育协同机制解读

训、创业资金支持、人才培养等多项任务。因此，医学院校应当正确认识自身在创新创业教育协同机制中的地位，并在教育的实践探索中表现出来。大学生创新创业教育工作的合理有效将在一定程度上影响我国的经济发展方向，因此构建完善的协同机制对于医学院校大学生的创新创业教育来说具有重要的指导意义。大学生和企业作为医学院校创新创业教育的两个方面，只有合理处理好二者间的内外联系，才能充分发挥二者间的协同作用。对于人才计划的培养，要制定完整的科学规划，转变以往的教育观念，将创新创业教育贯穿在教育工作运行过程中，将理论与实践相结合，通过二者的优化整合与合理配置，激发创业者的热情与积极性。另外，应当整合各方资源，在政府、企业及院校的保障体系下，实现理论与实践的高效衔接，在激发学生创新创业潜能的基础上，积极推动教学课程与科研规划的改革。

第三，设计多样化的创新创业课程，打造循序渐进式的教育模式。在运行实施过程中，要正确认识创新创业教育的内涵，将其与专业教育相结合，在专业教育的教学中培养学生的自主创新意识，增强创新创业教育的实效与互动性。创新创业教育的教材除了纸质课本外，还应包括政策性资料及其他文件，根据这一特点，医学院校可以精编课程教材、丰富教学资源。同时，由于院校的学习情境不同，教材也具有灵活性的特点。由于"宽口径"培养条件下的课程教学课时有限，因此医学院校可将相关性较强的实验操作安排在一定的时间段内，这样既有利于拓宽知识渠道，也有利于最大限度获取教育资源。教材应当具备较强的操作性，这对于实验的准备及分组安排来说，更易提供合理化的建议，便于师资人员参考。同时，为了提高教学效率，可将实践中的操作技巧以视频或 PPT 的形式展示给受教者，也可以将其作为学习资料共享到学习平台，有利于受教者预习及学习回顾，使课程时间得到最大化的利用。

第四，构建专业的师资队伍，实现多样化的教学方案。医学院校可以坚持引进校外的师资力量，激发学生的学习兴趣，也可以提供资金，支持校内的师资团队走出去，学习其他成功学者的创业经验及教学方法，同时在课程的教学设计上采取灵活多样的方式，以满足学生的实践需求，不断提升其创业能力与综合素质。

第五，充分利用校外资源。医学院校是一个开放性的系统，因此在推动创新创业人才培养方面，可以借助外力相互作用，以促进目标的实现。例如，"校院地企"结合办学，达成合作意向，为大学生提供创新创业的实践机会，提升其创新意识、能力及综合素质的培养。

第六，完善教师激励机制，激发对创新创业事业的激情。医学院校应以各种表彰手段满足教师高度自尊与荣誉认可的需求，为他们提供可以满足其精神需要的工作环境；对于价值需求处于优先阶段的教师，他们会追求更高的人生价值，更加渴望得到领导及社会的认可，因此院校应当设立荣誉性的职位以满足其价值取向。由于创新创业教育正处于新兴发展阶段，院校对于师资的选择应遵循择优录取的原则，还应完善激励机制，鼓励教师尽最大可能全身心投入创新创业教育事业中。

第七，规范创新创业教育主体活动，建立有效的监督机制。医学院校教学活动的正常运行离不开有效的监督机制。对于医学院校管理者而言，其承担着院校教学课程规划设计及管理教辅人员的工作，以避免人员在工作中出现主观臆断的不端行为。院校教师承担着创新创业教育的传播工作，监督工作有利于确保教师教学行为的规范性；院校大学生作为创新创业教育的接受者也应接受监督，可以使其学风端正，防止在创新创业教育活动中误入歧途，给个人、家庭及社会带来负面效应。院校也应对监督者进行监督，从而营造民主、开放、自由的文化氛围，鼓励师生等相关主体培养治理理念，做到人人参与院校建设。

三、激励动力机制

推动事物发展的作用力称为"动力"，因此医学院校创新创业教育的发展动力可以解释为推动院校创新创业教育发展的作用力。在我国，医学院校开展的创新创业教育多由政府驱动，但是在教学环节的设置及企业参与的内在利益诉求方面，市场也发挥着重要作用。因此，医学院校创新创业教育的发展既源于政府的驱动，又需要市场的导向。

医学院校在创新创业教育系统中的作用尤为重要，它具有显著的教学科研资源及人才优势，不仅传授学生知识，更承担着全面育人的责任。学校可以培养学生的道德素质，使其树立社会责任与担当意识，同时提升其分析解决问题与创新创业的能力，这些都是学生群体适应社会需求所必备的综合素质。可以将医学院校创新创业教育的激励动力机制看作是推动院校创新创业教育良性运行与实施推广的各内外要素间相互联系与作用的互动机制。

从宏观角度考虑，医学院校的内生动力是追求自由全面发展的育人理念；而外生动力则是政府对于经济转型升级的需求及创业者对于创新创业机会的识别，政府可以将有效的政治、经济资源合理地分配给院校创新创业教育领域，从而推动理论教学课程及科研实践。从微观角度考虑，以教师和学生的内生动力而言，教师参与到创新创业领域中，既是职业发展的需要，也是对理想事业的追求；而学生参与创新创业教育既是对自我未来职业生涯的规划，也是对全面发展的追求。以教师和学生的外生动力而言，政府和社会作为高等教育的外部推动力，可以使参与到创新创业教育领域的师生获取充分的资源与成就感。虽然内外动力的作用与性质不同，但是二者相互影响、互为支撑，对医学院校创新创业教育的发展与价值取向起共同的决定作用。

（一）激励动力机制的构建原则

医学院校创新创业教育的动力来源是多元化的，受到师生、院校及政府等多方的综合影响，因此在构建激励动力机制时应遵循一定的原则，确保各方管理决策主体可以相互配合、方向一致，将院校创新创业教育的力量发挥到极致。本节从医学院校创新创业教育的内涵及要素特点入手，提出医学院校创新创业教育激励动力机制的构建应遵循的 3 个基本原则。

1. 维护各方动力的动态平衡

维护各方动力的动态平衡包含两个层面：一是各方对于推动创新创业教育程度的相互适应；二是推动的方向要一致。原因在于，推动医学院校创新创业教育的动力有强有弱，若要从院校创新创业的最优角度出发，则并非越强效果越好。

在宏观层面看，如果政府和社会为创新创业教育提供的动力大于医学院校时，其对社会经济发展的作用会被盲目夸大，而政府和社会可能会过分强调或高估创新创业教育，且可能利用资源渠道与行政压力使院校改变原有的教育规划，不利于院校的教育发展的同时，会影响其他教学课程；当政府和社会为创新创业教育提供的动力远小于医学院校时，其经济作用将会被低估，政府和社会对于创新创业教育的关注度会递减，院校在资源备至方面也将面临困境。在微观层面看，倘若医学院校师生的内外动力发展不匹配，会造成动力失衡，对创新创业教育的运行实施造成障碍困扰。从这一层面研究来看，如果各方动力强弱相适应，但是发展方向不一致甚至是相反，那么将会阻碍创新创业教育的实施运行。

宏观角度而言，若政府和社会机构过分强调实践性的创新创业教学，而医学院校更为注重理论性的教学，二者对于发展导向的不一致将会使得院校的实际资源无法得到合理配置，社会也无法获取高素质的人才。从微观角度而言，若医学院校注重教学水平与质量的提升，而教师注重理论科研水平的提高，教师的规划重点与院校的发展目标相违背，那么，教学水平与质量和理论科研水平都无法得到保障。若医学院校只注重激发创新创业的思想认同，而学生更看重创新创业能力的增强与个人综合素养的提高，那么院校提供的课程训练将不能满足学生需求，会导致教学资源的配合失衡，收效甚微。

总而言之，遵循医学院校创新创业教育的发展规律，走科学发展道路，是维持创新创业教育过程中各方动力动态平衡的重要保障。无论是在宏观角度还是微观角度，师生、医学院校、政府间都应形成一种良性协调的关系，纵使各方主体的出发点、关注点有所不同，但只要确保各方推动创新创业教育的力量适度且方向保持一致，便可达到动态平衡的理想状态。

2. 协调各方动力的培育转化

医学院校创新创业教育的运行离不开各方的共同努力，各方动力的协调发展离不开精心的培育与转化。从宏观角度而言，培养学生全面发展的路径有很多，但是若想使以政府转型升级为导向的动力融入医学院校创新创业教育中，就必须对其进行政策引导与资源的合理配置。从微观角度而言，学生针对自身综合素质的提升和能力开发的方式有很多，若要使医学院校为创新创业教育提供的动力通过特定途径转化为学生自身的动力因素，则必须开发培育出合适的动力载体，这种动力载体既有显性也有隐性。对于医学院校创新创业教育来说，显性的动力载体有政府的鼓励政策、院校的奖惩规定、政府与社会机构提供的经费物质支持等；隐性的动力载体包括大众对创新创业行为的认同与尊重，以及鼓励学生参与创新创业的校内文化活动等。只要各方动力能有层次地与各层面主体共同参与到创新创业教育工作中，并对其动力进行合理引导、强化与推进，便可使医学院校创新创业教育的运行实施达到最优的状态。

3. 防止各方动力的异化发展

医学院校创新创业教育的动力一旦调控不准确，或者力度与方向把控不稳定，则极易产生异化现象，动力异化主要表现在教育的工具化与应试化方面。政府及社会机构在推动创新创业教育的过程中，将其看作是社会转型升级与增加创业的工具，过度强调短期成果而忽略教育自身的价值规律，这便是工具化的体现。院校在这种错误的引导下，会局限地关注对学生的理论支持培养而忽略创新理念的迸发，同时违背了全面自由发展的育人观念。而应试化则是院校通过考试等传统方式对学生参与创新创业活动的情况进行具有局限性的考核，无法从真正意义上体现学生的真实创业认知和综合素质，同时在一定程度上会打击学生的积极主动性。因此，医学院校在坚定创新创业教育发展目标时，要始终牢记自由全面的育人观念，在此基础上形成特色课程理论教学与科研方式培养的同时，医学院校还可结合各方动力主体的建议策略，深刻总结认识创新创业教育的发展规律及本质特点。

（二）激励动力机制的完善策略

对于医学院校而言，可以从以下方面完善院校创新创业教育的激励动力机制。

第一，健全创新创业教育课程体系，使课程更加体系化与系统化。大学生的创业素质与意识的培养离不开创新创业课程的教育引导，因此医学院校应该不断健全和完善创新创业教育的课程体系，使课程更加体系化与系统化。通过对教学环节及方式的完善，有助于学生创新意识和创业技能的培养。为了解决创新创业教育超越专业教育界限的这一问题，医学院校要对教学理念进行调整改革，注重基础性的教育培养，将创新创业教育的基础性教育与学科专业教育紧密联系起来。医学院校要积极开展教学科研实践研究活动，制定教学进度规划与步骤，通过创业导师的经验传授，让创新创业的学生能够坚定创业的决心与信念。同时，可以为学生创造良好的创新创业环境，激发学生的创业潜能，产生一定的创业动机，并投入到创新创业的实践活动中。

第二，按照国际规范，将创新创业教育纳入人才培养计划中。创新创业的人才培养是一项系统复杂的工作，其构建需要政府、医疗机构及企业多方协同配合，其合理高效地运行不仅有利于大学生学习创业知识及技能，而且有助于创新创业教育的深化发展，更有利于提升大学生创业的核心竞争力，对于创新型人才的培养起到一定的促进作用，为国家"一带一路"提供了人力与智力资源支持，有助于推进社会主义和谐社会的发展进程。

第三，构建科学合理的组织机构。构建科学合理的组织机构是医学院校创新创业教育的组织保障。该组织机构应遵循全面覆盖、统一指挥的原则。校级应当设置创新创业教育调控中心，通盘筹划创新创业教育的指导管理工作，承担全校创新创业师资力量的培训、分配与调度，实现与各方主体间的合理有效沟通；在二级学院设立创新创业办公室，作为师生与院校间的联络中转站，在其下属机构设立创新创业发展中心及实践部，强化创业实践能力，加强专业实验室与训练中心的设施建设，通过多形式的教学活动激发学生的创业激情，提升自我认识水平。

第四，培养高质量的创新创业师资队伍。创新创业教育的推广与过硬的师资队伍建设密不可分，创新创业课程应当作为一种指导服务，为行动提供导向。高质量的师资队伍建设需要引进创新创业教育方面的人才，加强师资队伍的创新能力培训，在条件成熟的情况下聘请校外创新创业教育专家开设教学课程，建设一支专兼职结合的高素质创新创业师资队伍。高水平的师资队伍能够更好地教育指导学生转变就业观念，为创新创业做好充分准备。创业是一种自我价值的体现，是一种高质量的就业形式，但创业的过程充满未知与艰辛，高水平师资队伍在培养创业学生的组织决策、经营管理、人际交往能力等各方面时能够游刃有余，让学生对自身拥有充分认识和科学评价，从而激发学生潜在的创业能力。

四、长效调控机制

由于医学院校创新创业教育在运行的过程中有多个行为主体参与，各行为主体会由自身利益、情感及认知的不同导致运行过程中的行为冲突，这会阻碍院校创新创业教育的发展进程，从而产生难以解决的问题与矛盾，若要保证其正常运行，则必须进行长效调控。可以将医学院校创新创业教育的长效调控机制理解为其内外各要素通过制定目标、合理定位及发挥作用等调节化解运行过程中出现的矛盾问题的机制。调查运行情况与调整目标是医学院校创新创业教育长效调控机制的核心任务，对运行状态进行合理的评估可以确保及时发现运行中存在的问题，从而使问题可以在第一时间内得到解决。

（一）长效调控机制的调查评估环节

对医学院校创新创业教育的运行状况进行科学调查研究和矛盾情况的正确判定是创新创业教育运行工作调控的重要组成部分，而建立长效调控机制的重要前提便是制定科学合理的运行情况调查评估环节。对于构建调查评估环节而言，其重点为明确"调查评估环节的主体""调查评估环节的对象及

第二章
医学院校创新创业教育协同机制解读

内容""调查评估环节的途径及方式"这三大问题。

在建立运行情况调查评估环节时，涉及的学校部门及实践教学活动繁多，因此必须明确调查评估的主体及其责任，从本质上对医学院校领导机构的决策进行干预、指导和管理，这都是为资源的合理配置打下良好基础，以促进创新创业教育的高效发展。同时，为了提高化解矛盾、问题的效率，在工作领导机构和专家委员会两个决策主体的内部应分别设立运行调查评估部门，这样不仅可以提高反馈效率，而且能够保证评估机构的权威性，有利于将两个决策主体间的思想和理念导向贯彻到工作中。同时，为了保证评估反馈信息的客观性，还可以引入校外的第三方调查评估机构，这是对评估工作的一大补充。第三方调查评估机构的工作性质在一定程度上较为相似，但是侧重点各不相同：工作领导机构负责的调查部门主要是从创新创业教育的宏观层面着手，负责整体投资与资源调配；专家委员会负责的评估部门则更侧重于微观角度，如师生的建议策略及教学科研的设计运行；第三方调查评估机构则侧重于创新创业教育的整体运行情况，使其达到理想的目标。

调查评估环节也可对学生的创业项目进行全面综合划分，并从长远发展来看待创业选择的方向，对近些年创新创业领域的发展状况及存在数量进行细致盘点，倘若发现市场中该领域已经为饱和状态，那么就要用建设性的眼光对项目的未来发展趋势进行估测研究，从而评价其发展潜力。这些举措都可为创业学生提供有利的参考性建议，以确保其创新创业项目不会随波逐流，失去独创价值。

完善的调查评估环节需要对主体进行定期的综合评价，既包括政府是否能够充分利用自身职能协调各方利益，推动政策的实施，也包括院校、医院、地方、企业是否能够为学生提供成熟的实践基地，以及是否为学生制定了完善的创新创业服务体系，这些都是调查评估环节的内容。只有对各主体进行定期核查，才能端正其工作态度，对各参与主体方起到监督促进的作用。

创新创业协同评价机制是长效调控机制中的一个方面，它有助于提高创新创业教育机制的运行效率。首先，医学院校在实践教学科研效果评价机制下建立创新创业教学效果评价机制，可以有效地评价校内师生，务实教学科研成效，并逐步提升专业实践教学质量。其次，医院、地方、企业与医学院校可以协同推进创新创业教学评价，将教学质量与业绩津贴、评优及职务晋升联系起来，以此激励医院、地方、企业重视创新创业教育的推行。

创新创业教育质量考核评估机制是长效调控机制的另一方面，它可以通过及时反馈创新创业教育的实施水平与效果，并对教育活动做出价值评估，提高学生的创业技能与素质，对优化创新创业教育以达到价值增值的目标具有推动作用。它有助于约束和规范各方主体的协同关系，是促进协同关系的制度保证。构建新型考评机制有利于激发医院、地方、企业等参与医学院校创新创业教育的积极性。一方面是外部考评，上级政府部门将创新创业教育的质量作为教育水平质量的重要指标，同时要求第三方机构对其进行绩效评估，其接收舆论的监督；另一方面是内部考评，协同双方应立足资源调配和项目执行等方面进行绩效评估，明确各方的权力职责，逐渐健全跨界协同关系下创新创业教育体系的管理制度。科学有效的考评机制对于协同育人的运行过程及环境具有重要意义。

创新创业教育协同育人环境的考核评价内容包括：创新创业法律法规、创业扶持制度政策及创业咨询机构的数量；是否设置创业教育基金或是进行风险投资，这将为创新创业教育提供资金支持；协同育人的教学水平评估包含课堂与实践的教学评估。课堂教学评估可以从核心课程规划设计及多元教学方法展开，而实践教学包括校内和校外实践，可以表现在创新创业竞赛、实践活动及论坛的举办成效。评价考核的内容要全面有效，不仅应对创新创业教育活动的结果进行评估，也要对活动的过程进行细致监测。定性与定量研究相结合的方法可以作为评价的一项绩效指标。

在医学院校创新创业教育体系中，具有参与主体、育人载体、投入状况、整体效果4个层面。当然，对于研究调查教育的运行情况也可从这4个层面进行细致分析与总结。通过访谈交流的形式了解师生对于创新创业教育情况的态度；对于教学课程的形式和内容进行不定期监测，从而发现育人载体中存在的不足；对于人力、物力、资金等资源的调配情况，要进行投入状况分析；了解参与创新创业培训的学生在综合素质与创新创业上的能力提升，这是了解整体效果必不可少的因素，同时师资力量的增强也是工作成效的一大体现。总之，这4个层面对于建立医学院校创新创业长效调控机制具有举足轻重的作用，建立四位一体的多元评估体系对于调查评估环节也尤为重要，这不仅可以及时获取评估运行的具体信息，还可以为决策系统提供高效的反馈信息。

在调查评估环节中，若要了解参与主体的主观感受，需要制定合理的访谈纲要，通过合理的访谈形式了解参与主体的意愿感受，并对访谈信息进行整理总结。而在育人载体和投入状况层面,由于这些评估对象都是客观存在的,所以其结果具有客观存在性,因此在调查评估环节应当明确调查的标准,并将具体的课程覆盖范围及经费投入纳入评估体系中,从而建立规范的创新创业教育评估体系。在整体效果的评估环节,侧重在微观角度对个体现状进行调查,可以针对不同的教学阶段对参与主体进行认知测量,从而获取所需的信息数据;而在宏观角度侧重于创新创业教育整体效果的研究。

在医学院校创新创业教育中,教育与创业主体的分离是导致创新创业教育不断产生问题的重要影响因素。若想化解这种问题,就必须从学生的角度来推进创新创业教育的改革进程,将师生间的单向传输转变为二者的双向互动,将二元分离的教学、创业主体转变为多元主体的协同发展。应努力分析各方利益诉求和特点,从创新创业教育属性的角度出发,打造利益发展共同体,尤其是师生、医学院校与政府共同构成的创新创业教育发展共同体,最终实现多元主体的协同发展。在医学院校创新创业教育的运行过程中,政府应当为创新创业教育提供政策制度保障,负责政策的供给落实;医学院校则应不断推进人才培养模式的升级,力求在课程教学体系与方式方面满足学生的个性需求,为创新创业教育提供动力支持和机制保障;教师应当在创新创业教育教学领域中,充分发挥学生的主观能动性,实现师生的共同发展、进步;学生应当树立正确的创新创业价值观,积极参与创新创业竞赛,在比赛中获取经验,提升自身的创业综合素质。医院、地方、企业等则应当构建合做贡献的利益机制,参与创新创业活动,充分发挥创新创业教育共同体的职能,以消除化解各方参与度与积极性低下的矛盾问题。

(二)长效调控机制的协调完善环节

对于医学院校创新创业教育调查评估主体得到的反馈信息,长效调控机制可以利用这些信息协调各方主体对工作规划与行动制定进行完善,这有利于创新创业教育运行的优化升级。由于调控机构的调查评估环节中涉及部门众多,且会涉及跨部门协作,因此可以构建协调完善环节,从组织和制度这两个层面推进医学院校创新创业教育。

跨部门协作的首要问题便是各方利益不平衡、目标不一致,一旦两个部门间缺乏协作和沟通,就会影响整个创新创业教育的成效。因此,结合我国医学院校的实际情况,需要成立一个富有权威性的管理组织来对跨部门协作过程进行完善管理,其职能便是打破部门协作壁垒,加强部门间的交流沟通，最终实现行动的统一。同时，学校领导及相关职能部门的加入，不仅可以提高管理组织的权威性，而且有利于争取教育资源、顺畅部门间的沟通交流，更能使得领导机构与各部门、院系间达成共识，促使工作的贯彻落实。

多部门间的工作交叉将导致跨部门协作的效率低下且极易产生矛盾、问题。为了消除这种模糊工作职责带来的合作障碍，一是要明确各部门在协作过程中的职责权限，可以利用协商性的工作文件与会议将分工制度化；二是可以明确职责主体的工作，加强职责权限难以划分的部门间的信息交流、拓宽信息反馈渠道，以此减少和化解工作矛盾。

科学合理的组织框架对于医学院校创新创业教育长效调控机制的协调完善有着推动作用，同时健全与完善的规章制度可以给长效调控机制提供更好的保障。医学院校创新创业教育的跨部门协作若想达到可持续发展，既要有规章制度的刚性保障，也要有文化交流的柔性保障。

从跨部门协作的刚性保障角度来考虑，如果仅依靠部门间的口头协议和人际主观因素来协调完善部门间的关系，则协作难以持久发展，它无法保证医学院校创新创业教育运行的稳定发展。只有制定协作部门认同的规章制度，再用强有力的手段进行规范，在遇到矛盾问题时才能确保协作的可靠与持续性。医学院校创新创业教育跨部门协作的正式制度要有强制力：第一是应明确制定机构，医学院校创新创业教育工作领导机构与专家委员会作为两大决策主体，可以根据相应的决策范围和侧重领域对合作制度进行制定划分；第二是要形成相一致的制度体系，由于决策主体不唯一，在制度标准方面可能会产生矛盾与冲突，因此必须在制定协作制度方案前充分了解双方意愿，加强沟通交流，形成一致的制度目标体系；第三是在充分了解和调研各职能部门及科研教学机构的基础上，建立制度执行监督机制，通过预警等强有力的手段将协作制度落实到位。

从跨部门协作的柔性保障角度来考虑，一方面文化交流的指导思想应当以共同的价值取向和理论信念为基础，不同部门间建立的理念共识应以相同的价值取向为联系，从整体利益最大化的角度出发，制定设计自身行为目标；另一方面，可以构建更多的良性沟通平台和协作机制，拓宽交流沟通渠道，制造更多的常态化对话机会，做到资源共享、信息互助，营造一种良性和谐的文化合作氛围，以此培养部门间的默契。在此过程中，也可加强各部门的协作意识，建立长期有效的互动信任感，这有助于构建协作文化生态，满足共同的价值理念与目标追求，通过部门协作的交流互助，可以提高向心力与凝聚力，对于医学院校创新创业教育的长远发展发挥着积极作用。

第三节　医学院校创新创业教育协同机制的保障

建立一个完善的医学院校创新创业教育协同机制保障体系能够保证创新创业有关教学活动的顺利开展。不同于其他形式的教育，创新创业教育旨在促进人的全方位发展并符合经济社会发展需求，是一种崭新的教育形式，实施比较复杂，需要建立一套成熟的保障体系。医学院校创新创业教育协同机制的顺利开展，必须聚焦3个关键点：一是教学者，需要组建高水平师资队伍；二是教学质量管理，需要保证优质的教学质量；三是制度环境，创造良好的教育环境。

一、教育队伍保障

教师是创新创业教育知识的传播者和实施者，学生学习创新创业理论知识及实践训练离不开专业教师的指引，只有组建完备的教育队伍保障体系，才能保证创新创业教育协同机制的成功运作。优秀的创新创业型教学队伍是医学院校创新创业教育的关键力量，积极推进优秀教育队伍的建设是创新创业教育协同机制的根本保证。教师是促进创新创业教育的中坚力量，对教学方式的采用、教育质量的保障等各个方面都发挥着重要作用。教育队伍的建设是开展创业教育的关键所在，高质量、优秀的创业型教师队伍对转化教育观念和形式、提高学生创新创业能力起着重要的作用。开展创新创业教育需要一批专业化的教师队伍，组建一支钻研创新创业教学、具有足够经验或兼具经验、可以开展科研的教育团队是创新创业教育协同机制的重要保障。

（一）构建科学合理的专兼职师资队伍

高水平、高质量的师资队伍是顺利开展创新创业教育的核心，促进创新创业师资队伍的建设是开展创新创业教育的基础，这是由于教师是推动创新创业教育发展的主要力量，在课程研究、教学方式采用、教学成效等方面起着至关重要的作用。所以，为了推动创新创业教育的发展，要招聘高素质的创新创业教育有关人才，建设一支专兼职结合、紧跟时代发展步伐的创新创业教育师资团队。新时代教师必须满足创新创业教育新的要求，参与授课的教师不仅要熟练掌握创新创业的理论知识，更重要的是具备创新创业素质、能力或者阅历。通常专职教师的数量是依据专业需求确定的，在组建一支高水平的专职教师队伍的同时，还需要聘请一些创业实践型教师力量，从国内外企业邀请兼具实践经历和理论认识的全面人才，如成功的创业者、行业专家、投资专家等作为兼职教师，他们通过开展专题讲座等形式，不仅能使本校教师更新理论知识，还能传授大学生实践经验，提高学生对创新创业的兴趣和积极性。医学院校可以和一些国内外医疗机构、企业等建立长期合作关系，以为学生提供先进的创业理念与实践项目，通过医疗机构人员和企业职员授课、开展讲座、指导实践等增强学生的创新创业意识，启发学生的创新创业思维，点燃学生的创新创业激情，提升学生的创新创业能力。

专职教师主要包括本校专门研究创新创业或与其密切相关的教师；兼职教师主要包括其他学校创新创业专职教师、有创业经验的企业职员和政府职员等。专职教师和兼职教师中的其他学校创新创业专职教师主要承担创新创业理论教育方面的职责，兼职教师中有创业经验的企业职员和政府职员主要承担创新创业实践教育方面的事务。

1. 专职教师队伍建设

院校需要一支专门钻研创新创业教育的师资团队，来深入研究教学理论，探究学校开展创新创业教育的现状、问题及解决对策，探究大学创新创业教育的发展规律和趋势，从而为医学院校创新创业教育变革、发展和实施提出科学、权威、有效的理论依据。该团队需要分析目前的就业形势和创新创业形势、探究就业规律和创业政策、总结有效的创新创业办法和技巧，从成功案例中总结创业者的必备素质，加快构建创新创业教育理论体系，编写出实用的学科教材。

（1）构建师资培训平台。创新创业教育的目标、教学内容和形式是独立的，因此专职教师团队培训也是单独的。由有创新创业教育研究经验的专家组成创新创业教育团队，不但可以促进创新创业教育的发展，提出有利于创新创业教育实行的策略，而且可以培养出具有创新创业素质的学生。

（2）打造创新创业教育教师培训平台。创业需要诸多知识，包括社会学、政治学、经济学、管理学等多个方面，大学创新创业教育与社会学、政治学、经济学、管理学等学科及思想道德教育都有关联。优秀的教师队伍对大学生创新创业能力的培养起着关键的作用,但当前医学院校既有创新创业理论知识又有创业实践经验的专业教师十分稀少,大多数教师都只是接受了短期教学培训,只能传授基础的创业知识,实践经验不足。若只传授学生基础知识,则不能培养其创新创业能力,这是影响医学院校创新创业教育深入发展的难点。因此,提升创新创业教育教师质量、组建优秀的教师团队是目前迫切要解决的问题。在开展创新创业教育初期,可以为教师提供进修培训的机会,让他们参加一定的基础知识理论培训,以充分适应创新创业有关科目的教学要求。为了提高师资研究能力,可以鼓励教师参加国家级创新创业培训会、地区论坛会、研讨会,选择优秀教师出国访问学习,感受其教育观念和教育方法与国内的不同。

2. 兼职教师队伍建设

除了组建一支知识广博的专职教师队伍外,还需要建设一支实践经验丰富的兼职教师队伍。兼职教师团队需要具备创新创业能力的人员,因此可以聘用国内外在创新创业教育方面具有充实理论知识储备与丰富实践经历的全能型人才,如成功的企业家、创业者等。作为医学院校创新创业教育的兼职教师,他们主要以开展专题讲座等形式教育和指导学生,通过交流协作,让学生学习到更多有效的经济管理知识和方法,提高学生创新创业的热情和能力,从而使他们未来创业更加顺利。医学院校创新创业教育兼职教师队伍中主要包含以下两类:一是其他学校研究创新创业教育的教师;二是有丰富创新创业经验的企业家、创业者等。

构建区域创新创业教育教师共享机制。由于医学院校可能存在专职教师不足的情况,因此可以联合本区域其他大学建立创新创业教育专职教师资源库,组建教师共享机制。学校之间教师资源共享,不仅可以解决师资力量薄弱的问题,还可以充分了解其他院校创新创业的优点和特征,从而提高本校创新创业教育水平。医学院校还要构建创新创业校外教师聘请制度,学校作为带头人,要联合本地区政府、医疗机构、企业建立创新创业教育校外实践基地,聘请经验丰富的医疗机构人员及企业职员等担任实践基地教师。

(二)完善创新创业教育的师资建设机制

教师是实施学校创新创业教育的主体之一,承担着培育人才和提升大学生创新创业实践能力的责任。一个国家和地区的教育水平取决于教师队伍素质,没有一流的教师,就培养不出一流的人才;没有高水平的教师队伍,就办不好人民满意的教育。从这里可以看出，创新创业教育的教师队伍质量对创新创业教育产生重大影响。组建一支具有创新思维、扎实理论知识与丰富实践经验的教师队伍是保证创新创业教育教学成效的核心。借鉴国内外高等院校创新创业教育教师队伍建设的先进经验，并联系我国医学院校自身情况，可以从以下3个方面来提升创新创业教育的教师团队质量。

1. 设定严格的教师聘用条件

目前，我国医学院校还没有专门的创新创业教育专业，创新创业教育教师非常稀缺。为了确保创新创业教育的正常开展，当下创新创业教育教学工作基本是由主管大学生就业的部门教师与辅导员老师等开展。其实，大部分教师没有接受过长期创新创业教育培训，且几乎没有创新创业经验，教师队伍质量普遍较低。因此在组建创新创业教育教师队伍时，要挑选水平较高的教师，可以在学历、专业、创新创业经验等方面设立严格的聘用条件，既要注重其创新创业教育理论知识，也要注重其创新创业实践能力，不仅要重点考察教师的创新创业思维能力、教学水平、知识储备和实践能力等方面，还要考察其思想道德品质。

2. 完善队伍结构

（1）组建高质量的专职教师队伍，学校应该建立创新创业教育教师培训制度，组织教师参加国内外培训活动，并鼓励教师去企业等挂职以获得实践经验，尽力为创新创业教育教师提供优质的学习环境。

（2）充分利用本校各专业教师资源，组建一支拥有不同专业知识的教师队伍来开展教学活动，使创新创业教育教师队伍结构更趋于合理化。

（3）组建一支经验丰富的兼职教师队伍，聘请企业家、成功的创业者、行业专家、投资专家、经管类专家等来担任院校的兼职教师，向学生传授创新创业经验和技能，给他们提供坚实的支持和帮助。

3. 构建系统的师资培训制度

卓越的教师队伍是创新创业教育的基石，选拔与培养师资是组建高水平教师队伍的唯一办法，创新创业教育对教师设定了更高的条件，教师需具备创新创业理论知识、能力素质或实践阅历。加强创新创业教育师资培训、提升教师综合素养是推动创新创业教育快速发展的重点。教师队伍应从目前的知识型、传授型，向创新型、多样型转变，需要重点培训教师的创新思维和实践技能，让他们探究出提升学生创新意愿和思维能力的办法。原教育部副部长赵沁平说过，要培养具有创业素质的学生，教师就必须有过创业实践。

为达到上述目标，首先要鼓励教师"走出去"，即选拔优秀的教师到企业等参与创新创业实践或独立创业，充分让教师将理论和实践联系起来，提升其教学和实践的综合能力，国外许多院校的教师都亲身体验过创业的全过程，有些教师从事过或目前仍留在企业，他们更加清楚目前的创业形势、发展趋向和实际创业过程中会遇到的问题。其次要尽力探寻多种创业实践活动，强化国内外创新创业的交流和探讨，组建一支优秀、高质量的创新创业教育教师队伍。教师需要接受专业化的全面培训，具备创新创业知识是基础，另外还需要参加各种研讨交流会、成功案例分析会和创业经验会，全方位提升能力。

二、教学评估保障

（一）教学组织评估

医学院校创新创业教学组织状况的评估主要集中于考评学校对创新创业教育的重视程度和各方面投入情况，评估学校创新创业教育教学组织情况是完善教育改革和提高教育质量的前提。创新创业教育教学组织情况评估的关键是选择科学的评估指标，一般来说，选择考评标准可以参考投入、过程和成果。对投入的考评标准主要涉及创新创业教育的各方面投入状况，包含教师队伍投入、资金投入、管理人员投入、基地建设投入等方面；对过程的考评标准主要涉及创新创业教育具体课程安排、教学方式、教学服务保障、组织管理等方面；对成果的考评标准主要涉及学生理论学习成绩、能力状况、实践技能等方面。其中，投入的考评标准具体如下。

第一，教师队伍投入。教师队伍情况不仅表现在本校创新创业教育专职教师和兼职教师的人数（教师人数的多少可以看出院校开设创新创业课程的多少），而且表现在优秀教师占全部教师的比例（包括博士学位教师比重和正、副教授比例等）。

第二，资金投入。创新创业教育能否顺利开展的核心是资金投入。医学院校创新创业教育资金投入由两个部分组成：一是基础资金投入，即创新创业教育研究资金的投入；二是重点资金投入，即创新创业开展教学活动的资金投入。其中，开展教学活动的资金主要包括显性课程和隐形课程管理运行的资金投入，也包含对优秀人才投资的花费，如补贴优秀学生参加创业实践比赛所需的经费、创业项目研究经费等。

第三，管理人员投入。创新创业教育管理人员范围很广，即创新创业教育体系中除授课教师之外的全部工作人员。他们主要负责创新创业教育隐性课程的相关工作，对组织人员投入情况的考评包括是否建立专门的创新创业教育管理机构、管理创新创业教育的职员数目等。

第四，基地建设投入。创新创业教育理论研究基地和实践锻炼基地是基地建设的两个部分。理论研究基地是建设在校内，这个场所是学生研究学习理论的主要地点。实践锻炼基地是提供给有创业意愿的学生实践锻炼的重要场地，该基地一般在校外，主要由医学院校结合政府、医院和企业等建立。基地建设投入的考评标准包括软件标准和硬件标准。软件标准包含基地配有的理论教学教师和实践引导教师等；硬件标准包括教育基地的数量及其能容纳的学生人数等。

（二）教学效果评估

医学院校实施创新创业教育的目的是培养学生的创新创业思维和创新创业能力，引导学生树立正确的价值观，并积极主动尝试多种行业的创新创业。开展的所有教学活动是否达到教育目的、能达到何种程度即为创新创业教育的教学效果。简单地说，评估教学效果就是将参与过创新创业教育的学生与未参与创新创业教育的学生做比较，即前者的创新创业素质与能力是否强于后者。因此，学生创新创业教育教学效果必须和创新创业教育目标相对应。鉴于直接评估学生创新创业意识和创新创业能力比较困难，为了更加科学合理地评估，下面提出创新创业意愿和创新创业自我效能感两个概念。

创新创业意愿指的是学生是否有创新创业的想法和主观态度，反映了学生对创新创业积极性的高低。与目前医学高等教育系统中的专业教育不同，医学院校创新创业教育是帮助学生树立正确的价值观、增强他们创新创业的积极性并让他们有信心参与实践创业活动，是培养学生创新创业思维和创新创业能力的教育。医学院校创新创业教育在讲授创新创业理论知识的基础上，还要丰富教学形式、更新教学方法，开阔学生的思维，训练他们的创新性思维与主动性意识，提高他们的创新创业意愿。对每个学生来说，培养他们创新创业独立主动的意识是为了使他们形成独立、创新的思维，帮助学生明确自己的主体角色，激励他们充分发挥个人主动性和潜力去提升自己的价值，获得显著的进步和发展。

创新创业自我效能感是基于美国心理学家班杜拉在 1977 年提出的自我效能感而产生的。自我效能感是个人对自己是否可以完成这件事情的估计和判断，在很多领域都适用，但不同领域的含义各不相同。创新创业自我效能感是自我效能感在创新创业领域的运用，它的具体含义是个人对自我是否可以实现创新创业目标的判断，反映了个人对自我创新创业能力的肯定程度。可以对学习创新创业教育课程学生的测量结果进行性别、年龄等基本变量的差异分析，探究不同年级、年龄、家庭环境和背景、专业、性别等的学生在创新创业教育课程中的学习状况，根据这些数据分析学生的具体情况，实施不同的创新创业教育方案，做到因材施教，以便提升创新创业教育的品质。

第三章 医学院校创新创业教育的人才培养研究

第一节 医学院校大学生创新意识与创业能力培养

在"双创"的新时代背景下,加强"大学生创新能力培养是时代发展的不竭动力,是改革发展的必然趋势"[1],也是医学院校人才培养的重要内容。

一、创新意识培养

创新意识是人们根据社会发展和个人生活需求而进行的思考,是果断为新事物而奋斗,发展新思想新方法,解决新问题,创造新事物的意识。它对一个人创造力的形成起着非常重要的作用。创新意识是出现在人们头脑中的一种主动研究解决问题的思维。这是人类创造性活动的出发点和内在动力,是创造性思维和创造力的前提,也是形成创新潜力的基础。创新最重要的不是结果,而是要有强烈的进取精神和勇于探索新事物的思维意识。

(一)注重知识积累

知识的积累是创新意识形成的前提。因为"学而创、创而学"是创新的主要方式,所以培养医学院校学生的创新意识,要先增加其求知欲,使其有求知的目的感。只有不断学习新知识,才能在自主创新创业过程中发挥主导作用。创新知识的积累需要创新地学习技能。创新学习是接受、优化和塑造

---

[1] 黄河,栾晨.高职院校创新创业教育中创新意识的培养[J].商业经济,2022(11):191-193.

知识的过程，其核心是为知识增值，因此要开发创新潜能，应该重视对创新学习能力的培养（创新学习能力是获得继承和重构知识的能力）。通过创新实践，包括技术进步、方法创新、艺术创作、写作等，将新的想法和设计变为现实。创新离不开知识的积累，尤其是技术创新，更需要创业中的大学生在生活和工作中重视知识的学习与积累。

（二）消除心理障碍

谈及创新，有的创业者存在天生的抵触和恐惧，认为创新是神秘、可望而不可即的。其实，人人都具备创新潜能。想要具备创新意识，首先需要消除创新的心理障碍，树立创新的信心，拥有"敢为天下先"的勇气；其次创业者要表现出主动性，大胆地去做别人没有想到的事情，要有很强的创业精神与足够的勇气。创意是创新的动力，是形成创新习惯的基础，只有富有创意的企业家才能灵活地识别创新点。

（三）激发与开发潜能

创新需要一定的敏感性，通过仔细观察、研究、反思，可以有更多的思路来解决以前难以解决的问题。同时，创新也需要强烈的好奇心，人们探索的欲望往往表现在强烈的好奇心中。好奇心使人们对某物、某事、某人充满兴趣，这些兴趣促使人们去质疑、探索。这时思维会变得特别活跃，人的潜能会在这个过程中得到释放，人的创造性也会随之空前高涨。

（四）参与创新实践活动

创新意识的形成是非常重要的，创业者在形成创新意识的过程中，应形成科学的创新观，厘清创新的真谛，不应让创新仅作为一种琐碎的创新，而不能解决实际问题。在培养正确的创新意识的过程中，医学院校大学生创业者应该积极参与创新实践活动。这种创新实践活动可以是创新创业培训，也可以是创新创业比赛；既可以是理论性的，也可以是具有操作性的。人们在生活中会经历很多事情，有时已经接近创新的门槛，但没有发现创新的机会。作为一名医学院校的学生，必须学会反思、质疑，学会用已有知识进行创新和实践。

（五）激发创新与创意

创新是创业成功的核心与关键，而创意是创新的动力，可以通过以下3个步骤来获得并激发创意。

第一，记录疑问。企业、医疗机构等主要提供满足人们生存和发展需要的产品或服务。思考如何创业、了解人们日常生活中的问题或需要，可以为后续更好地发展提供思路。

第二，寻找主意。好主意能解决问题、帮助他人、改进环境、更新产品、升级服务，使生活轻松，有助于企业、医疗机构等的运作。可以培养对人、环境、事物的好奇心，扩大自己的生活面，如参观当地工厂、特色商店、图书馆、其他城市等；与来自不同专业、不同地方，拥有不同生活方式的人交谈，能帮助创业者打开思路，捕捉到好的点子。要将捕捉到的点子记录下来，以防遗忘。

第三，实用验证。实用验证主要是为了落实收到的意见。事实上，大部分的创造性努力都是在"寻找主意"这一阶段进行的，但还需要更多的实践过程来验证。这是从观念到创新、实践的重要一步，验证方法包括理论和实践两个步骤。理论推理和科学程序的实践基础是将思想转化为具体行动，通过实验产生实际结果。

二、创业能力培养

（一）创业能力培养的主要内容

一般而言，创业能力就是指创业者的专长和经验，如市场调查、技术专长、企业管理、用人理财、公关促销、开发开拓、规避风险等。创业能力是一种高层次的综合能力，可以分解为经营管理能力、专业技术能力与综合性能力。

1. 经营管理能力

经营管理能力指的是创业者在创业过程中对筹划、决定、执行、组织、管理、评估、信息反馈进行调控的能力。经营管理能力是一种较高层次的综合能力，是运筹性能力，直接影响到创业者的发展方向、经济效益及成功的达成度。经营管理能力可以从经营和管理两个方面来理解。

（1）学会经营。创业的目标要在资源既定的情况下实现利润最大化。创业者有了明确的创业目标之后，就要正式组织实施创业计划。首先创业者必须学会经营，只有这样，创业者才能在充满竞争的市场环境里明确自己的优势，找到自己的位置并迅速立足。企业资源不仅包括厂房、物料、设备这些有形的资源，还包括人力资源、资金、信息、企业上下游的供应商和客户等无形资源。学会经营就是学会统筹管理企业的这些资源，本质就是资源的合理利用。

以下这些问题都是创业者在经营企业的过程中常常会碰到的：市场需求是多变的，怎样使自己的企业适应这些需求；怎样准确及时地对客户做出承诺；怎样使生产计划和活动保持均衡；怎样防止出现库存积压和物料短缺的情况；怎样准确了解企业的生产情况；怎样在保证质量的前提下把产品成本降到最低；怎样积极发挥财务管理规划、分析与调控的作用；怎样让企业各个部门在遇到问题时可以从全局考虑；其实解决这些问题的过程，就是学会经营的过程，即在信息系统支持下，以"平衡供需"为目的，合理规划，有效配置企业资源，提高资源的利用率。

（2）学会管理。对创业企业而言，学会管理首先就是要学会质量管理，创业者必须严格把控质量，因为质量是一个企业能顺利发展和生存的基础，只有做到了这一点，企业才能继续发展，实现创业的最终目标。

2. 专业技术能力

专业技术能力是指创业者驾驭并应用专业知识开展专业生产的能力。想要具备专业技术能力，必须掌握基本的专业知识及职业技能。专业技术能力具有很强的实用性，因此在实践中要学习许多专业知识和职业技能，并逐步加以改进。创业者应在创业过程中积累专业的技术经验和职业技能。在深入了解的基础上，必须改进和扩展书本上的知识和经验，探索书籍中未介绍的知识和经验。并且，在探索过程中详细记录、准则分析，总结和归纳，以形成理论。只有这样，才能不断提高专业技术能力。这就要求创业者在第一次创业时可以尽量选择自己熟悉的项目或领域。当然，创业者也可以通过他人，尤其是员工的知识和技能来管理自己的企业。

3. 综合性能力

综合性能力是指创业过程中需要的行为能力，它是创业成功的重要保证，主要体现在以下7个方面。

（1）人际交往能力。人际交往能力是从事管理工作必须具备的基本能力。创业者必须具备较强的人际交往能力是因为创业者需要跟不同的人沟通，如消费者、企业员工、供货商、金融和保险机构、同行，甚至是各种管理部门，只有具备良好的人际交往能力，才能在与这些人的沟通中顺利解决问题，实现自己的利益最大化。在公司组织中，管理层通常负责领导特定部门或链接中的多个个人或团体，并共同参与生产和运营活动。因此，管理层需要提高组织能力，适当分配人员、安排工作任务、协调工作流程，并将计划目标连续不断地转化为每位员工的实际行为，促进生产经营有序稳定地进行。此外，管理层可以成为有效的协调者，以充分利用协作工作的集体力量，并适应工作组成员和各个部门之间复杂的联系要求，创建和谐的组织氛围。同时，适当管理个人与公司有直接或间接联系的各种社会群体之间的关系，适当解决争端，避免冲突的产生。

（2）解决问题的能力。创新创业者非常注重解决问题的能力，这是一种综合能力。解决问题能力强的人在工作过程中较少需要他人的帮助，他们具有较强的理解能力和高速的信息处理能力，并且经常找到解决问题的创造性方法。

（3）创新创业能力。创新创业能力是创新型人才需要具备的基本能力。其中，培养创新能力主要是培养创新思维能力、实践活动能力、动手操作能力、遇到问题后最终解决问题的能力。创业能力则包括专业技术能力、经营管理能力和社交沟通能力等。创新能力强的人，其创业能力也不会太弱。

（4）自我调控能力。在创业的开始阶段及经营阶段，在与客户、合作伙伴及金融人员的交往沟通过程中，创业者需要一种支配性的和不妥协的态度方式。事实上，拥有自我调控能力的人通常有很多性格特征，如自信、毅力。

（5）管理情绪的能力。创新创业者应该具备良好的情绪状态，而如何妥善管理情绪是现代人非常关注的问题。还没迈入社会的大学生，人生经历相对简单，情绪有时起伏很大，在遇到问题的时候容易情绪化。大学生应学会与情绪和平相处，做情绪的主人，在遇到问题的时候妥善管理自己的情绪也是创业者必备的能力之一。如果一个人容易担心和焦虑，那么这个人是不适合管理公司的。情绪稳定对工作表现有重大影响，尤其是在压力大的工作中。情绪稳定的人会从积极的角度进行思考，对自己的生活感到满意。情绪稳定度低的人常表现出不安、焦虑、悲伤等。具有高情绪稳定性是创业的优势。

（6）团队合作能力。对大部分创新创业者而言，很多时候都是和别人合作创业的。因此,团队或小组合作的能力也是创业者的必备特质之一。一个成功的创业团队应具有凝聚力和团结意识,成员们愿意牺牲短期的利润来获得长期的成功,全力以赴地为新公司创造价值。一个成功的创业团队必须要具有授予承诺、合作持股等特征。公平灵活的利益分配机制、创业成果整合共享与职业技能的完美结合,也是团队合作能力的体现。

(7)对不确定性的容忍能力。出现不确定情况时,有些人无法承受不确定性带来的压力,匆忙处理和解决问题;有耐心的人,希望在做出决定之前情况变得明朗,即对不确定情况有更大的容忍。创业者对不确定性的容忍度应高于管理者。

(二)创业能力培养的基本方式

医学院校大学生创业能力的培养主要通过以下途径。

第一,培养良好的创业心理品质。在培养创业能力的过程中,要注意充分发挥商业心理学的优势。创业者要克服的心理障碍有3种:依赖性、自卑感和畏缩等人格障碍;抑郁和过度焦虑等情绪障碍;急于求成和见异思迁等行动障碍。企业家创业的成功率与心理抵抗力呈正相关,其心理抵抗力越强,成功率越高,反之亦然。医学院校大学生要想培养良好的创业心理素质,就需要把创业作为一种生活态度和方式,从不同的角度观察世界。

第二,搭建网络化的创业知识结构。知识是个人创业基本素质的核心组成部分,所以搭建网络化的创业知识结构对个人创业十分关键。传统的单一知识结构已经不能适应日益发展、越来越复杂的现代社会经济要求。个人只有在网络中建立广泛、跨领域的知识结构,才能形成强大的创业能力,走上成功之路。作为一名创业人员,必须具备相应的专业知识,以及企业管理知识和综合知识。

第三,通过创业活动形成创业能力。为了使学生的学习过程同时成为学生创业实践的演练过程,医学院校应有针对性地根据培养创业能力的需要来设计教学内容和教学活动,尤其是可以多举办一些创业实践活动,这对大学生形成创业能力有很大的帮助。

(三)创业能力培养的心理建设

1.创业的心理准备

(1)需要是创业之源。青年时期是人生的重大转折时期,经历着从依赖到独立、从家庭走向社会、从被父母养育到自己独立生活和承担社会责任的巨大变化。在这一时期自立的需要（可以独立的、具有生存和竞争能力的个体初入社会的愿望），占据主导地位。为实现这一需要，有志青年都渴望找到一个合适的职业，其中有不少青年将创业作为一种选择，因为他们将创业成功作为自我实现的必然路径。

（2）动机是创业之泉。动机是由需要所激发的，当需要的对象、目标存在时，需要就转化为动机，推动人付出行动，以达成目标。激励源于创业的需要，它是一种强有力的心理激励，可以使创业者进入一种非常活跃的状态，对创业的发展起到非常积极的作用。一般而言，创业动机会引起以下心理状态。

第一，心理紧张。当创业动机形成以后，引发了积极紧张的心理状态，使得创业者能排除干扰、克服惰性，超水平发挥出自己的聪明才智。

第二，心理策动。在确定目标之后，就会自觉地向着目标迈进。优秀的创业者，在确定宗旨并采取行动之初，大都有着坚定的决心，这既是对所设目标的坚定信念，也是目标对创业者的驱使和策动。这样往往会促使人们百折不挠，排除万难。

第三，心理准备。创业动机形成后，创业的对象、方法、途径和范围等就基本明确，并对创业的过程和可能出现的结果产生主观看法，这就使人们在心理上对将要采取的行动做好准备，这种心理准备也叫作"思维定式"，其对创业活动的进程和趋势影响很大，既有有利的方面，也有不利的方面。作为创业者，应该注意到这一影响，既要重视经验、知识背景的作用，又要克服思维定式造成的不利影响。

第四，心理期望。强烈的动机伴随着人们对成功的信心。这一信心鼓舞、支配和驱使人们采取积极有效的行动，使人们表现出鲜明的个性，自然而然地建立起某种信念，给人们以巨大的心理影响。创业者一旦全身心投入创业活动，就会产生期望效应，迸发出灵感，创造出奇迹。

（3）意志是创业之剑。意志是一个人在认识和改变客观世界的过程中，通过自觉地组织自己的行动、克服困难、达到一定目的而表现出来的心理过程。创业者的创业过程是一个克服困难、确保成功和展现创业者意志的过程。创业是一个漫长而艰难的成长过程，创业者必须要有坚强的意志、勇气和胆量，勇敢地前进。因此，创业行为就是意志行为，创业之路就是意志拼搏之路。意志对创业行为具有发动和制止两个方面的作用，发动是使企业家能够识别错误、果断行事、克制自己的情绪和冲动、保持应有的克制、迫使自己排除干预、坚持执行决定、表现出相当的坚定性，并鼓励创业者积极主动地实现目标；制止使创业者能够抑制与拒绝犹豫、踌躇等不符合预定目的或不利于实现预定目的的低落情绪。创业意志会促使创业者克服各种内部或外部的困难，努力实现创业目标。

2. 创业的心理机制

（1）产生创业的心理需要。在创业的过程中，创业的心理需要是创业的开端，如果没有这种需要出现，就不可能产生后来的创业行为。因此，大学生在创业时，先要有创业的心理需要。但是需要必须有一定的强度。就是说，某种需要必须成为个体创业的强烈愿望，且较为迫切得到满足。如果需要不迫切，则不足以促使人去进行创业以满足这个需要。

（2）形成创业的心理动机。仅有创业的心理需要还不一定发展为创业的行为，只有创业的心理需要上升为创业心理动机时，创业行为才会开始。创业的心理动机是指推动个体或群体从事创业实践活动的内部动力。在创业心理动机的驱使下，创业者会把思维集中指向创业的目标，动用一切智慧和物质力量排除一切干扰，去完成创业目标。创业的心理动机使个体的行为维持一定的时间，对行为起着持续激励的作用。

（3）培养创业兴趣。兴趣是一个人力求探究和认识某一事物的意识倾向，它与人的情感相联系，创业兴趣是指个体或群体对从事创业实践活动的积极情绪和态度等心理倾向。创业兴趣以积极的方式影响着主体的创业心理和行为，使人在创业实践活动中感知敏锐、注意力集中、思维活跃，并且影响创业情感和意志。

创业兴趣一旦产生，反过来会进一步激发创业者的创业心理需求。创业兴趣具备指向性、情绪性与动力性等特征。创业兴趣的指向性可以使创业实践成为具体化的创业方向，所以大学生要产生创业兴趣，还要有具体的创业目标，对创业只是一个广泛的概念和笼统的需求还不是真正的创业兴趣。只要创业者对创业目标兴趣浓厚，他就不会由于创业艰辛不易而深感枯燥或退缩，这同时也是创业兴趣的情绪性对于创业者的激励作用。在创业过程中有成效的人，其创业兴趣都非常浓厚，有的甚至达到痴迷的状态。动力性使创业兴趣总是对其所从事的创业实践活动起支持、推动和促进作用。

（4）树立创业理想与信念。创业理想是创业者对奋斗目标较为稳定和持久的向往和追求。创业信念是指创业者对于创业实践形成的较为固定且执着的思想和观念。创业理想和信念是创业心理机制的高级阶段。创业者一旦形成自己的创业理想和信念，就会形成创业的精神支柱，使创业者对其创业理想深信不疑，这会让创业者对创业实践满怀信心。创业理想和信念激发了创业者的积极性和主动性，为创业活动的开展提供了勇气和能量。

第二节　医学院校创新创业教育人才培养的理论与规格

一、医学院校创新创业教育人才培养的理论

医学院校创新创业人才培养的目标在于，培养具备最基本的创业素质和开拓精神的人才，也就是从精神层面出发，使学生先拥有一定的创新意识，进而落实到实践层面，即获得创新能力和创业技能。创新创业教育强调知识的传授、使用和转化，倡导学生将深厚的知识理论作为支撑，灵活、有目的地开展创新创业活动，而不是为了创新而创新、只注重表面形式而毫无底蕴支持。

（一）成就需要理论与需求层次理论

1. 成就需要理论

以美国麦克利兰为代表的学者提出的成就需要理论是探究人对成就需要的理论，认为人们往往会更加倾向于去做那些具有一定难度又颇具意义的事情。这一理论将人类需要分成三大类，包括亲和需要、权力需要与成就需要。在这三大类中，对于个人发展与社会进步而言，成就需要处于举足轻重的核心地位。可以通过教育达成并提升成就需要，一般而言，教育的成效越显著，成就需要越高。成就需要强烈的人通常具备目标明确、善于探索、勇于承担、吃苦耐劳等特征。拥有这些特征的人，成就需要往往更高，他们会更多思考怎样出色地干好工作，因此更容易实现他们的奋斗目标并获得成功。一个集体中具有这些特点的人越多，这个集体的发展会更加快速且可持续，取得成就的概率也越大。成就需要能够创造出具有价值的创新创业活动，这对医学院校创新创业教育的发展有一定的启发意义。

所谓"需要",主要是指个体在精神或生理上感到某种缺失或不足时渴望获得满足感的一种常见的心理倾向,"需要"对人而言是较为重要的,这种心理倾向是支撑个体实践活动的活力源泉。人作为实践和精神活动极为发达的生物,主要有两大需求:生存与发展。换言之,人在谋求生存的同时还需要追求高品质生活和生命价值,生存需要是人的基本需求,发展需要是在生存需要之上追求价值和认同、爱和归属的更高层次的精神需要。这些需要往往产生于人们面对现实生活感到的不满足,进而就会催生人们改变现实、改善生活的意识,这种意识能转化成强大的精神力量,推动个体将所思所想付诸行动。简而言之,"需要"能推动个体的实践活动,具有丰富的现实价值。

人类的"需要"是多样的,然而并不是所有"需要"都能转化为推动现实实践活动的强大精神力量。尚未形成清晰意识的、强度较弱的"需要"只是一种模糊的、不成熟的意向,并不能转化为强大的精神力量,也不能起任何的推动作用。许多学生虽具有创业意向,但这种意向需求却是模糊不清的,他们缺乏正确的方向引导,也没能树立清晰的目标,因此,大多数学生的创业意向都没能得以落实。

由此可见,创新创业教育的开展很有必要,而且应当树立更加明确的目标,即为学生提供创业帮助,通过系统、专业的指导帮助那些具有创业意向的学生找到清晰目标,强化学生的创业需求,让其形成清晰、有力的创业愿望,进而激活深层意识,引导学生付诸实践,积极接近目标。简而言之,创业教育就是推动学生将创业意向转化为创业动机,最终落实到创业实践的教育活动,它是推动大学生实现创新创业的助推器。

2. 需求层次理论

马斯洛需求层次理论把需求分成5类,即生理需求、安全需求、社交需求、尊重需求与自我实现需求,这5类需要由低到高、层层递进。作为需求层次中的最高一层,自我实现需求显然是一种物质需求得以充分满足之后的精神追求,是人们对自我肯定的一种极致体现,有利于自我的持续发展和人格完善。总而言之,这5类需求是人类与生俱来的,它们共同激励个体行为,对人的实践活动具有引导作用。

从理论上讲,只有较低一层的需求得以满足,人们才会进一步追求更高一层的需求。由此可见,生理需求是人类最原始、最根本的需求,如吃饭、饮水、呼吸等需求都属于生理需求。安全需求顾名思义就是人类对安全稳定的环境的需求,有秩序、稳定的环境能减少人们受到的伤害。社交需求是指人们在人际交往方面的需求，包括社会环境和家庭环境等诸多方面，人类具有一定的群居性，故而社交需求必不可少，在与人交往的过程中，人们的感情得以寄托，交友、恋爱等都是这种需求的主要呈现形式。尊重需求包含两方面：一是人对自己的尊重，即自尊；二是人获得来自外界，即他人的尊重。这两种尊重有助于人们在日常生活和社会交往中提升自信，使其生活态度更加积极向上，从而为其激发创新意识和提高创新能力提供可能。自我实现需求可以简单地理解为一种自我展示的需求，人在追求理想的过程中是渴望自己能够发挥一定作用的，这也就是对于自我价值得以实现的一种渴望。

需求有明显的等级划分，生理需求是最基础的初级需求，其他 4 类需求依次递进，层次逐级递升，且某一层次的需求满足后，就会向更高层次的需求发展，次层次的需求被满足后并不会消失，而是会与更高层需求并存，只是对人的行为影响会降低，因此人的需求并不是单一呈现的，同一时期往往有多种需求，不同时期的需求也会有所改变，且在诸多同时出现的需求中始终有一种需求占主导地位，其决定人的实践活动。一般而言，这 5 类需求可以大致归为两个大类，即较低层次的需求和较高层次的需求。其中，生理需求、安全需求和社交需求属于较低层次的需求，因为这是偏向物质方面的；尊重需求与自我实现需求是侧重精神文化层面的较高层次的需求。人对这种较高层次的需求是无止境的。但这种层次划分并不是完全固定不变的，在一定条件下，需求的层次会随着人的具体需要产生变化。

目前，医学院校大学生对于生活的追求几乎涵盖了马斯洛需求理论中的所有层次。例如，大学生希望毕业之后找到一份收入可观的工作，这是其生理需求的反映；他们希望工作环境稳定无风险，这是其安全需求的反映；他们希望与同学或同事相处融洽，进而建立起和谐的人际关系，这是其社交需求的反映；他们还希望在学习或工作过程中可以尽可能地施展自己的才华和能力，进而得到别人的认可或仰慕，这是其尊重需求和自我实现需求的反映。而创业不仅能实现大学生基础的生存需求，还能满足其发展和精神方面的需求，也就是说创业本领能帮助个体满足自身的 5 类需求，尤其是能让个体的自我价值得到最大实现。

因此，医学院校开展创新创业教育，提高学生的创业意识和创业技能是十分必要的，创业教育不仅能帮助学生增长才干、实现自我价值，还能为社会发展提供人才支持，实现个体与社会的共同发展。

（二）系统论与人力资本理论

1. 系统论

贝塔朗菲赋予了"系统"重要意义，并进一步形成了明确、科学的定义。"系统"在现代社会是十分常见的，它是现代社会的概念中心，社会生活所有领域的新概念、新观点、新思想的产生都是以"系统"为中心的。贝塔朗菲认为，系统的含义在于对一种相互关系的强调，任何看似彼此独立的事物之间，一旦建立起了适当的相互联系，那么它们就一同被看作一个整体而被加以研究，此时这个"整体"在概念上被认为是所谓系统。系统论所蕴含的思想也正是这种整体思想，即将需要被研究的事物看作一个有机整体，在整体的基本前提之下，力求个体与群体、局部与全部之间的和谐统一，不断探索系统与环境、要素之间的关系，进而把握规律，优化系统。系统论主张所有系统都具备四大共同特性：整体性、层次性、结构性、开放性。基于系统论可以发现系统论自身的适用范围广泛，从系统论的角度出发，系统是普遍存在的，世界上的任何事物都可以看作系统。

将系统论引进创新创业教育，可以将创新创业教育看作一个完整系统，社区环境、社会环境等就是系统的外部环境，这种外部环境实质上掺杂了一定的人为因素，简而言之，出于人才培养的目的，创新创业教育相关工作者会有意识地营造具备社会性质的氛围，或者带着功利目的去融入社会环境，此时的社会环境就相当于是一种"人工环境"。但事实上，创业者实际面临的社会环境却是没有教育相关工作者人为干预的"自然环境"。大学生创业者结束学校教育后需要从理想的"人工环境"走向复杂的"自然环境"。

这样的环境转变差异较大，复杂的现实创业环境与学校中的环境在性质、方向上都有极大的差异，这种差异迫使大学生创业者脱离理想化的心态，进入真实环境不断分析、判断、选择。这种转变，一方面对大学生创业者提出了更高的要求，能促使其心理素质、实践能力不断增强；另一方面也对学校创新创业教育外部环境的设置提出了要求："人工环境"不能脱离"自然环境"，二者应当保持密切联系。

总而言之，创新创业的成功不仅有赖于创业者自身综合素质和综合能力的提高，还与社会环境等良好的外部环境有着密不可分的联系。由此可见，创新创业教育想要达到预期的教育成果就需要广泛的支持，仅仅依靠教育部门或学校是远不能达到培养创新创业人才这一目的的。创新创业教育一方面需要教育内部各要素的相互配合；另一方面需要外部环境，如国家、社会、企业、机构等支持，创新创业教育是个庞大而复杂的工程，需要多种因素共同协作，才能推进教育活动的有效实施。

2. 人力资本理论

人力资本理论出现于 20 世纪 60 年代，由美国经济学家舒尔茨和贝克尔创建，但在这之前，人力资本的相关思想早已存在。事实上，知识和技能这种"无形"的个人所有物也应该被当作社会财富的一部分。究其本质，知识和技能也是个人通过自己的劳动获得的，故而理应和财富居同等的地位。然而，大多数人仍将资本这一概念局限在非人力因素上，虽然也有将人（作为劳动力的人）和土地、资本共同视为重要的生产要素的观点，但实际上还是把人排除在资本之外，并未将个人获得的知识和技能看作社会资本的一部分。直到 20 世纪中叶，科技和生产力的不断进步让人力资本的重要作用逐步显现，经济学家们才开始关注到人力资本，并对其进行系统研究。

人力资本包括了人们自身持有的知识和技能，以及其在劳动过程中的具体体现。舒尔茨主张资本由人力资本和物力资本两方面构成，这两类资源既有共性也有个性。首先，人力资本和物力资本都与投资这一环节息息相关，这是二者的共性；其次，相对物力资本而言，人力资本的运用更加灵活，基于人际交流的特殊性质，人力资本往往会取得更加高效的成果；最后，人力资本作为个体本身所固有的财富，是一种偏向精神层面的特殊产物，并不能像一般的物力资本那样任意转让或外借，这造就了人力资源与众不同的个性。

人才资本作为一种人才质量方面的投资，对于经济生产起着非常重要的作用。从这个层面来讲，关于人才质量提升的重要性也就不言而喻。而关于人才质量的提升，其最根本也最直接的途径就是教育。当前，教育被认为是一种投资，它能直接影响社会经济增长，因为经济增长离不开劳动力作用，而教育能有效提升劳动力质量，进而促进劳动生产率的提高，可以说教育是一种生产性投资。国家之间之所以会有强弱之分，很大程度上在于其人口和劳动力的后天能力表现存在着差异，而一个国家的人口与劳动质量的差异，实际就是后天获得的能力差异，这种能力的获得离不开教育。人们通过教育能掌握丰富的知识、技能，还能有效提升个人的文化修养和创造精神。因此，教育对于一个国家和民族而言是十分重要的，它不仅影响经济活动，还能推动政治、文化的演进与发展。

1989年,"面向21世纪教育"国际研讨会在北京成功召开。会议以教育为核心议题,深入探讨了影响教育的诸多因素。其中,澳大利亚的埃利亚德博士在会上首次提出了"创新教育"这一概念。在"创新教育"中,创新创业教育与学术教育、职业教育占有同等重要的地位,它是学生在学习生涯中的一个新方向,与传统学术教育和职业教育相比,它是培养适应现代社会的人才的有效途径,对提高学生的个人能力和综合素质起着关键作用。医学院校创新创业教育的基本意义和终极目标是深入分析一系列有关创业理论知识,使学生掌握创新创业的本质,获得创新创业所需技能,并建立积极的创新意识活跃的创新创业思维,高效培育学生谋划创新创业活动的能力及基于实际出发的创新创业素质,进一步提高学生的创新创业能力。

系统的创新创业教育在一定程度上能弥补创新创业经验的不足,能有效开发创业者的创新创业能力。学生接受过有效的创新创业教育以后,在创新创业的过程中如果遇到经营上的艰难险阻,首先想到的必不会是退缩和放弃,而是迎难而上,有意识地思考和采取积极有效的措施来解决问题,最终实现力挽狂澜、化险为夷。创新创业教育会塑造这种逆流而上的精神,这种精神同时也是创新创业过程中必须具备的根本素养。因此,不断完善创新创业教育对个体和社会的发展都具有重要意义。

二、医学院校创新创业教育人才培养的规格

(一)突出实践能力

如果创业者已经具备了创业方面的理论知识和实践知识,那么在这种情况下,创业者应该将理论知识和实际知识进行整合,并在实际工作过程中应用。只有这样,才能够学以致用,将理论知识转换成实际的创新能力。也只有在应用的过程中,主体才能真正独立思考,运用创造性思维分析问题、寻找办法,进而在全面分析的基础上揣出解决问题的具体办法,获得解决问题、处理问题的相关能力。

(二)强化创新意识

第一,创新思维要新颖、独特。在培养创新创业人才方面,要求培养的创新创业人才能突破社会的限制,提出新颖、独特的见解。与他人不同的创

造性想法、创造性方案能够获得更好的经营效果。

第二,创业意识要敏锐。创新创业人才在开展相关活动的过程中,要对创业始终有浓厚的兴趣、有相对稳定的创业理想等,而具有创业意识是其能够开展活动的最大动力。具体而言,创业意识包括善于发现商机的意识、能够把商机转换成生产力的意识、能够形成创业战略的意识、爱岗敬业的意识等。

第三,创业技能应熟练。要想成为创新创业人才,就必须具备创新创业的技能,只有掌握了理论知识,才能在实践活动中不断地实现创业的经济价值,才能不断地应用新的方法、获得新的创业成果。对于创业人才来讲,应该具备高涨的创业热情,且具有一定的创业能力,在专业技能方面应该达到精湛的水平。

第四,商业经营意识应该灵敏。创新创业人才要想企业长久发展,就必须及时抓住市场中的机遇,有足够灵敏的商业经营意识,能够从宏观整体的角度分析经济环境、判断市场经济接下来的走向、能够及时地将创新意识转化成商机,以此来保证企业获得持续的发展动力。经营意识的灵敏性要求创业者会审时度势,能够灵活地制定经营策略,还要运用金融理论衡量企业经营中的利弊,与此同时,还要诚信经营。

第三节 医学院校创新创业教育人才培养的多元路径

在国际形势变幻无常、科技发展日新月异的时代背景下,大力弘扬工匠精神、培养更多高技能创新创业人才至关重要。医学院校担负着培养高素质高技能创新型人才的重任,因此院校应该高度重视创新创业教育,通过创新创业教育努力培养学生的创新创业能力与综合素养。

一、医学院校创新创业教育人才培养的课程体系构建

(一)课程体系构建的原则

1. 个性化培养原则

创新创业课程设置需要通过个性化培养与职业生涯管理,提高学生在本专业各个方面的创新创业能力和就业竞争力,让其能够在社会上运用自己的创新创业能力开辟出属于自己的新天地。基于此,创新创业的课程体系构建不仅要符合当前社会经济发展需求,还要结合不同学生的实际情况实施个性化培养,帮助他们明确自己的职业生涯应该如何规划。因此,医学院校的创新创业人才培养,必须以院校教育改革的要求为引导,实现学生的个性化成长,并让他们成为社会发展所需要的人才。

2. 课堂主体化原则

创新创业教育与专业教育的融合,很大程度上依托于课堂教学。课堂主体化这一原则要求在构建创新创业教育课程体系时,将专业课程的课堂教学放在主体地位,创新创业教育理念和内容作为融入其中的一部分,以专业课程的教学计划设置、教学内容、教学方法改革、教学管理建设等环节的方式体现出来。创新创业教育课程体系的构建应当让人文素养融入专业知识,让文理知识相结合,同时还要增加能够拓展学生知识面的内容,让他们了解更多的专业前沿知识和自己本专业的特色。

(二)课程体系设置的内容

1. 理论课程设置

(1)基础理论课。创新创业教育中的基础理论课是学生掌握创新创业理论知识的基础课程,蕴含基本的、主要的创新创业理论,可以包括以下课程。

"医学生创新创业概论"是整个创新创业教育课程中最为基础的理论课程,可以称之为创业的入门级课程,这一课程设置旨在让想要创业的医学院校大学生认识创业,明白应该怎样准备创业活动,以及创业活动需要用到哪些理论知识。

"创业基础"以"创业学概论"的内容为基础,并在此基础上安排了与创业相关的各种理论知识课程。这些理论知识课程旨在培养有创业意向的学

生的创业素质和一些基本能力,并通过讲解国内外成功创业者的实例,让学生吸取成功创业的经验,同时这样也能激发学生创业的激情。

"创业辅导""创新思维训练与方法"课程设置的主要目的是为学生传授一些对理解和参加创新创业活动有协助作用的基本知识,涵盖创新创业教育的理论价值与应用价值、创新思维的训练方式方法、前景展望等。此外,"创业辅导"课程还会讲解一些创业活动中常见的行为和思维模式。

(2)专业理论课。创新创业教育专业理论课的设置旨在详细为创业学生讲解创业过程中所需要的各科知识,可以包括以下课程。

"创新创业案例研究"课程主要是讲解各行各业创业者的真实案例,让学生通过案例学习分析创业成功和失败的常见原因有哪些,从而明确创业活动中决定成败的关键环节和因素,进而不断改进自身创新创业素质和能力,避免在自己身上发生同样的失败。

"创业法律基础"课程的主要内容是一些关于创业的法律知识,通过对这些创业法律知识的学习,学生能够知法、懂法,明确创业活动的法律红线,同时也能使用法律武器保护自己的创业成果。具体而言,"创业法律基础"课程的学习包括对法律法规的学习。

"市场营销学"课程设置的主要作用是帮助学生掌握市场的基本规律和特点,并运用市场营销的相关知识更好地开展创业活动。该课程的主要内容是分析市场环境、消费者市场行为,讲解面对不同市场环境,创业者应该如何选择营销策略,同时全面系统地阐述市场营销活动的基本程序和方法。总而言之,这门课程的终极目的就是帮助学生合理运用市场营销手段,获得市场份额。

"管理学"课程主要讲解企业管理的相关知识,之所以被安排在创新创业课程体系中是因为创业者在创业活动中需要这项管理能力。创业者可以通过对企业管理的学习,掌握计划、组织、管理、决策等能力,从而有条不紊地经营创业,并对市场有理性正确的认知,进而抓住每一个机遇,以最小的成本获取最大的利润。

2. 活动课程设置

(1)集体活动课程。集体活动课程可以主要以由创业教育专家或已经在行业中获得成就的成功创业者主持讲座的形式开展,让学生有机会在规定时间内获得与他们面对面交流的机会,这种课程的设置有利于学生更有针对性地了解自己想知道的创业知识和经验,同时这种面对面的交流也更能让学生切身感受到创业者的精神和素养，从而自主增强自己的创新创业意识，提高创新创业能力。

（2）专题活动课程。专题活动课程通常会以真实的商业活动为参照，采用商业计划竞赛的形式组织开展一系列活动，通常会有模拟营销大赛、参观企业了解企业文化和企业运作流程等这些课程。此外，专题活动还包括营销活动与决策活动，这些专题活动在创业活动中占据十分重要的地位。通过这些创新创业专题活动课程的开展，医学院校可以培养学生在创业中必不可少的团队意识，还能锻炼他们对于商业活动的竞争意识。

（3）项目活动课程。医学院校设置的项目活动课程能够在很大程度上培养和强化学生在创业活动中所需的独立判断能力、自我管理能力，并且提高学生的创新创意素质，让学生在不断实践的过程中，锻炼自己的能力。

3. 实践课程设置

医学院校大学生创新创业理论学习的目的是为了指导实践，因此实践课程是医学院校大学生创新创业课程体系构建的重点。

（1）实践课的层次。

第一，普及性创业教育实践课。目前，创业实践课存在隐性课程较多、显性课程不足的情况，普及性创业教育实践课程需要增设经济学、管理学、法学等一系列与创新创业有直接关联的显性课程，合理安排这些课程，能够更好地培养学生的创新创业意识。同时，医学院校还需要通过加强制度化建设等方式进一步改善当前课程设置不合理的情况，扩大创新创业教育的普及性，从而让全体学生的创业基本素养和能力得以全面提高。

第二，进阶性创业教育实践课。与普及性创业教育强调培养思维和素质相比，进阶性创业教育着重创业体验和创业实践。进阶性创业教育实践课是针对少部分学生开放的进阶性创业教育，课程设置主要是侧重于创业体验和创业实践的教学。

（2）实践课的分类。

第一，案例实践教学。案例实践教学所需的案例既包括成功案例也包括失败案例，教师通过引导学生分析和讨论这些案例，让学生自己从那些具体案例中总结成功或失败的经验，对此进行学习和反思。教师在案例实践教学中的主要作用是帮助学生把案例中的经验和教训上升到理性层面，这也是教师应该掌握的一种创业教育教学方法。仅凭课本上的理论知识，学生无法完全理解并运用创业教育理论，教师只有通过分析具体案例，加深学生对创新创业的理解，才能让学生对其有更为具体、详细的认知。

第二，模拟创业实践。模拟创业实践课程通常以举办创业计划竞赛这种活动展开。创业计划竞赛活动以小组竞赛的形式开展，每个小组的成员构成由创业者自由组合以达到取长补短，通常而言，这一活动的竞赛小组成员为5人左右，最终形成的竞赛小组也称为"模拟公司"。小组成员首先要通过实地调查来选择自己具体要进行的创业项目，选定之后，小组成员要针对这一项目进行分析，讨论该以哪种途径来进行后续的展开，这就是创业思维的体现，最后一步是根据小组选定的创业项目，提出一个能在市场上有发展前景的创业产品或服务，并制定一份商业计划书，该计划书应内容完整、事项具体、角度深入，且应包含作为一个创业者对新公司发展的整体蓝图、战略策划、资源分配和人员需求。其他基本内容涉及公司简介、组织管理架构、市场调研分析、人力资源结构、营销竞争战略、财务报告分析等。这份商业计划书的最终目的一定是为了赢得风险投资家的投资，制定完成后小组成员要进行课堂汇报。

第三，精品创业实践。精品创业实践主要是指大学生创办企业的实践，这一课程是目前院校创新创业教育中的高级课程，其特点在于这种实践不同于课堂上的模拟实践，而是一些有专业支撑、产业前景好、拥有优秀创业团队的真实创新创业项目实践，这些项目是学校以创新创业教育的进阶性目标为出发点寻找的。此外，大多数院校还会设立创业孵化基地，为大学生提供创业场所；部分学校甚至会为大学生提供创新创业风险基金，给予他们一定的经济保障；或者专门为创新创业大学生聘请创新创业咨询专家团队，以引导和帮助他们解决创新创业可能面临的问题，从而实现大学生真正意义上的创新创业；或者更加大胆地以学生为主体创办公司进行一些真正的经营活动，这种方式对于大学生而言风险性较大，但对于那些有创业眼光及胆魄且自身综合素质过硬、创业能力强的学生而言，这是能够最快通向成功的最佳渠道。

二、医学院校创新创业教育人才培养的实践平台建构

（一）实践平台建构的目标

医学院校根据人力资源市场对毕业生实践能力的新要求，在创新创业实

践教学中增加各种与市场活动契合的创新创业实践活动，进而搭建与其相符合的创新创业教育实践平台，由此建立一个完善的专业实践教学体系，将研究创新、创办企业、竞赛训练、志愿服务都纳入其中，通过多种方法与途径，实现创新创业教育实践教学与专业实践教学的有机融合，这样做的目的就是让学生在边学边做的过程中，提高自主研究能力、实践能力和创新思维，同时在各种创新创业实践活动中积累经验，学习更多书本以外的创新创业知识，并培养学生的创新精神。

在构建创新创业教育实践平台时，医学院校需要明确目标，然后以这一目标为导向进行构建。对创新创业教育而言，其目标是培养社会所需要的创新创业人才，因此，创新创业教育平台的目标应该是培养社会所需的创新创业人才理应具备的创新创业意识与实践能力。

简而言之，医学院校在构建创新创业实践平台时，应以其目标为导向，以提供支持和配套监督评价体系为保障，构建一个能够引导学生立足于科技文化领域，并开展创新创业项目实训的实践教学平台。在此基础上，将科技文化领域的各种项目运用到实践教学中，可以为学生构建一个专业化、多元化的创新创业实践平台，这一平台能够为想要创业的学生提供更多的实践机会，进一步丰富学生的实践经验。

（二）实践平台建构的原则

1. 围绕区域经济社会发展

创新创业在当前社会非常具有发展前景，是国家经济发展的重要途径，在推动区域经济发展方面效果显著。因此，医学院校创新创业实践教学的开展、设计必须以此为导向。创新创业的本质是根据社会需求和人才发展要求而展开的培养创新创业教育人才的一种活动，从其功能性来看，医学院校与区域内的技术创新、知识创新与知识传播有着密不可分的关系，简而言之，区域内技术和知识的创新发展主要依赖于院校所培养出来的创新创业人才，因此，各个区域内的院校都有一个共同的使命——培养高素质创新创业人才，推动科技进步，促进经济社会健康、协调、可持续发展。

2. 坚持基于专业实践教学

在实践教学中，要紧密结合学生所学的专业开展创新创业实践教学，这种教学坚持立足专业，不仅能够改革该专业的实践教学，而且能促进医学院校素质教育进程，培养具有创新精神的复合型专业人才。因此，从这个角度来看，创新创业实践教学不仅能促进创业课程的发展、提升学生的创新创业实践能力，还能推动和指引医学院校各专业实践教学的革新，而专业实践教学的这种革新在一定程度上促使创新创业教育实践教学从根本上改变以前的教学，让教学变得更加符合现代社会的发展。创新创业教育如果要充分发挥自己的作用，则必须始于专业、基于专业、融入专业。

三、医学院校创新创业教育的师资队伍建设

建设一支创新创业师资队伍是创新创业人才培养的基础和保证。要组建合格的创新创业师资队伍，需要制定明确的教师素质评价准则和教师能力评定标准，并采取有效的构建策略，为创新创业人才培养提供坚实的师资保障。

（一）师资队伍的素质要求

创新创业教育的教师所具备的素质应较普通教师更为广泛、多元与专门化。

第一，思想政治素质。作为一名从事创新创业教育工作的教师，首先要有正确的教育观，对学生应始终保持着高度的责任心，并且要树立坚持终身学习的思想观，只有教师保持了正确的价值观，才能在实际教学过程中引导学生树立正确的世界观、人生观和价值观，才更有可能培养出一批既拥有专业理论又有较强实践能力的高等技术应用型人才。

第二，教育教学能力。创新创业课程不同于其他课程，由于其实用性较强，要求教师在课堂上要尽可能地利用各种教学方法的优势，增加课堂理论教学和实践教学的密切度，提高课堂教学的效率，在课堂上向学生传递更多的有效信息和知识，教师的教育教学能力应该有：组织实践理论教学的能力、带领学生实践并起指导作用的能力、与学生能够进行良好沟通的能力、驾驭教材并对教材熟读于心的能力、对课堂活动或教学的组织能力、进行授课时良好的沟通表达能力。

第三，科研教研能力。对于创新创业教师而言，科研教研能力是十分重要的能力。在日常教育教学中，应该重视科研教研活动的开展，重视理论知识的研究成果在当前高新技术的开发下及具体生产实践的应用，不断探索更加先进的教学方法，将理论研究成果尽快应用于实践，提高实践工作效率，

从而构建一个更加科学合理的学科知识体系。

第四，职业综合素质。创新创业教师的职业综合素质是指教师的身体、心理、人文和创新素质等。对于创新创业教师而言，职业综合素质非常重要，它在实际创新创业教学过程中与各种专业技能操作紧密相关，换言之，这是一种具有明显实用性的素质，是每位教师不可缺少的素质。从事创新创业教育工作的教师应该深入认识职业综合素质的重要性，高度重视自身职业综合素质的提升。

（二）师资队伍的构建方案

医学院校创新创业师资队伍是开展创新创业教育的重要支柱，其构建必须按照高水平、高质量的标准去执行，这样才能建设出优秀的创新创业教育团队，更好地发展创新创业教育。由于创新创业教育具有实践性与理论性这两种特征，所以创新创业教师一般都是教师团队中的中坚力量。

第一，师资队伍建设的框架平台。对于创业师资的选拔与培养必须兼顾三个方面的内容，分别为创业实践、创业理论、创业指导，所对应的师资也各有不同，分别为企业师资、专业师资、创业导师这3类。

第二，师资队伍选聘平台的搭建。创新创业师资的选拔和招聘应从4个方面进行：①管理团队建设，建立专职与兼职相结合的高素质管理团队，可提供有力支持和保障；②选择专职教师，选择的教师要熟悉创新创业教育教学规则，具有创新创业精神，开展教育教学工作时能够使专业创新与创业教育相互融合；③教师应该分批培训，学校要把参与创新创业教育培训和取得资格证书作为教师上岗、站在平台上的必要资格条件；④选拔优秀教师，院校应积极聘请具有创新创业实践经验的兼职教师，进一步丰富师资队伍，优化师资结构。

第四章　医学院校创新创业教育的操作实践探索

第一节　医学院校大学生创业者与创业团队

一、大学生创业者

（一）大学生创业者的类型

创业者是在经济实体中担任组织、谋划、指导、调控、统筹、管理等核心职责的个人，能够创造性地将商业机遇开辟为经济实体。

创业是具有挑战性的职业行为与社会活动，从不同角度去划分，可分为不同的类型，最常见的是按照创业者创业目标的不同，将医学院校大学生创业者分为以下3类。

第一，谋生型创业者。谋生型创业者大多是迫于生活压力或为了改善自己的生存条件而不得已选择的创业。他们属于被动创业者，创业的动机只是为了谋生，以获得必要的生活来源。甚至部分创业者并没有创业的概念，只是在谋生的过程中出于对生存的渴望与责任，通过勤俭节约，积累知识、人脉、财富，进而走向创业。我国大部分创业者都是属于谋生型创业者，如个体户大多属于谋生型创业者。谋生型创业者大多是在现有市场中捕捉机会，创业范围多局限于商业贸易领域，他们绝大部分起步资金较少，难以做大做强。当然也有部分谋生型企业在历史的浪潮中走向了持久的创业之路，把企业发展壮大。谋生型企业在创业初期不需要太多的管理，很多事情都是创业者亲力亲为。但到了企业发展平稳且有了一定规模后就要注重不断完善企业的管理和制度。

第二，投资型创业者。投资型创业者是在有了一定经济基础和实力的基础后进行创业。他们依靠雄厚资金或资源实力,凭借独到的洞察和判断能力投资项目,主要是为了获取更大的经济回报。

第三,事业型创业者。事业型创业者把实现自己的人生理想作为创业目标,把创业作为自己的毕生事业。此类创业者对追求机遇和进行创新冒险有主观的偏好,他们不甘于平稳与安逸,希望通过创业来实现自我价值并得到社会的认可。事业型创业者往往有了一定的经济基础,经历了市场和社会的磨炼,更加明确自己的人生追求,善于分析和发现新的市场机会开拓事业。

谋生型创业者、投资型创业者和事业型创业者的划分并非泾渭分明。谋生型创业者在取得早期的成功后,也可转向投资型或事业型创业寻求更大的发展。

(二)大学生创业者的素质

素质是指事物本来的性质,是人与生俱来的及通过后天培养、塑造、锻炼而获得的身体上和人格上的特点,是人内在的身心组织结构与质量水准。素质的形成基础是人的先天禀赋,同时也可以在后期教育与后天环境的推动作用下养成。身体素质、心理素质与文化素质是创业者素质的组成内容。

1. 身体素质

创业是一项繁重而复杂的工作,创业者对健康风险要有充分的准备。良好的身体是革命的本钱,选择创业就选择了艰辛之路。因此,创业者应以乐观的心态保持身体的健康,加强锻炼,力争做到身体健康、体力充沛、精力旺盛、思路敏捷,为创业打下坚实的基础。

作为有梦想的当代医学院校大学生创业者,要重视身体素质的培养,使自己有充沛的精力和健康的体魄。

2. 心理素质

创业者应具备坚韧果敢、开朗豁达的性格,自主自知、自信自律的自我意识以及理性理智的情感。稳定、良好的心态,是个人"修炼"的结果,是创业者必备的素养。

(1)强烈的成功欲望。创业者的成功欲望往往超越现实、超越他们现有的立足点,但只有具备敢为人先的胆略,才能实现人生理想。因此,创业的成功欲望往往伴随着强大的行为动力和冒险精神。

(2)情商。创业者最重要的是要学会处理好人际关系。只有通过共同努力,才能实现创业目标。情商是管理自身情绪和处理人际关系的能力,是一个人对环境与个人情绪的掌控及对团队关系的运作能力。真正决定一个人是否成功的关键是情商而不是智商，高情商是领导人成功的先决条件。如果说智商决定创业者是否会"做事"，那么情商则决定创业者是否会"做人"。

（3）德商。德商是指一个人的道德水平或道德品质修养程度，是一个人获得良好声望和社会认同的综合能力，其核心是拥有利他的意愿、抱负、能力和效果。德商能够有助于创业者明确目标定位与行动方向，让创业者在竞争激烈的商海中可以更高效地利用自身资源与技能，协同智商与情商赢得成功。唯有历经道德考验的、合法的利润，才能彰显人性的光芒，公司才能获得人们发自内心的尊重。在创业者群体当中，诸多失败的原因并非是能力不足，而是品德的失败和做人的失败；若干企业的破产不是技术和工艺的落后，而是品牌和诚信的缺失。

3. 文化素质

文化素质主要指创业者的知识储备。创业者的知识结构对创业起着举足轻重的作用。

专业知识主要指创业行业与产品的专门知识，如行业的发展阶段和趋势、组织结构与竞争态势、市场容量和可持续发展潜力、产品的核心价值与形式、产品的设计与生产、产品的价格与销售等。企业经营管理知识主要涉及企业创办程序、管理制度、项目选择、成本控制、市场调查、品牌建设、文化建设、人力资源、市场营销、风险控制等。政策与法律知识是保证创业活动能顺利进行、依法创业的关键。创业者可以在法律与政策允许的范围内合法经营，并用法律知识保护自己的利益，同时充分利用政策性资源和发展机遇。广博的其他综合知识有利于创业者开阔视野、拓展人脉、发散思维。

（三）大学生创业者的能力

能力是完成一项目标或任务所体现出来的综合素质，它总是与实践相联系。离开了具体实践既不能表现人的能力，也不能发展人的能力。创业者面对风云变幻的创业环境，所能控制的创业资源又十分有限，如何能运筹帷幄？这就需要医学院校大学生创业者具备以下能力。

1. 战略管理能力

战略管理能力是创业者的关键领导力，涵盖战略筹划能力、战略思维能力等。战略是按照企业的长远目标、行为规划、资源分配的优先原则，设置企业目标的一种方法。战略是为企业在可持续发展中获得竞争优势，而对内部优劣势及外部机遇挑战所进行的反馈，它是对企业竞争领域的确定，因此战略不仅是企业的强大生命线，而且是企业发展的强力助推器。有效、明智、果断的战略决策能够推进企业从无到有、从小到大、从弱到强，失败的战略将断送企业的前程。

2. 决策学习能力

确保创新创业活动能够顺利开展的基础是准确合理的决策。无论是对商机的迅速捕捉，还是面对创业过程中的竞争与挑战，都需要创业者有正确的决策能力。要正确决策需要做到两个方面：一是要求创业者具有较强的信息获取和处理能力，能敏锐地洞察来自竞争对手、政策环境、人力资源、资金周转等各个方面暗藏的商机与风险，面对复杂环境需要创业者在没用充足时间分析的情况下迅速反应，形成有价值的应对策略并付诸行动；二是集思广益，不断反思并学习，利用各种创新创业实践汲取经验，并摒弃不足、改正错误、纠正偏差，增强决策创新的能力，促进企业健康可持续发展。

3. 经营管理能力

经营管理能力属于运筹性能力，是对企业、人员和资金的内部运营与管理的能力，是一种综合性的、较高级的能力，主要涉及生产管理能力、文化建设能力、市场拓展能力、团队建设能力、综合素质能力等。

4. 资源整合能力

资源整合能力是指通过组织和协调，把企业内部彼此相关但却彼此分离的职能、把企业外部既共同参与又拥有独立经济利益的合作伙伴整合成一个为客户服务的系统的能力。创业者应该稳妥恰当地处理好和外界的联系，特别是要努力争取获得政府部门、工商税务的支持。创业者还要处理好各种人际关系，不断拓展人脉、扩大社交圈，通过朋友掌握更多信息、聚集更多资源。

5. 创新能力

创新能力是企业的生命源泉。面对日益复杂的竞争与合作关系、日新月异的科学技术手段、风云变幻的市场环境，没有一种可以复制的创业模式可以使创业者一劳永逸。创业本身就是一项创新活动，创业者要不断反思追问，在技术、管理和营销上不断创新。一个新的管理理念或产品理念，往往给创业者带来惊人的回报。

6. 学习能力

创业者的专业技术能力关系到企业的核心竞争力，而学习能力关系到创业者的学习速度能否跟上外界专业知识的迅猛增长、科学技术的日新月异。因此，强学习能力是创业者必备的能力。创业者的学习能力与企业的成长发展速度息息相关。

二、大学生创业团队

（一）大学生创业团队的认知

在创业前，医学院校大学生会面临如何组建创业团队的困难。毋庸置疑，创业企业成功的核心是拥有一支优秀的创业团队，投资者希望找到诚实、高效、有经验的创业团队进行投资。创业团队有别于工作组和一般团队。人们所说的工作组，是由一群互不依赖、因为工作的相关性而被集合在一起的人组成。实际上虽被称为工作组，但他们独立完成工作，即他们的成果只对个人负责。

团队一般是由少数有共同责任、共同目的的人组成，为了达到团队目标或达成产品高质量的结果，各自发挥长处，协同工作，在各自岗位上做出贡献。创业团队不仅涵盖团队要素，还要求成员之间通过认知分享、才能互补、风险共担、合作行动，促进新创企业的逐步发展。因此，创业团队是一个为达到创业目标所组成的特殊群体。

一个运作良好的高效创业团队具有显著特征，这些特征也是判断一个创业团队是否高效的重要因素，主要包括：①目标清晰，指大学生创业团队是否充分了解所要达到的目标，并深信该目标所包含的重要意义；②技能互补，指大学生创业团队是否有这样一群人，他们具备实现目标所必备的各种技术和能力，且具有良好的个人品质，从而能够顺利完成任务；③沟通良好，指成员间能否畅通地进行信息交换，成员之间的默契程度是否良好，是否可促使信息迅速、准确地反馈，以及提高决策和处事效率；④相互信赖，指成员间是否相互关心和信任，无论何时何地，都能高效率地给予支持，共同协作，为实现目标而奋斗；⑤恰当领导，指创业团队的领导是否具备鼓舞团队成员、增强成员自信心、激发成员潜力的能力，能否在恰当的时机给予团队成员恰当的支持和指导，而非一味主观限制团队成员的个性表达；⑥一致承诺，指团队成员对团队的价值观是否具有深刻认同感，是否把团队目标当作自我目标实现。

1. 创业团队的要求

医学院校大学生创业团队需要注意以下两点。

（1）创业初期必须选择好自己团队的成员，对初创团队来说，尽量不要接纳兼职团队成员，如果确实需要兼职团队成员，那么需要规定任何加入团队的兼职成员都不能拥有公司股份。大学生创业团队成员可以更多的是兼职成员，但是创始人团队一定是由一群志同道合的人组成，并非随便任何一个人都可以加入。

（2）任何一个加入创业团队的成员必须深思熟虑，这些成员都需要很强的综合管理能力和软技能，同时具有极强的学习能力及独当一面的专业技能。前期创业团队任何一个成员的选择失误都会对团队的后续发展造成很大的障碍，创业团队的核心竞争力一定在于管理团队的思维合力和思考的互补性。同时，创业团队没有单纯的管理者，其更需要市场销售、技术产品、财务管控各个方面的专业技术人员。

创业团队的层级结构涉及成员薪酬待遇的等级结构。它既涉及薪酬、分红，也涉及团队管理、股权结构和公司治理等多方面问题，这将直接影响后续团队的可持续发展。因此，初创团队一定要充分思考后确定。

2. 创业团队的要素

任何组织的团队，都包括 5 个要素，简称"5P"，即目标（purpose）、定位（place）、权限（power）、计划（plan）和人员（people）。

（1）目标。目标是把人的全部力量都聚集起来的关键要素。对于企业而言，从准备建立团队起就应该设立清晰的目标。从根本上讲，创造新的价值就是创业团队的本质目标。

（2）定位。明确个人在创业团队中担任的职务和承担的责任，才能优势互补。

（3）权限。权限是指团队负有的职责和相应权力的大小。创业团队成员要明确各自的工作范围、工作重心、工作目标，并根据创业团队发展阶段和所涉及的行业变化做不同的调整。

（4）计划。一是根据对外部环境与内部条件的分析，提出未来一定时期内要达到的目标及实现目标的方案；二是用文字和指标等形式，表述在未来一定时期内关于行动方向、内容和方式的安排。

（5）人员。人员是构成团队的要素。明确团队的目标、方向、规划与职责是团队获得成功的根基，获取成功关键还是在于人员。人是知识的创造主体,也是知识运行的载体,创业团队的成长取决于人员掌握的知识对创业团队的贡献程度。

3. 卓越团队的特征

卓越团队的特征是有向心力、富有激情、专业化。创业团队成功的必由之路就是专业化。

(1) 创业团队要有向心力。向心力能够体现团队的协作意识、文化底蕴、实施效能等,是所有行动力得以展现的根本。无向心力的团队则无行动力,纵使团队的每个成员都出类拔萃,这个团队也不会产生有效的行动力。团队和成败都是整体性的,不是个人的,团队人员只有齐心协力、风雨同舟、共同承担、共同分享,团队才能产生强大的向心力。

(2) 创业团队要富有激情,成员与企业一起成长进步。激情是不因任何外力所变化的、源于内心对成功的渴求,这种对成功的渴求是事业上纯粹的渴求。虽然人们向往物质财富,但是这些物质层面的回报一定会随着事业的成功自然而来。假如创业团队的激情只是建立在这些附加产品上,就无法产生真正意义上的激情,因为在创业过程中有无数想象不到的艰难困苦。决定创业,等同于走上了一条千难万险、荆棘载途、充满未知的道路,抑或成功,抑或失败,各种滋味都要自己去品味。只有能够承受创业的艰辛,才能享受创业成功后的喜悦,享受创业成功后的鲜花、掌声、荣誉等。有良好承受能力的创业团队,才能够真正面对那些创业途中的各种困难。

(3) 创业团队要专业化。创业过程中,提升团队的专业化水平是建设卓越团队的当务之急。专业化是重中之重,是企业文化形成的基准,可以确保创业团队所有的成员能够在一个水平层面上交流沟通。团队管理需要效率,没有专业化,就谈不上行动力,更不会产生高效率。因此,专业化是打造卓越创业团队的必由之路,一个卓越的创业团队想获取成功,必须向专业化发展。

4. 创业团队的重要性

创业团队由两个或两个以上的人组成,他们拥有一定的股份或一家新创公司的所有权,或者担任高级管理职务,共同承担创建和领导一家新公司的责任,团队创业有助于创业成功和发展新业务。

团队可以提高他们识别、开发和利用机会的能力。结合团队成员的不同知识、经验和技能,团队在识别创业机会时可以做出更科学合理的评估、制定更多的规划,减少决策失误,创业者可以做出准确而全面地选择。同时,通过团队成员广泛的沟通交流、渊博的知识积累、丰富的实践经验，可以有效获取团队发展所需的资源，增加成功发展的可能性。团队可以发挥协同效应，将团队成员最具互补性的技能和经验结合起来，以提高新公司的运营能力。这种技能和经验的结合，解决了各种挑战，包括创新研发、营销、财务管理、质量控制和客户服务，形成合作的整体优势。

团队可以提供独特的社会视角，以加强组织管理。共同努力克服障碍会使团队成员对彼此的能力充满信心，并激励他们追求超越个性和能力的团队绩效。工作的意义和成员的努力为团队增加价值，团队的绩效最终成为团队自身的激励因素。

优秀的创业团队是多元化的，成员在角色结构、技能结构、权力结构上应该做到合理布局。一个优秀的团队应该有明晰的目标、良好的沟通能力、合适的领导者，且成员间相互信赖。此外，团队比个人更具创造性，集体合作的成果大于个人成果之和，这是对团队重要性的最好诠释。

（二）大学生团队创业的优劣势

1. 团队创业的优势

团队齐心协力，整合各种优势所产生的能量，将远远超过个体单独产生的能量。同样，一个由研发、技术、市场、财务、融资等组成的，可以进行优势互补的创业团队，是创业成功的法宝。团队创业会带来各个方面的优势，包括以下3个方面。

（1）促进优势互补。无论一个人有多优秀，都不能拥有所有的企业管理经验，也不能在知识、资源、机会、技能等方面拥有绝对优势，特别是对初次创业者而言，面对市场往往一无所知，而创建一个企业家群体将有效解决以上问题。团队中的不同成员拥有不同的社会资源，以及不同的知识、能力和经验，有的与客户有关系，有的与政府相熟络，有的理论知识丰富，有的社会经验充足，有的有技术，有的内务好，有的擅长外交……这种互补的创业方法将加强团队成员之间的协调性。总的来说，团队的角色和能力结构更加智能化，团队的知识面也将更加开阔，业务成功的概率也随之增加。

（2）减少决策风险。新的公司总是在创业初期面临挑战，由于创业者不知道问题关键所在，解决问题的难度也将会增加，当其解决这些问题时，不但会耗用大量的时间和精力，而且会增加企业的生存风险。当创业者成为一个群体而不是个人时，成功或失败成为群体的原因，只要能够分享每个成员的经验与教训，就能够提高解决问题的效率，增加成功解决问题的概率。

（3）缓解融资问题。在外部融资困难的时代，内部融资已经成为解决中小企业，特别是大学生创新企业融资问题的一种方式，内部融资的作用在经济形势严峻的背景下尤其明显。

2.团队创业的劣势

在现实生活中不难发现，组建创业团队并不一定会成功，原因可能是经济市场不景气、竞争恶化、产品定位不合理等，但不可否认的是，团队创业不是一种完美的创业模式，其具有以下劣势。

（1）思想冲突。新创企业团队一般都由少数人组成，有的成员直接参与管理决策，由于都是企业的创始人，在企业中都担任要职，所以可以发表"重要意见"。有时对同一个问题会出现不同的见解，提出不同的方法。在出资人出资比例相当的情况下，这种现象更加明显。有时甚至会引发激烈争论，而问题迟迟得不到解决。

（2）管理冲突。既是员工又是出资人的双重身份，往往使合伙人成为创业团队最难管理的人群。许多创业团队的成员不能在团队中正确认识自身定位，且会自觉或者不自觉地在心中提高自身地位，越位发号施令，导致企业的管理成本增加。

（3）利益冲突。企业利润会随着企业的壮大而增加，当企业规模壮大后，知识投入没有被恰当地转化成货币时，对于掌握核心技术或无形资产的创业团队成员，有的会产生不平衡心理。此类的局面不能被合理化解时，合伙人的利益冲突常常会被激化。

（三）大学生创业团队的建设

1.创业团队的角色建设

（1）领导者。团队领导人是全面负责创业项目的领导，一般负责按照进度、预算和要求完成创业项目，并具有完成工作的职权。团队领导人应当与创业团队紧密合作，确保执行创业项目所需要的资源能够及时到位。在创业公司，通常会由创业项目发起人承担团队领导人的角色。

选择团队领导人可参考以下标准：

第一，创业理念。团队领导人承担保障创业项目整体运行的责任，其对创业项目的认知水平、对未来企业发展趋势的判断、对创业企业发展目标的把握，都直接影响企业的生存和发展。因此，创业领导人不仅要对创业企业的核心技术、核心产品、核心服务有深入了解，更要对企业的发展规律、创业企业的发展目标有清晰、深刻的认识。

第二，领导力。领导力是指一个优秀的团队领导人应能够通过个人影响力赢得团队成员的信任和支持，并提高团队成员的凝聚力。领导力包含学习力、决策力、组织力、教导力、执行力、感召力等方面的内容。

第三，人际关系。团队领导人既要与团队成员保持良好的沟通与合作关系，也要处理与企业之外，包括供应商、销售商、政府、媒体、公众等利益相关体之间的关系。特别是当出现突发事件时，团队领导人应有能力进行危机公关。

（2）资源搜索者。创造力虽然存在于资源搜索者的身上，但他们往往不会创造想法，而是研究他人的原始想法。他们具有随和外向的性格，受人欢迎，喜欢外交，具备独立思考的能力，在交谈时往往刨根问底，喜欢与他人谈判。他们能够为团队带来巨大的正能量，激励团队向上。资源搜索者往往与外界接触较多，可以迅速挖掘外界的有效信息，并进行研究。他们能够激发其他成员的热情，使成员不至于停滞不前。

环境是影响资源搜索者的一大要素，资源搜索者的激情是建立在团队成员积极反馈和配合的基础上的，只有这样，他们才能保持兴趣，继续进行项目。

（3）协调者。对于内部程序，协调者会严格遵守，项目的最终目标是他们的着眼点，他们能够将团队更好地凝聚起来，带领团队为了共同的目标而奋斗。协调者具有权威和自信，是团队成员尊重的对象。协调者能够及时发现他人的优点，对团队内部成员的角色进行定位，合理分配不同成员的工作。因此，团队领导者往往是协调者，但其价值并不只在领导层面才能体现。协调者虽然不一定比其他人更具有智慧，但他们的思想更加成熟，能够清晰地辨别他人优势，带动团队朝着目标方向努力；他们更加关注团队成员的情感和观点，为团队提供凝聚力。

（4）塑造者。塑造者通常有旺盛的精力，喜欢迎接挑战，是成功导向型人才，具有较强的行动力和较高的目的性。塑造者能够将现实、想法和目标等因素融入讨论中，以极快的速度找到问题的解决方案，并具备较高的行动力。塑造者是将计划转变为现实的人，尽管需要通过结果辨认整个过程的可行性，但他们的自信度没有减少。塑造者不会过多地在意矛盾和创新的决策，做事随机应变、义无反顾。

（5）监督者。一般监督者的性格冷静、内向稳重，可能不会产生新颖的思维，但能够对他人的想法进行清晰分析，准确辨别利弊，并进行迅速决策和判断。在监督者的监督下，创业团队可以避免偏离正轨。监督者的判断与思考是客观冷静的，能够对整体计划的缺陷进行明确辨别，并用时间对结论进行验证，考虑问题时不会以自我为中心，较为客观。如果监督者能够受到较好的激励，热情会持续，只有这样，团队才能够更加平稳地前进。监督者可以对复杂的数据和资料进行分析，为团队进行问题分析、计划起草和整体评价。

（6）工作者。工作者往往具有温和的性格，善于社交，十分忠诚，他们内心敏感，可以做倾听者。可能工作者缺少动力和活力，但他们能够按部就班地做事，且容易受到激励。工作者能够很好地协调团队内部的人际关系，在容易产生矛盾的团队中作用较为明显。他们竞争性较弱，对于鼓舞团队士气具有重要作用，特别是在压力和危机之下。

（7）执行者。团队中的重要工作往往是由执行者进行。他们比较保守，具有较高的办事效率和较强的组织能力，值得团队信赖。执行者能够迅速将想法转换成具体任务，并延伸到具体行动上。对于需要做的事，他们会有极高的热情。执行者遵守规矩，喜欢秩序，很难适应突如其来的变化，喜欢对未来进行预算和规划，制定掌控未来的计划。他们虽然缺乏灵活性，但具有较强的合作性。

（8）完成者。完成者责任心较强，能够恪守己任，是优秀的校对者。对于工作，他们能够全身心地投入，按时完成任务，冷静处理问题，但他们如果具有焦虑和内向的性格，工作时可能会过于紧张，这会带给整个团队焦虑的氛围。他们会对设定的事情以高标准完成，他们的细心很难让他人代替自己做事。

（9）专家。专家具有专一的目标，能够专注地学习专业化知识与技能。他们的职业化态度较强，能够充满激情地在个人感兴趣的领域研究。他们具有较高的决心和风险精神，具备动力，能够激励自己，乐于奉献，真正成为某一领域的专家。在专业化知识或技能团队中，专家是关键人物。专家具备丰富的专业知识和深刻挖掘问题的能力，因此他们会在团队中担任优秀的管理者。

2. 创业团队的组建原则

（1）合伙人原则。一般企业都是招聘员工，而员工是在做工作。但大学生创业团队需要的是"合伙人",因为合伙人做的是事业,一个人只有把工作当作事业,才有成功的可能;一个企业只有把员工当作"合伙人",才有机会迅速成长。因此,大学生创业团队首先解需要解决价值分配障碍问题,然后寻找自己的"合伙人"。

(2)激情原则。激情是决定一个人能否成功的基础。创业团队需要挑选对参与项目有激情的人。在企业创建时,工作经常需要加班加点,异常艰辛,因此每个人都需要做好准备。如果他们对自己的职业没有昂扬的激情,则无法适应创业的需要。这种消极因素将对企业集团的所有成员产生致命的后果。

(3)团队原则。团队是企业凝聚力的基础,成败不是个体的,成员之间可以分享快乐和悲伤,若经营成果也可以被公开合理地分享,团队会形成强大的凝聚力。大学生创业团队中的每个成员都应该为团队的整体价值做出贡献,每个成员都要优先考虑团队利益,而不是个人利益,因此成员会牺牲短期利润换取长期成功。业务流程充满挑战和风险,参与者的个人目标必须与公司的愿景保持一致。团队成员应具有共同的价值观,将个人目标融入团队目标,可以增强团队凝聚力。优秀的企业家和领导者在新的事业中,需要明确观点和及时与人沟通。相互协商工作的团队可以更灵活、更快地解决问题。

(4)互补原则。建立优势互补的团队是创业成功的关键。要统筹兼顾好高瞻远瞩的"领袖"与细致沉稳的"总管"、"主外"和"主内"的各类人员、市场和技术两大类人才之间的关系。团队领头人为了弥补当前的资源缺口而物色团队成员,并适当增加成员,以弥合业务目标和现有机会之间的差距。这种互补性可以改善团队成员之间的协作。从人力资源管理角度看,确保企业集团稳定的关键是建立一个具有比较优势的互补性企业集团。创建团队时,不仅需要考虑彼此之间的关系,最重要的是成员的功能或技术互补。

3.创业团队的组建方式

现实生活中,大学生创业团队的组成方式是多种多样的,有的是因为大学生之间有共同的志趣,他们深信某个创意,萌生创办企业的想法,因而聚在一起;有的是由于有一个熟人先创办一个企业,其他合伙人继而陆续加入。总体而言,可以把创业团队的组成方式分成两大类:一类是核心主导型;另一类是群体创业型。

(1)核心主导型。创业团队中有一位充当领导角色的核心人物,核心人物从企业创办之前已经开始策划创业团队的组成和企业蓝图，通过仔细分析后选择合适的人员加入团队，加入的成员只是支持者的角色，地位与核心人物有一定差别。核心主导型的特点在于企业向心力强，组织结构严密，核心人物个人权力大。这种模式的优点是办事效率高，当有才能的人担任领导者时，往往能够带动企业迅速发展，但是由于决策程序简单而加大决策风险；当成员与核心人物发生意见冲突时，容易造成团队破裂。

（2）群体创业型。创业团队成员是亲朋密友的关系，他们就某个想法达成共识后开始共同的创业行动。创业开始阶段并没有核心人物，而是根据各自特点自发组织定位，成员间是亲密的合作伙伴关系。群体创业型的特点在于企业结构相对松散，由于没有明显的核心，团队容易形成多头领导，决策效率偏低。因为决策是大量沟通讨论后的结果，所以决策的可行性强，同时创始人之间地位平等，有默契，因而较少出现队员离队的现象。

4. 创业团队结构

创业团队结构是指创业团队的组成成分及其关系。创业团队结构是创业团队协调发展的基石。创业团队成员的知识背景差别、文化素质差别、年龄差别等结构特征会对企业绩效产生影响。因此，一个优秀的创业团队，成员间的分工必须明晰完整，必须包括技术、营销、公关、生产、市场、融资等各个方面的人才；不仅需要有领导者，还必须有技术专家、赞助商、市场顾问等角色。只有拥有多个方面的人才，才能形成优势互补的团队，才具有发展的前景。

（1）角色结构。角色结构是指创业人员在企业内部实施不同的分工，承担小角色所形成的一种结构形式。创业团队只有拥有完整的角色结构，工作才会更高效。明确的角色分工对企业有深刻意义，而角色模糊、角色错位的团队会对新创企业的长久发展形成阻碍。

（2）技能结构。技能结构指创业团队中不同成员拥有的不同能力结构。一个分工明晰、技能结构完整的企业应包括市场、生产、物流和技术等各个方面人才。技能结构的完备对控制企业成本至关重要，某一个方面技能人才的缺失会导致企业生产成本增加。

（3）权力结构。权力结构是指怎样在团队人员中科学合理地划分决策权力。在创业团队中处于核心地位的是领导者，新创企业很多时候依赖领导者的及时决策，因此创业领导者的权力大于一般成员是合理的，说明企业的权力分配不是一味"兼顾公平"，而是应与他们的角色和能力相一致。权力是否合理分配，同样会影响到团队的业绩。

角色结构、技能结构、权力结构是创业团队结构的3个重要维度，只有在角色结构上具有充分性、完整性、明确性，在技能结构上具有互补性、完整性、对称性，在权力结构上做到匹配性，才能使企业绩效得到有力提升。

（四）大学生创业团队的管理

一般情形下，对于任何一家组织或企业来说，团队需要具有5个元素：定位、目标、规划、权限与人员。5个元素密切结合组成团队的基础架构。依据团队的基本架构，可以构建创业团队的管理。

第一，创业团队的定位管理。指挥的定位与指挥目的密切相关。明确战略定位是企业组织规划的发展蓝图，唯有明晰战略定位，企业方可确立团队的组织规模、产品或服务的数量，以及组织结构。

第二，创业团队的目标管理。目标管理是指每一个组织的主管和下属之间进行谈判的过程。根据组织的使命确定一段时间的总体目标，然后确定等级。目标被设定为管理实体的标准，并依据此标准对每个部门和个人的贡献进行评估和补偿。任何创意企业在设定目标时，必须切合实际，员工之间必须有充分的沟通和评估。达到这一点后，下属需要先完成自我评议，上交书面的报告，之后循序评议任务的落实状况，决定奖励或惩罚，研讨下一个目标。如果目标没有实现，则设定一个新的循环，分析原因并汲取经验教训，不批评对方。在创业团队中的目标，可以让每个人都明确位置和工作任务。

第三，创业团队的规划管理。企业集团如何分配和行使组织的职责和权力、有哪些合适的团队成员、团队成员的工作内容分配等，都是必须解决的问题。集团计划在统一整个集团管理阶段设定目标、公司集团管理下一步的原则和方法、公司集团规划的稳妥性，与整个公司管理的成败息息相关。因此，设计集团管理规划是一项非常重要和有意义的任务。

第四，创业团队的职权管理。管理过程是指分权、分工、分离的一个持续的过程；责任是一项任务。换言之，要在一定程度上完成使命，必须建立好水平和垂直两个维度的组织权利结构。在组织设计中，每个人都必须承担责任。

第五，创业团队的成员管理。每个团队由不同的人员构成，但团队成功的基本要素均为成员有明确的目标、位置、权力等。另外，团队成员之间的关系也是影响团队成功的一个因素。更为重要的是应共同决策，对成员的参与和管理负全责;应充分调动团队成员的积极性、进取心和创造性;团队成员应相互依赖、互相尊重,彼此信任和共同进步。

(五)大学生创业团队的激励

1. 团队文化的激励

团队文化是联结群体文化形成的有力手段。应在团队建设中创造出一种高度发展、相互尊重、相互信任,可以协调公司内外人际关系、成员积极性和主动性的群体文化,目的是调动一切创造力。团队成员和整个团队的命运有着千丝万缕的联系,尤其是在增强团队凝聚力和竞争力方面起到重要作用。

团队文化的精髓是强调合作精神,即团结合作,实现共同目标,满足团队成员的个人需求,营造团队愿意工作的氛围。相互信任是创造支持性气氛的关键。没有信任,就没有尊重,也就没有相互关心和支持。一般而言,团队中的信任为对其他个体所形成的整体信心。创业团队成员的信任程度将在一定程度上决定他们的沟通程度,进而影响整个团队的凝聚力。

2. 经济利益的激励

整个企业的所有权应清晰、灵活。对企业集团成员来说,期权是由以现金形式呈现的传统短期经济刺激与反映人才价值的长期经济刺激相结合的结果,可以作为财政奖励的一个关键因素加以实施。所有可选的激励工具都包含对利益相关者激励的时间限制,这种方法可以持续有效地激励团队成员,稳定团队。个人奖励,特别是浮动奖励,应与团队工作结果有机结合。同时,每年的固定奖励调整也可以考虑团队的个人表现。

第二节 医学院校大学生创业机会的识别

创业领域的核心问题之一是创业机会的识别。创业研究领域需要重视的核心问题是怎样发掘并利用创业机会。对于创业过程而言,真正意义上的创业过程源于挖掘创业机会。因此,创业研究的主要课题是:创业机会在哪里,怎样在复杂多样的市场环境中寻找具有潜在意义的创业机会,并进一步开辟发展,由此转变为新创的企业。

对于创业者本身来说，如何抓住恰当的创业机会，以及创新发展为一家成功的企业，是创业者必须具有的最核心的能力之一。

机会识别不仅是创业的初阶，还是创业的前提。对机会的识别源自一个好的创业想法的产生，而创业想法是成功创办企业的前提与基础。

一、大学生创业萌芽

（一）创业想法的特征

所谓创业想法是指具有创业指向并具有创新性的想法，是对组织或个人识别机会的回应。在大多数情况下，具有价值潜力的创业想法都具有以下特征。

第一，新颖性、独特性。创新是创业的本质，新的技术、新的解决方案，都属于创业想法新颖性、独特性的范畴，可以是不同的处理方法或有效的处理策略。另外，新颖性、独特性在一定意义上意味着超前性。很多创业者在筛选抉择创业机会时，格外留心政府优先扶持的方向，实际上是在找寻符合国家社会发展的超前性项目。倘若创业想法缺乏吸引性，是不会吸引投资者和消费者的，对创业者本人也不会产生任何的激励作用。此外，创业想法的新颖性在很大程度上加大了模仿者的难度。

第二，客观、真实。具有价值的创业想法是具有现实意义和实用价值的，绝对不是空想。一种基本的判定标准是能够生产出把握需求的产品与服务，以及市场上存在对这些产品与服务的实际需要。

第三，有价值。创业想法的本质特征是它的价值特征。创业想法的价值要经得起市场的考验。优秀的创业想法必须进行市场检测，同时要为消费者创造实实在在的价值，这也是创业动机形成的前提条件。

创业想法和点子的主要区别是创业想法有创业导向。开展创业的人在形成创业想法后，立刻或同时把该想法开拓为能够经得住市场考验的商业概念。商业概念不仅反映了消费者正在经历的，也是创业者想要处理的各类问题，而且反映了处理问题中所产生的消费者利益及为了获得利益而采用的方式方法。

一个成功的创业想法不仅要为消费者提供需要的产品，响应消费者的需求，而且要让企业获取利润。

（二）创业想法的产生原因

第一，创业的需求。成功创办一个企业最基本的要素是一个好的创业想法，这种好的创业想法在创业前后是必须具备的。

第二，对市场需求的反馈。市场最重要的构成要素是需求和渴望被响应需求的消费者等。创业者与企业需要在解决消费者的需要后盈利。

第三，对流行趋向与需求变动的反馈。流行趋向与需求的改变，常常会诞生新的商业机遇，因此对于创业者而言，可通过创新的理念、产品与服务等来响应消费者的需求，进而掌控商机。

第四，赶在竞争对手的前列，超越对手。倘若一个企业缺少新产品想法和服务，但是它的竞争对手却做到了，那么这对于企业的生存和发展极为不利。

第五，开创新技术，开发更优质的产品。开创新技术已然成为当前市场环境下重要的竞争手段，随着时代发展进步，越来越多的企业几乎每个月都要研制新的产品。对于在国际市场竞争中的这些企业而言，诞生新想法是重中之重。

第六，由产品的生命周期决定。任何产品的生命都是有限的，新产品终究会陈旧，逐渐不符合时代的发展与人们的需求。因此，必须要实施新产品成长发展策略。企业的生存发展有赖于它引入的或开发的新产品及对新产品成长的经营与管理。

第七，减少风险与避免失误。结合产品生命周期的观点，对于企业而言，要想减少风险，持续萌生新的想法至关重要。

（三）创业想法的资源

第一，爱好和兴趣。爱好是人们在业余时间非常喜欢做的事情。大部分人是因为兴趣爱好才有了创业想法。例如，有人爱好编程，有人爱好旅行，有人爱好音乐，有人爱好表演……那就可以把这些爱好发展为创业想法。

第二，个人的技能和经验。技能和经验是至关重要的资源。成功的创业想法一半以上都来自工作经验，创业者的背景对企业类型具有重要的影响。技能和经验在产生并利用想法方面发挥着不可或缺的作用。

第三，特许经营。特许经营指的是特许者把其所享有的产品、商标、品牌、商号、经营方式、专利与特有技术等以特许经营协议或合同的方式授权给受许者应用，受许者在特许者统一的管理模式下遵循协议或合同约定开展经营业务，同时向特许者缴纳一定的费用。

第四，大众传媒。大众传媒是大批信息、机遇和想法的来源。例如，电视、报纸、互联网、杂志等都属于大众传媒的范畴。创业者获取信息的一个最主要的来源就是仔细浏览大众传媒上的信息，或者在报纸杂志上发现企业转让的商业广告等。例如，有的人听到或看到一些人们对健康或减肥食品兴趣日益增加的信息，那么就有可能产生新的投资想法，或者创办特许经营等。

第五，展览会。报纸、广播、电视、手机、杂志等经常有展览会或商品交易会的有关广告。展览会、商品交易会是很多创业想法的来源。通过参观展览会和商品交易会等，不仅可以看到新的产品与新的服务，还可以看见厂家、批发商、经销商等，能够有效促进创业想法的产生。

第六，市场调查。创业想法的中心是消费者。为消费者提供产品与服务的根基是要通过调研来明确他们的需求。调查的形式有很多种，如调查问卷、深入观察、正式或非正式的访谈等，探寻人们未被解决的问题和未被满足的需求等。要提前为调查和访谈准备相关问题，如人们是否喜欢目前的产品、是否满意当前的服务、他们期望如何改善等。

通过近距离、高频率地接触现在的和潜在的客户，以及厂商、代理商、批发商、零售商等经销渠道的人员，可以筛选出更有效的信息，有助于更好地确定消费者的需求。通过细致深入地观察也可以获取想要的信息，创业者可以经常到感兴趣的行业和领域，观察人们的需求等。例如，是否选择在某条街道开店，通过观察与统计在一定时间内经过该街道的人员数量及人员构成，比较他们住宿的地点与选址的距离等，可以做出初步判断。如果对旅游点产生兴趣，可以观察了解人们是否喜欢具有地方特色的工艺品，从而激发产生创业想法。

第七，消费者的抱怨不满。有些消费者的抱怨不满可以推动新产品或服务的产生。不论何时，当消费者埋怨指责某个产品或服务时，创业者应该产生新的创业想法。这个想法可以是把新产品或新服务转卖给出现问题与"瓶颈"的企业，也可以是创建一个具备竞争优势的、能够提供更优质产品或服务的企业。

第八，头脑风暴。头脑风暴法是一种创造性解决问题并形成创新思维的方法，其目的在于产生新观念。它往往从讲述某个难题或某个问题起始，一种想法碰撞产生了另一种或更多种想法，最终形成创新性的观点。在运用此方法时，应遵照以下规则：一是支持畅所欲言；二是不指责与评判别人的思想；三是数量越多越好，建议越多，产生创新想法的概率会越大；四是鼓励看似不切实际、天马行空的想法；五是可以基于他人的想法进行改进提升。

二、大学生创业机会识别

创业机会根植于市场中，可具体表述为存在于市场中的一种获利机会。这一观点指导下的最简单的创业机会就是套利，即在某种商品拥有两种不同价格的情况下，创业者以较低价格买进，以较高价格卖出，从而获取交易差利润。创业机会不是以一种脱离于环境的形式存在的，而是由人们与周边环境的互动互应创造和构建的。创业机会具备吸引性、持久性和适时性的特征，创业者可以利用创业机会为客户提供有价值的产品或服务。

（一）创业项目的选择

1. 创业项目选择前的心理准备

（1）选择创业项目就是把信念变成行动。创业者仅有信念是不够的，下定创业决心以后，还需要用行动去实现创业梦想。创业是一个漫长的过程，而且是一条没有终点的路，一旦开始创业，就不能轻易放弃。成功需要的不仅是激情和决心，而且还需要坚持不懈的努力和执着。

（2）选择创业项目前应该对市场综合考量。在创业之前，每个创业者都必须对市场做一个综合的考察，进行清晰的分析，时刻注意市场上最细微的发展变化，抓住商机，选好项目，确定行动计划，然后有目标、有步骤地实现创业愿景。

2. 创业项目初选的原则

（1）创业者开始创业的第一个选择。在形形色色的创业主题与社会上各式各样的创业项目面前，创业者需要做出合理正确的抉择。

（2）在初选创业项目之前一定要有科学的自我认知。个体都有独特性，对于独立的创业者而言，要有别出心裁的气质与独一无二的魅力。创业者首先必须正确认知自己，发现自身独有的优势，从而发掘最符合自身情况、适合自身发展的创业项目。

（3）依据个人特点，参考他人模式，做出全新规划。创业项目不一定全是独立创新,即使独立创新也不代表将来一定会取得成功。

(二)创业机会识别的要点

创业者利用各种手段对创业机会进行识别,这是一个探索与思考互动的过程,也是将创意进行转变的过程。

(1)做最擅长的事。万事开头难,良好的开端就是成功的一半。在做自己擅长的事情时,人们的自信和勇气是最强的,因此成功率也是最高的。最有可能干好的事情,也是创业者最擅长的事情,擅长也就是在与别人竞争时具有的优势。只有将自己的专长发扬光大,才能成为专家,才能拉开和别人之间的差距,才能在竞争中脱颖而出。

(2)做最喜欢的事。只有做自己最喜欢的事情时,人们才会表现出废寝忘食、不知疲倦的状态。

(3)做最熟悉的事。在做同一种生意的人群中,如果只有一个人赚到钱的话,那么这个人一定是对该生意比较熟悉。同样的,在这个群体中,如果只有一个人赔钱的话,那么他一定是不懂这一行业的人。

(4)做最有人脉关系的事。合伙创业,也叫团队作战。创业的成功离不开他人的帮助。创业者在其最擅长、最熟悉的行业之中,要努力找寻志同道合的新朋友,具有共同爱好志趣的朋友越多,越利于创业人际关系的建立。

(5)收购现有企业。收购是指用现款、股票、债券或其他资产购买一家公司的股票或资产,以获得对目标公司本身或其资产实际控制权的行为,被收购企业仍然保持其原有的独立法人资格。

收购现有企业可以减少对企业基础的创建时间和开办成本,被收购企业往往在商誉、产品、客户、广告促销等方面具备一定基础,稍加改变就可以掌控。近年来,很多创业者就是通过收购现有企业起步的。这对于资金较少又期望快速拥有自己企业的创业者来说,不失为一条捷径。一般来说,收购一家企业需要经过确认目标、考察与评估、交易谈判、签订合同这4个过程。关键点就在于收购前的调查与分析、对未来的预测、收购企业财产法律责任认定等,应避免误收购有违法劣迹、债权债务理不清的企业。总的来说,对于资金少却期望迅速创业的创业者来说,收购现有企业是一个可行的方法。

(6)特许经营和连锁经营。一般而言,特许经营与连锁经营是两个完全不同的经营方式。特许经营的关键是转让特许权,由特许人和受许人之间一对一地签署特许合同。特许经营是指签约后，受许人能够有偿利用其商标、名称、专有技术、管理方式与运作经验等经营业务。经营的各个分店之间是独立的。连锁经营的原则是同一资本拥有，经营的都是同类产品或服务，由同一总部集中管理与经营指导。总部对分店管理经营中的具体事宜拥有决定权，对分店拥有所有权；分店必须给总部缴纳部分利润，分店经理其实是总部的成员，全部依照总部的规定执行落实。

（三）创业机会识别的影响因素

识别和把握创业机会不是一蹴而就，而是要经过反复调整、不断完善。外部环境的错综复杂给创业者带来不同的创业机会。面对同一个创业机会，创业者也会有不同的创业认识。创业认识具体由3个主要因素影响和制约，即个体因素、机会特征和环境因素。

1. 个体因素的影响

创业活动是在创业者的指挥下进行的，创业者在这个过程中的主体作用不容忽视，其主观因素对创业机会的识别产生关键影响。创业者的主观因素又包括个人特质、先验知识、社会网络、资源禀赋、创业警觉性等，特别是创业者的创业警觉性，在创业活动中起到核心和关键作用。作为一种能力体现，创业警觉性能够使创业者敏锐地感知外部环境的变化，从而寻找创业机会。创业者的创业警觉性和创业机会的识别呈正比关系，即创业者要发掘更多的创业机会，就需要保持高度的创业警觉性。

个人特质（性格）不同，也会识别出不同的创业机会。能够把握创业机会的人格，一般属于主动型人格，但积极型人格在这方面没有突出的表现。对创业机会的选择，主要由创业者的性格特征所决定。例如，风险性较大的创业机会，容易被具有冒险精神的创业者把握；而稳定性高、风险系数较小的创业机会，则容易被谨慎、稳重的创业者把握。

医学院校大学生创业者以往的学习经验、工作经验和日常生活中的所感所悟等，都可以统称为先验知识。对先验知识的分类，专家、学者的看法各有不同，通常将其分为以下3类，分别是对市场的先验知识、对服务市场方式的先验知识和对消费者问题的先验知识。因为创业者的先验知识各有不同，所以面对同样的创业环境时，对创业机会的发掘不尽相同。但是，专家已经普遍达成共识，即创业者具备越多的先验知识，越有利于他们发现更多的创业机会。

医学院校大学生创业者获取社会网络资源的情况也将影响他们发现创业机会。创业者获取的社会网络资源越多，越有利于发现创业机会。社会网络资源的获取能够对创业过程中的各个因素产生直接影响，进而有利于创业者发现机会、创造机会。因此，在创业过程中，社会网络资源的获取具有举足轻重的作用，社会网络越强、越密，越有利于创业者识别创业机会。

医学院校大学生创业者在创业过程中获取的各种资源统称为资源禀赋，包括人力资本、物质资本、技术资本、社会资本等。每个创业者所具备的资源禀赋不一样，会出现不同的创业机会识别结果。人力资本是指创业者和创业团队的知识、技能、人际关系、健康情况等；物质资本是指创业者为创业所配备的有形资产；技术资本是指创业者所具备的各种技能和知识；社会资本则是指各种社会网络或从社会网络中能够获得的资源总和。

2.创业机会特征的影响

创业机会的特征将影响创业者做出选择。创业者在面对创业机会特征时会做出不同反应，而且对创业机会的方向侧重点也有所不同。创业者对创业机会未来价值的评估，主要是由创业机会的自然属性所决定，因此创业者的机会评价会对创业机会的选择产生重要的制约作用。市场需求、市场结构、市场利润和市场规模等，都是创业者进行创业机会评价的重要指标，在具体评价时，还需要对各个指标进行详细划分。

3.环境因素的影响

环境因素主要指在创业过程中会对创业产生影响的外部要素的总和。对创业机会的识别不仅受创业者自身因素限制，还会受外部环境变化影响。创业环境的特点在时刻变化，且具有一定的复杂性，导致创业机会的识别也具有一定复杂性，随着环境因素的不断变化，创业机会将会逐步显露出来。创业环境的分类标准不同，其类型也各有不同，以下主要是从市场因素、政策法规因素以技术因素等方面，对机会识别的影响进行论述。

从市场因素角度来看，市场瞬息万变，市场供求关系具有一定的动态性，为创业机会的出现创造市场条件。若市场出现新的供需关系时，将会有一定的创业机会出现，需要创业者对市场有足够的敏锐力和洞察力，善于把握机会，才能更好地进行创业。

从政策法规因素角度来看，国家政策的调整和完善，主要是由市场变化需求决定。政策法规是从宏观角度对市场结构和产品结构进行调整，将给创业者带来一定的创业机会。因此，对国家政策法规调整的高度关注和重视是创业者把握创业机会的一个重要因素。

从技术因素的角度来看，在创业机会识别中，技术因素具有不可取代的作用。任何一次技术发展，都将给产品、竞争和服务带来新变化，而在变化过程中会催生更多的创业机会。新旧技术更替交换的过程，会让市场得到新的拓展，产品结构产生变化，从而有利于更多创业机会的出现。

（四）创业机会识别的方法与过程

1. 创业机会识别的方法

（1）需求分析法。需要从市场的需求方面进行分析。创业成功的关键在于能否满足消费者的需求。任何创业机会的产生，都依附一定的市场需求。因此，对个人和团体的需求进行发掘和发现是识别创业机会的重要手段。创业者要把握住创业机会，就需要具备敏锐的市场洞察力，对事物有个人认识，并且能够抓住周边事物的细微变化。创业者还要避免产生从众心理，敢于创新和突破，才能更好地抓住创业机会，提高创业成功率。

（2）系统分析法。认识和了解宏观、中观和微观环境的变化是创业者必须进行的工作。任何一个创业机会都是通过系统分析而被发现的，对周边环境变化的分析和市场政策变动的把握，都将提高创业者的创业成功率。创业者要具备较强的信息分析能力，并善于进行信息的整理和分析，才能随时了解市场需求变化和市场结构变化，不错过转瞬即逝的创业机会。

（3）资料分析法。在创业过程中最常用的分析方法是资料分析法，即通过总结和系统分析以往的数据、语音、视频和文字等信息，发现创业机会的一种方法。很多创业活动的开展都可以利用这种分析方法。这种方法的难度在于信息收集的真实性和时效性难以提高。

2. 创业机会识别的过程

创业机会无处不在，而创业者并不能把握所有的创业机会，创业者如何提高自身发现机会、挖掘机会的能力，成为影响创业活动结果的一个关键因素。首先，创业者必须对创业机会的价值进行了解和分析，并付之于行动和实践，才能有效提高创业活动的成功率。机会搜寻、机会识别和机会评价是发现创业机会必须经历的3个重要环节。

（1）机会搜寻阶段。在这个阶段中，创业者搜索和识别创业环境下出现的可能性的创业和可能存在的创业机会，并进行系统衡量和评价。如果在此过程中，创业者能够发现某一创意或创业机会具备可操作性，可能发展成为符合创业者期望的创业机会,且具备潜在的盈利价值,便会进入第二阶段——机会识别阶段。

(2)机会识别阶段。这里的"机会识别"是狭义上的机会识别,是创业者将第一阶段搜寻到的可能性的创业创意进行系统筛选并结合创业目标进行权衡,在筛选过程中寻找到合适的创业机会。这一过程包含两个步骤:①通过考察外部环境,考量识别到的创业机会是否具备一定的盈利价值,即是否具备一定的市场价值和行业潜力;②在市场环境和行业环境基础上进行个性化的机会识别,也就是针对创业进行衡量,判断创业机会是否能够达到创业者的预期目标,是否符合创业者的情感取向。

(3)机会评价阶段。这里的机会评价主要是结合机会识别阶段识别到的机会,进行机会的营利性和可行性评价。依据机会评价结果,根据风险水平、预期回报等方面的评价,创业者决定是否将这一创业机会付诸实践。

(五)创业机会的选择

1.创业行业

创业机会转变为创业成功的一个重要保障就是选择合理科学的创业行业。医学院校大学生具有思维活跃、充满活力、具备专业知识等优点,但是比较欠缺企业运营、市场分析、财务管理等方面的能力。因此,医学院校大学生要根据自己的实际情况而进行创业行业的选择,要选择适合自身发展的创业行业。进行创业行业的选择,是一个综合很多因素的具有复杂性的决策活动,需要对以下4个方面因素进行考虑。

(1)国家法律政策。国家法律政策所提供的一切便利,创业者要尽可能地利用。在国家法律政策鼓舞的范围内开展创业活动。一方面,要考虑所选的创业行业是否在国家法律政策禁止或限定的范畴内;另一方面,要考虑所选的创业行业是否为国家法律政策支持的创业行业。在国家法律政策规定的范畴内遴选创业行业和创业项目,有助于得到政府的先期投资和税收减免,大幅降低市场准入门槛,在一定程度上为创业的成功提供帮助。

(2)创业者对市场的把握利用能力。市场是企业生存的空间,是企业能否生存的试金石。创业者在进行创业行业选择时,一方面要认真调查所选行业的市场机会、市场空间;另一方面,要考虑创业者自身对市场机会的发现、识别和利用能力。对于创业者来说,必须具备两个方面的能力:一是发现市场机会的识别能力;二是实现该市场机会的技术能力和资源能力。

（3）自我认知。创业本身是对自我命运进行把握的一种行为。找到自身与社会结合的端口就是创业行业的选择。这需要创业者对自己有一个清醒的了解，对自己的劣势、优势、兴趣和知识结构等特点，有一个全方位的认识。个人只有选择自己所喜欢且力所能及的事情，才能从中获取乐趣和成就感，才能在创业的道路上勇往直前。因此，选择自己感兴趣且有能力做的行业是创业顺利进行的保障。

（4）注重发展潜力和市场空间。作为创业者，必须清楚地意识到任何企业都是具有生命周期的，任何企业的发展都需经过孕育、出生、成长、壮大、衰老这一过程。在这一层面上来说，创业其实就是一个认识理解、把握创业项目的过程。因此，在选择创业行业和创业项目时要调查市场，分析该行业和项目的发展前景及发展潜力，找到有市场缝隙且具有特色的长远项目进行创业。

2. 创业方式

（1）科技产品和成果应用创业。医学院校大学生创业应以自己所在的学校为平台，结合专业将院校内科研成果转换为产品或科技服务。大学生通过沟通学校和教师与医院、机构、企业建立科技服务合作关系，致力于为企业提供配套科技产品。大学生亦可以对所取得的科技成果进行深层次应用开发，找到科技成果与现实生活、市场的结合点，将小商品经营发展成为大市场。

（2）网络服务创业。伴随网络的普及，人们对世界进行了解，与世界进行沟通的一种重要方式就是网络。网络因为其信息量大、更新速度快、不受空间时间限制、成本低等特点备受人们的信赖与重视。伴随网络发展而兴起的电子商务成为人们消费购物的一种主流趋势。大学生可以利用计算机技能，对网络购物、商务等平台进行搭建，从而将传统的实体店转移到网络上进行，这样就可以通过新的网络销售渠道，不断开拓更为广阔的市场，同时拓展新的消费与服务群体。

（3）创意创业。创意创业所具有的个性化、时尚化和富有创新性的特征，能为创业者带来市场空间和消费关注。而大学生先进的理念、活跃的思维和贴近年轻人的心态特点，为他们进行创意创业提供了先天性条件。医学院校大学生可以通过了解年轻人的消费诉求、健康诉求，发挥自己的长处，结合所学专业或自己感兴趣、关注的领域，进行创意创业尝试。

三、大学生创业机会评估

(一) 创业机会评估的原则

1. 市场目标原则

在市场经济社会之中,一切运作都必须要围绕市场的需求及市场的变化,对经济活动进行指挥的一面旗帜就是市场。对创业项目的选择需要迎合市场需求,这样才可以拥有持久的市场支持力。因此,在对创业项目进行选择的时候,一定要遵循市场效率原则,尽可能选择一些市场前景比较广阔的创业项目,这就要求创业者在创业之前做好以下工作。

(1) 进行市场调研,主要包括当前目标市场状况,现实消费者和潜在消费者的数量,消费者购买能力、消费方向等。

(2) 市场定位,包括市场进入障碍、市场内部竞争程度、市场占有率等。

(3) 市场成长力,包括上下游产业的延伸性、产品线的衍生及可持续性、利润空间的大小等。

(4) 市场容纳度,主要是指现有市场的饱和度、可拓展程度及创办企业与所在地域的匹配融合适应能力等。

2. 效益优化原则

衡量企业是否成功的一个关键性指标是效益,评估创业机会是否恰当合理的一个主要因素也是效益。一般来说,市场效益、财务效益、社会效益这3个方面就是效益优化原则主要的内容。

(1) 市场效益。所谓市场效益是指创业机会和市场动态变化之间的适应程度及长远的市场发展空间。市场的占有率、渗透率及产品成本结构等也是其衡量的主要指标。

(2) 财务效益。盈利是企业存在的目的,要衡量创业机会是否可行,盈利的可观性就是衡量创业机会是否具有吸引力的标准。一个相对较好的创业机会,主要应关注其投资回报率、税后净利、投资回收周期、毛利率、资本需求、市场的退出机制和策略等。

(3) 社会效益。企业存在于社会大环境中,与周围的社会子系统息息相关。创业者选择的创业机会能带来的社会效益,在一定程度上对创业成功的难易度有影响。国家的创业政策指引着市场产业结构的调整及社会资金的投资流向,因此选择国家政策所倡导的创业项目,有利于得到国家税收、投资资金等方面的扶持。

（二）创业机会评估的要素

1. 创意竞争力

只有具有价值和竞争力的创意，才值得投入时间和精力进行开发。创意是否具有价值，应符合新颖性、真实性和价值性的特点。如果具备以上3个特点，则需要具体分析该创意在市场上的竞争力。一般来说，要确认并且列出所有竞争产品和竞争企业，至少应与3个满足相似市场需求的竞争对手的产品或服务进行对比。通过分析，突出自己产品或服务的差异性，形成独特的卖点。与市场上竞争对手的产品或服务相比，企业的产品或服务需要具备3～5个与众不同的特点。

2. 行业与市场

创业机会评价时，需要关注提供相同或类似产品或服务的行业，包括竞争情况、收获条件等，在行业的"机会窗口"打开期间进入才能获利；应关注消费市场，只有市场足够大，才能够收回成本，获取利润。行业是指生产同类产品或具有相同工艺流程或提供同类劳动服务的经济活动类别。行业主要由出售者构成，其主要包含生产者和劳务提供者两类。市场主要是由顾客构成，顾客有自身的欲望和需求，他们通常愿意且能够通过交换方式，满足他们自身需求。因此，创业者需要在真正的创业过程中，清晰地界定市场并细致划分。

（1）市场需求。市场由消费者构成，要评定一个创业机会是否有市场价值，主要分析市场中的消费者是否具有购买力、是否具有强烈的购买倾向。衡量一个创业机会是否是良好的就业机会，首先应判断这一创业机会是否具有精准的市场定位，是否能够在满足消费者需求的同时，为消费者带来增值。因此，满足消费者需求的同时，应综合考虑产品或服务的价格、地点和时间。

（2）市场结构。每个市场都有市场结构，市场结构的主要作用在于反映企业在市场中的竞争能力与所处地位。对于新企业而言，了解即将进入市场的实际结构及市场竞争激烈程度，是提高自身市场竞争力、增强企业适应度的重要前提条件。因此，创业者应学会对创业市场结构进行合理分析，以在市场上占有一席之地。市场结构分析一般围绕供应商、顾客、经销商之间的谈判力量，以及替代性产品对自身产品的威胁、市场内部竞争的激烈程度展开。

（3）市场规模。如果企业最初的目标是一个已经成熟发展的市场，面对的必然是一个不再有较大利润空间的市场，因为成熟发展的市场意味着市场饱和，新加入的企业已无法再有较大的升值空间。相反，如果目标是一个还在成长中的市场，通常能够获得意外收获。因为成长中的市场的各个方面发展都在摸索，商机也隐匿其中，只要进入的时机正确，必然会有获利空间。一个规模巨大但是发展并不成熟的市场，对于新企业同样是一个不错的选择，因为企业进入这种市场后只需要占有小份额就可以拥有很大的销售量，从而获取利润。

（4）市场份额。较高的市场份额意味着较高的价值创造，也就是说，如果一个公司在市场占有较大份额，该公司本身价值较高，且能够创造出更高的市场价值。

3. 团队竞争力

在进行评估时，要确保团队中至少有一人具备创意领域的相关经验，而且团队成员要对拟开发的项目感兴趣。创业团队永远是创业中的核心因素，是决定创业成败的关键，也是风险投资家最看重的因素。创业团队的评价是项目评价中最重要的标准之一。

4. 市场竞争力

一个能够吸引人的机会必然具备一定的竞争优势。例如，在市场中与同类产品相比，具备更低的成本或更好的质量。

（1）成本。成本优势是企业竞争的主要优势之一。较低成本能够为企业带来较大的竞争优势；低成本也对投资者更具吸引力。一个无法维持低成本生产者地位的新企业，存活时间会大大缩短。

（2）控制程度。控制程度是指一个企业对产品或服务的生产原料与销售渠道把控力度的强弱。如果一个新企业对产品的生产与销售具有较强的独占性，能够弥补其他薄弱领域，在市场中会占据较大份额。新企业如果能够对价格、成本、分销渠道等实施强有力的控制，则市场吸引力较大。

（3）进入壁垒。进入壁垒是指一家企业能否阻碍其他企业进入自己所在的市场，能否给其他企业进入市场带来一定技术、原料或其他要素上的阻碍。没有进入壁垒的企业对市场而言不具备不可替代性，对投资者也毫无吸引力。要建立进入市场的壁垒，一般需要大量的资金投入，如专利权保护、专营的合同优势等。市场壁垒是否完善是决定投资者投资与否的重要因素。也就是说，一个企业的产品与服务若没有"进入壁垒"，或者自身面临诸多进入障碍,那么企业不具备吸引力;如果不能把其他竞争者阻挡在市场之外,新企业可能迅速消失。

5. 经济回报率

一般来说,成长较快、收益率较高的行业都是具有吸引力的领域,值得进行创业尝试。当然,这样的领域也是竞争较激烈的领域,因此创业者在开发创业机会时要进行风险分析和管理,并设计商业模式。创业的目的之一是获取经济回报,经济因素和投资回报是评价创业机会时需要重点考虑的标准。

创业者应尽可能在成本效益原则指导下,在较短时间内以较低成本获得较高回报。①成本结构。若初创公司成本较低,则可能面临更有吸引力的市场机会。低成本可以来自规模、技术、管理3个方面,但对于刚起步的新企业而言,要依靠行业中的规模实现低成本是很难的,新企业可以依靠技术和管理实现低成本,通过新技术和高效管理也能有效降低成本,给企业带来低成本优势。②税后利润。税后利润主要是由毛利润转化而来,较高的毛利润能够给企业带来较高的税后利润。一般而言,有吸引力的企业通常具有取得15%或更高税后利润的潜力,而税后利润不到5%的企业,其本身已经十分脆弱,基本不具备吸引力。③盈亏平衡点。有吸引力的公司可能在初创1年内达到盈亏相抵及取得正现金流量,一旦达到盈亏相抵和取得正现金流量的时间超过3年,机会的吸引力会相应减少。④退出机制。投资是一项具有较高风险的经济活动,投资者常常需要考虑将所投资金撤回的问题,常见的资金退出途径主要有企业被收购、企业被出售、公开发行股票等。因此,退出机制是创业者在对创业机会进行评估时不能忽视的重要影响因素。

6. 创业者能力

创业者的自身能力也是影响创业机会评估的因素之一,许多小企业的管理者都是基于自身能力才创办企业。对于投资人,创业者是否具备创业的必备能力,会影响其最终的投资决定。创业者需要有承担风险和不断提高自身能力的意识,主动学习并提高创业所需的知识和技能。

7. 必需的资源

创业中必需的资源主要包括资金和技术。创业者是否掌握这些必需资源,在一定程度上决定他们是否能够把握某个创业机会。一般来说,由于市场发展不平衡,在一些地区,群众的需求无法得到满足,一般存在较大的市场空缺,创业机会也就越发多样且吸引人。

8. 环境的情况

这里主要探讨的环境的情况，是指企业的外部环境，如政治环境、经济环境等，其中政治环境对创业机会的吸引力影响较大。不稳定的政治环境往往让商业机会失去吸引力，如通货膨胀、外汇汇率波动或司法系统不健全等，都不利于吸引投资，即使商业机会回报再高，有不稳定的因素存在，也不能吸引投资人。除此之外，缺乏可用的基础设施和服务（如水电供应、通信、运输等），也会影响一个地区商业机会的吸引力。

（三）创业机会评价的技巧与策略

常规的市场研究方法不一定对创业机会评价完全适应，特别是对原创性创业机会的评价。初次进行创业机会评价的创业者必须牢记以下关键内容。

第一，问卷调查。如果条件允许，可以在目标市场中对未来的顾客群做一次有针对性的问卷调查。对未来的服务及产品进行详细的描述，在问卷调查中，主要调查顾客对它的态度，从而通过这个调查报告，对这个项目的可行性进行确定。

第二，商机评估。如果一个创业项目在经过商机评估之后的结果不够完美，市场的竞争并不十分理想，或者是在对顾客进行调查时发现经营的设想并不被大家看好，并不代表不可以创业，而是意味着需要对这个创业项目进行重新设计。

第三，求教咨询。和有经验的成功创业者多进行交流与沟通，他们可以将创业过程中的一些经验传递给创业者。一个成功的企业家，往往会将一些系统的、实用的建议传递给创业者，从而将创业者引向成功之路。

第四，独特创意。创业者需要记住这个重要的经营准则：以市场需求为导向，了解竞争对手的优势和劣势。对项目所在的行业要了如指掌，才能在同类产品中脱颖而出，做出特色。产品只有与众不同，企业在市场上才可以立足。

第五，分析对手。以市场需求为导向的经营战略包括：首先，深入分析顾客的需求和竞争对手的情况；其次，推出符合市场需求的服务或产品。

第六，确立目标。只有商品或服务被市场看好时，人们才会来购买它，现代市场是需求决定产品而不是产品决定需求。

第三节 医学院校大学生创业资源与创业融资

一、医学院校大学生创业资源

（一）创业资源的分类

创业资源是指创业者在创业过程中（包括企业创立及其发展过程中），为保证创业活动的开展所需的各种生产要素与支撑条件。创业资源通常包括有形资产与无形资产，主要表现为人才、资本、生产或服务设施与技术等方面。对于创业活动而言，创业者是其特有的资源，这是不能用金钱购买的资源。

1. 按照创业资源的作用划分

按照资源是否直接参与创业战略规划和创业企业经营活动，以及参与活动中的效果直接与否，将创业资源分成直接资源与间接资源。直接资源主要包括场所、资金、设施、市场、人才、原材料和技术等；间接资源主要包括政府、创业政策、信息资讯、销售渠道、合作伙伴和客户等。

2. 按照资源的重要性划分

根据资源的重要性，创业资源主要可分为：①人力资源，是指创业团队中成员的能力水平与综合素质、经验积累、知识储备、人脉资源等；②技术资源，是指创业团队中成员所掌控的专有技术、专利成果等；③财务资源，包括资金和拥有可利用的财产资源；④其他生产经营性资源，包括创业企业进行生产销售所需的厂房、生产设施、原材料、客户、销售渠道、合作伙伴等。

3. 按照资源的性质划分

依照资源的性质，创业资源可分人力资源、财务资源、社会资源、技术资源、物质资源与组织资源。

（1）人力资源。人力资源不仅包括创业者与创业团队，而且包括其拥有的知识信息、智慧才能、管理理念、阅历经验、价值愿景和格局胸怀等，还包括所招募的人员及其拥有的专业技能、工作经验和素质能力，甚至还包括创业者、创业团队所拥有的社会人际关系网络。创业者是创业活动最重要的人力资源，是创业活动的主要推动者。合适的员工也是创业人力资源的重要组成部分，包括各种高素质的技术、销售和生产等人员，他们也是推进创业活动并使创业企业持续发展的重要力量。

（2）财务资源。财务资源包含创业者在创业过程中可利用的资产、资金、股票等资源。对于创业者来说，财务资源大多来源于个人、亲朋好友和同学同事等关系密切的人际关系。在创业初期，由于创业刚刚起步，可用于抵押、担保的资源不多，创业者从外界获得财务资源往往相当艰难。

（3）社会资源。社会资源主要是指由于创业者及其创业团队所拥有的人际关系与社会关系网而产生的关系资源。社会资源被视为一种特殊类型的人力资源或人力资源的组成部分。因为社会资源能够使创业者有条件接触并融合到创业需要的外部资源，对创业活动有积极的推动作用，因此整合与开发利用社会资源成为创业者的主要工作任务。

（4）技术资源。技术资源涵盖创业所需要的专利技术、科研成果、研发生产流程和工艺等。技术资源可分为3个层次：①各种生产流程、工艺方法、专业技能和技术等；②生产工具、平台和设备等；③创业与企业管理相关的知识经验和流程方法等。技术资源与人力资源的主要区别在于，后者主要依附于拥有的人而存在，而前者主要凭借于有形的物质资源以无形资产的方式呈现，可通过知识产权等法律措施加以维护。

（5）物质资源。物质资源一般是指创业过程中所必须的有形资产，包括土地、工厂、原材料与生产设施等，有时也涉及某些自然资源，如海洋、矿山等。

（6）组织资源。一般来说，组织资源是指保障、支撑、组织创业活动开展与创业企业运行的管理系统与环境条件，主要包括创业企业组织内部的组织结构、管理流程和制度、工作流程与规范、生产销售体系和产品服务质量系统等组织管理体系。组织资源是靠创业者及其团队根据创业活动和创业企业运行的实际需要设计和构建出来的，具有适应性和发展性，是可通过实践和学习不断得到优化完善的一类特殊资源。

4. 按照创业资源的来源划分

按照资源的不同来源，创业资源分为自有资源与外界资源。自有资源是指直接来自创业团队内部，其自身具备且能够有效应用到创业中的所有资源，如自己掌握的知识信息、专业技能、物质资源、自有资金、自建的经营网络等。外界资源是源于创业者及其创业团队的外部，其自身并不拥有，但可以通过整合可利用的资源，主要包括通过家人朋友、合作伙伴、投资人或政府机构等资源,整合筹措到的资金、场地空间、生产设备、原材料等可用于创业活动的各种外部资源。

（二）创业资源的获取途径

1. 获取技术资源的途径

获取起步项目所依赖的技术资源的途径包括以下 5 个方面：

（1）招聘技术持有者进入创业团队；

（2）引进他人的成熟技术，开展技术市场寿命研究等；

（3）引进他人的前景型产品或技术，经过后期的改进发展，使其满足人们的需求与商业化的要求；

（4）同时引进技术和技术持有者；

（5）自行研究开发，然而此方式耗时较长，耗资较大。

2. 获取人力资源的途径

此处的人力资源并非指建立创业企业后招聘的人员，而是指创业者及其团队成员所具备的知识与经验、能力与人脉及其业务网等。可以通过以下途径提高创业团队的各项能力。

（1）努力学习有关知识。知识能够推动能力等各个方面的成长。在熟悉与应用知识的过程中，能力得以培养与提升（创业能力亦是如此）。在学习知识的过程中，要主动思索、积极探究，将知识与实践相结合，通过消化吸收，转变为运用知识的主人，提高分析解决问题的水平，为创新创业能力的养成与发展奠定扎实的理论根基。

（2）实践是培养创新创业能力的重要途径。创业者在丰富自身学识的同时，要依据个人优势与专业特色，主动参加各类实践活动，尤其是创新创业的实践活动。因为只有不断实践，才能增强创新创业意识、培养创新创业思维、提升创新创业能力。可参加家庭或他人的创新创业活动，也可到小企业兼职等；可与父母、亲友或同学合作，也可自己投资一些小额资金进行运营；可参加社会志愿服务活动，也可到社区、机构等开展社会实践。

（3）参加各种创业或相关的培训。创业培训是对具有创业愿望和相应条件的人员进行开办小企业等创业活动所必备的基础知识和能力的培训，是近年来国家培训工作在促进创业中逐渐发展起来的一种新的培训。

3. 获取外部资金资源的渠道

一般通过下列 5 个渠道获得外部资金资源：

（1）通过向亲戚好友筹资，建立债权债务关系；

（2）贷款、抵押；

（3）取得政府某个项目的经费支持；

（4）所有权融资，如引进拥有资金的新创业同盟加入创业团队，吸引创业投资者或企业孵化器的股权资金加入，吸引现有企业以股东的形式向新企业投资并参与到创业中等；

（5）一份翔实合理的创业规划，可以吸引大学生创业基金乃至风险投资基金。

4.获取市场与政策信息资源的途径

获取市场与政策信息资源的渠道主要包括行政机关、图书馆、同行创业者、科研组织、同行企业、会议、新闻传播媒介等，可以针对自身状况和各类途径的不同特点，选用其中一个或多个方式，高效获取所需信息。同时，创业者应该随时关注各院校实验室、老师或学生的研发成果，定期去国家专利局查阅各种申请专利，及时关注科技信息，浏览各种科技报道、留意科技成果，从中发现具有巨大商机的信息。

（三）创业资源整合的原则与对策

创业者顺利开发商机，促进创新活动的发展，往往有赖于自身掌控并利用的各种资源，以及对资源的有效运用能力。很多创业者在早期阶段能够掌握和运用的资源比较缺乏，可以创造性地融合及利用各种资源，特别是那些能够带来持久竞争优势的战略资源。这是优秀的创业者表现出来的必要的创新创业能力之一。对于创业者来说，首先要依靠自己的创造力，利用限定的各种资源产生更大的价值；其次要想方设法掌握并利用各种战略资源。

1.善用资源整合技巧

（1）学会拼凑。许多创业者都是"拼凑能手"。在资源运用方面，通过添加新元素，将现有的内容从新整合，产生创新行为，从而创造出其不意的惊喜。对于其他人而言，一些资源或许无效可以放弃，但对于创业者而言，这些资源弥足珍贵，他们能够结合自身的阅历与技能利用这些资源并进行综合创新。总之，创业者会充分借助身边可以得到的所有资源开展创新创业项目。

创新创业的利器是整合现有资源，迅速适应新形势。创业者擅长拼凑，同时敏锐洞察周围所有资源的性质特征，并创新性地进行整合。这种整合，大多数不是事前精心规划出来的,常常是因事而化、因时而进、因势而新的结果。这也恰恰反映出创新创业的不确定性,并且考察创业者的资源整合素质。

(2)步步为营。步步为营是指创业者在多个阶段投放资源,而每个阶段都投放尽可能少的资源。步步为营战略的目的是为了减少企业运营的风险,提高对企业的控制力;特征是自力更生,降低对外部资源的依附性;主旨是节约,尽量减少使用资源,降低经营成本。通常,步步为营不仅是创业者在资源有限的状况下寻求达到企业发展目标的有效路径,是最经济的方式之一,而且是在有限资源约束下获得可观利润的一种方式。习惯步步为营的创业者会产生谨慎控制与经营的管理观念,这对于创新创业型企业步入稳定成长发展期时特别受用。

然而,如果过于注重减少成本,势必会对生产、质量、服务产生一定的影响,乃至影响企业的成长进步。例如,为求眼前的生存,有的企业抄袭他人的专利,有的企业不注意环保,有的企业滥竽充数以假乱真,企业虽然可以在短期内获得效益,但从长远来看断送了发展前途。总之,企业保持节约的理念无可厚非,但是必须要有底线和原则性。

2. 发挥资源杠杆效应

资源杠杆效应意味着企业用最少的支出获得最大的投资回报,它主要表现为:①利用资源的时间延长;②能够更加全方位地运用他人不能发掘到的资源,善于借助其他人及其资源来实现创业目标,③以某种资源补充或获取另外一种资源,形成更有意义的综合资源,创造更多价值;④利用某种资源争取获得更多其他资源。创业者必须具备发现并创造价值的本领,要具备从沙子里发现钻石的识别能力,发现未被完全应用的资源,以便更好地发挥资源杠杆效应。对于创业者而言,易产生杠杆效应的资源主要是两大类非物质资源:人力资本与社会资本。

创业者的人力资本包括一般人力资本和特殊人力资本两个部分。一般人力资本涵盖以往的从业经历、受教育背景与个人素质特点等,它能够让创业者拥有知识、信誉、技术等优势,同时包括老师、同学等及他们相应的社交资源。特殊人力资本主要分为产业人力资本(与特定产业有关的专业知识、技术及阅历等)与创业人力资本(如创新创业背景及其经历等),它能够直接应用于资源获取,而具有行业内相关经历或创新创业经验的创业者可以更快地整合资源,更高效地进行市场交易活动。

社会资本是指成员在各类不同的社会组织中所获取的收益，具有根植于整个社会关系网络中的资源优势，它不同于物质资本和人力资本。从个人角度进行分析，社会资本就是已植入、来源于或浮现在个人人际关系网络中的现实或潜在资源的总和，它具有行动优势，可以帮助个人实施目标行为。创业者社会交往越频繁，获得的商业信息就会越多，越能增强他们对特定商业领域的深刻认知与了解，使他们更易于辨别出在日常商务中不易被他人发觉的客户需求，从而更易于获取财力与物力资源，这恰恰是其杠杆作用的体现。资源杠杆作用的彰显也是一种产生创造性的过程。

3. 设置合理利益机制

由于团队成员是利益相关者，因此创业者可以得到团队成员的大力支持。因为资源和利益密切相关，所以创业者在整合资源的过程中，首先必须考虑并广泛涉及所有的利益相关者；其次，必须要建立起能够促进资源整合的利益机制，依据利益机制可以将各种潜在的与非直接的资源整合在一起，相互借力谋求发展；最后，还需要了解组织或个人与创业企业之间是否存在利益关联，因为关联越多，整合到资源的机会就越大，这也是资源整合的基础条件。

利益相关者相互间的利益联系有显性与隐性的、有直接与间接的，有时也需要在没有的前提下临时产生。此外，有利益关联也不代表可以随时进行资源整合，而是必须要寻找到利益的相同点。因此，在确定利益相关者之后，仔细研究每位利益相关者涉及的共同利益十分关键。在大多数情形下，可以将比较薄弱的利益关联逐渐变强，这样会更有助于整合资源。

有了共同的利益相同点或利益目标，也不代表能够进行有效的资源整合。因为资源整合涉及多方协作，而真正的协作必须有能够实现各方利益的预期加以保障，这就需要建立合作共赢的机制。在长期协作中受益、双方已经建立起良好信赖关系的协作伙伴，早已无形中建立起双赢与共赢的机制，深入协作则轻而易举。而初次合作并尝试建立共赢机制时，特别需要团队的力量与智慧，要让对方发现潜在的利益，为获得最大利益而甘愿投放资源。因此，创业者在建立共赢机制时，不仅要协助对方增加利润，而且要协助对方减少风险，减少风险同样是为了增加利润，更要思考怎样形成和维护长期稳固的信赖关系。

4. 充分利用已经拥有的创业资源

大学生创业存在信息不对称的问题，有不少身边的创业资源还没有被大学生知晓、了解,更谈不上加以运用了。有创业意愿的大学生应该留意在身边的资源,加以充分利用,不但能更好地提高自己创业的判断分析和把握机遇的能力,而且也可能孕育着很好的机会。

(1)医学院校创业教育与创业指导。医学院校很多都有创业课程、创业者协会、科技和发明协会,以及讨论或实践创业的学生社团、沙龙、论坛和讲座等。在这些团队里有规章、有固定的活动时间,学生们可以和志同道合的朋友交谈,甚至有时候可能会有向成功企业家请教的机会。记学分的创新创业项目可以由学校老师或校外企业家指导,通过大班授课、小班操作,以及创业竞赛、个案分析、实战演练、专家指导等各种创新性的方式方法,有助于学生更熟悉创新元素、创业流程及如何处理创新环节中可能遇到的困难等。

(2)创业基金。为鼓励创业,政府出台了一系列支持计划,不同部门设置了不同的大学生创业基金。各地也先后出台了有关计划或设置相应的基金。

5. 有限资源的创造性利用

(1)资源的利用效率。经营活动的效率,是对各种资源的利用效率,但是资源的利用效率总是达不到100%,即企业内部总是存在未利用资源。资源利用效率是指投入资源与产出收益的比值,它能够在财政收入上反映出来(许多财务指标都能够用来反映资源的利用效率)。

(2)资源重复利用。包含品牌资源、技术资源、生产资源、组织资源、经营网络资源等的重复使用。

第一,品牌资源的重复使用。此处并非单纯指科技产品的重复利用,品牌也能够重复利用,如顾客更倾向于选择大牌企业的产品或服务,因此可以选择高知名度的企业来推广新产品或新服务。与市场上一些不知名的同期新商品或新服务相比,响亮的知名度有着明显的竞争优势。

第二,技术资源的重复使用。特定技能及技术的应用次数越多,资源的利用效率越高,资源杠杆运用越充分。例如,夏普将研发的液晶技术运用到电脑、手机、计算器等。

第三,生产资源的重复使用。生产资源重复使用的基础是保持生产资源的足够弹性,并能够迅速调整生产线以生产另外一种产品。在互联网经济下,通过将高度离散的生产能力整合成必要的生产资源,能够使抓住市场机会的合作型伙伴关系快速成长。当市场机会消失时,这些资源会随之快速离散。因此，创业企业保持资源的弹性及资源的重复使用十分关键。

第四，组织资源的重复使用。包括：相同的技术运用到同一个产品系列；将企业的工作方式方法推广到其他企业；暂时调整经验丰富的人员到供应商处指导工作；快速应用一线人员的合理构思，以提高对客户的售后服务等。

第五，经营网络资源的重复使用。多系列产品的中小企业共用一个经营网络资源，能够减少影响成本。如果产品存在相当大的差异，尤其在服务环节出现很大差别时，或者不同产品之间对经营网络资源有不同的需求时，那么实现经营网络资源的重复使用会存在些许障碍。

（3）资源的快速回收。资源杠杆运用的主要范畴之一就是加速资源回收。企业盈利速度愈快，回收的各种资源就愈快，资源加以使用的速度也随之加速。假设双方投放的各种资源相等，乙企业收回盈利的时间只有甲企业的一半，表明乙企业具有2倍于甲企业的各种资源杠杆利用优势。

（4）资源的融合。融合各种类型的资源会提高资源的价值。企业抢先进入新的科技领域并取得主导地位虽然重要，但若企业协调技术的能力不足，即使拥有技术力量也无法更好地发展，也就不能实现资源杠杆效应，即使企业部分单项科技、技术或服务处于所在领域的领先地位，也没有多少实质性价值。唯有培育出大批通才，并有效融合各种科技、技术、资源等，方可形成真正的国际竞争优势。

（四）资源整合与最大化利用的方法

创业者能否尽快推动创业活动按照计划开展、企业能否健康成长与长远发展，都由创业者整合利用资源的能力决定。一般来说，创业者在创业初期所能获取与利用的资源都非常有限。为推动创业活动，创业者首先要结合个人综合能力，积极发挥主动性与创造性，最大限度地利用已有资源创造尽可能多的价值；其次要争取各种资源并进行整合，助推企业飞速可持续发展。

1. 资源整合的方法

（1）"创造"全新的资源。创业者可通过有效"拼凑"，利用资源的创新组合，实现资源的有效整合利用，形成全新"创造"。创业者可以通过洞察企业各类资源的性质特征，运用创新思维、经验技巧和创新性的资源整合能力，将其创造性地整合，往往会"创造"出全新的资源效用，发现常人无法看到的机会。例如，许多高新技术企业的创业者并非专业领域的科班出身，由于个人爱好或其他因素，对特定领域的知识技术等略知皮毛，凭借这些知识技术却巧妙地找到了商机，从而很快完成了对相关资源的整合。

（2）"节约"已有的资源。创业者在创业初期配置利用资源时，往往采用"节约"的方法，尽可能分期投入资源并在每期投入最少的资源，以保证有限资源的节约使用。这也是前文叙述的步步为营的资源整合技巧。这种资源整合利用的方法，主要表现为节俭，设法降低资源的使用量，延长资源的使用周期。但需要注意的是，创业者运用这种方法，需要有原则地保持节俭，而不要过于注重减少成本，不然产品质量或服务质量会受到一定的影响，企业的发展壮大甚至也会受到消极的影响。这种方法还表现为自力更生、艰苦奋斗，尽量减少对外部资源的依赖。这种方法具有保守和稳健的特点，有利于创业者降低经营风险，加强对所创事业的控制，在资源受限的情况下寻找实现创业目标的"经济"途径，从而获取较高的投入产出比。

（3）"撬动"更多的资源。资源整合的关键价值体现在资源利用的杠杆效应，即可以实现以尽可能少的资源换取尽可能多的价值回报。资源杠杆效应的发挥是一个创造性资源利用的过程。

（4）"置换"相关者的资源。资源整合的可能性源于利益的创造与共同分享，本质是资源价值的"置换"。创业者在整合资源时，要设计好有利于多方收益的创新和共享激励机制，将各种非直接的及潜在的资源提供者整合在一起，互相置换资源并借力借势，推进企业的进一步发展壮大。实现资源价值置换的前提是找到或发展各方共同的利益。为此，识别利益相关者和各方利益共同点十分关键。在许多情形下，把薄弱的利益关系逐渐变强，也便于资源的整合开发。实现资源价值的置换，需要进一步探索各方共赢的利益关系，从而确保双方在长远合作中受益，构建起相互信赖的关系。完成首次合作往往是艰难的，建立共赢机制需要创业者的智慧，要让对方看到收益并愿意为此投入相应的资源。

（5）"挖掘"身边的资源。充分挖掘新的资源和资源的潜力，是创业资源整合的一个可行而重要的方法。挖掘创业资源主要有以下3种方式：①挖掘身边还有哪些可用资源，特别是原来没有注意到的或新的资源；②改变现有资源的用途和使用方式，挖掘资源价值的不同方面；③深度挖掘现有资源的价值潜力，深化拓展资源价值。例如，创业者原来未曾意识到的身边的某人、某事、某个事物或某项新的政策等，在某些方面可带来资源价值，在创业中可以加以整合利用；原来只是把目标用户当作客户，而没挖掘其口碑、转介绍等对市场销售的价值；对团队成员了解不够深入，未充分发挥其创造性和价值潜力，等等。有时候，创业者身边并不缺乏资源，而是缺乏"发现"的眼睛，缺乏资源整合思维与意识，缺乏资源重复利用和深挖资源价值潜力的思路和方法。

2. 资源最大化利用的方法

（1）提高资源利用效率。资源利用效率是指投入资源与产出收益的比值。创业资源的利用效率会最终体现在财务指标上，即通过对财务指标的分析可衡量创业资源的利用效率。例如，人均利润、销售利润、资金周转率和投资收益率等财务指标，可分析资源整体和某个方面的利用效率。在创业过程中，创业者很难做到创业资源利用效率达到100%，甚至存在有些创业资源未加利用的情况。主要是通过改进管理方式、优化生产流程与工具、升级生产工具、提高工作过程的信息化水平和减少资源浪费等途径，提高创业资源的利用效率。

（2）提高资源重复利用率。创业资源，包括技术资源、品牌资源、制造资源、营销渠道资源、管理资源等，很多是可以重复利用的。提高资源的重复利用率，有助于提高资源的整合利用效率，充分发挥资源的价值。

（3）加快资源回收效率。加快资源的回收效率，实现资源的高周转率，是提高资源利用效率的一个重要方法。例如，假定有A、B两个创业者，其拥有同等的创业资源。A创业者用B创业者一半的时间就实现了创业资源回收。那么，在同等时间段内，A创业者的资源回收效率、资源利用效率就是B创业者的2倍。可见，加快资源回收效率是创业者充分利用有限资源实现创业目标的有效资源杠杆。其经常被用于企业管理，典型应用是资金管理。创业者在资金使用和管理过程中，注重缩短资金的回笼周期，加快资金周转，是提高赚钱效率的主要手段。

（4）强化资源的深度融合。通过资源整合的方法，将相关创业资源进行深度整合、融合，可大幅提升资源的价值与资源利用效率。成功的创业者往往都是经过深度整合并融合各种资源，积极发挥资源价值利用的协同成效，才取得了成功。例如，思科公司就是通过相关并购，在并购基础上进行资源的深度整合、融合，从而构建并强化企业的核心竞争力，使其在同行中一直处于领先地位。

二、医学院校大学生创业融资

（一）创业融资的原则与形式

融资是指融入所需要的资金，具体是指资金需要者通过一定的渠道、以一定的方式和成本向资金持有者筹集资金的一种经济活动。创业融资是指创业者为了实现创业目标，通过不同渠道、采用不同方式筹集资金，以推动创业活动顺利开展的过程。创业者应根据创业活动在不同发展阶段的特点与资本需求，结合创业规划与发展战略，合理确定融资渠道、方式和额度。

1. 创业融资的原则

创业者在开展创业融资时，应在所能接受和承担相应风险的基础上，尽可能以较低的成本及时足额获得创业资金。一般来说，创业者在融资时，应遵循以下原则。

（1）合法性原则。创业融资作为一项市场经济行为，牵涉有关经济主体享有的经济权益，直接关系到社会资本与资源的流向流量问题，创业者必须遵照我国相关法律法规，保障有关融资主体的权利和利益，依法依约承担责任，防止出现非法融资行为。

（2）合理性原则。在创业的不同时期，创业资金的需求量不同，能够采用的融资渠道和方式可能也不同。创业者应根据创业的整体规划和计划，结合创业企业不同发展阶段的经营策略和实际情况，运用有效的财务手段，合理预测资金需要量和需求时间，详细分析资金的筹集渠道和方式，确定合理的资金结构（包括股权资金与债权资金的结构），以及债权资金内部的长短期资金的结构、数额和时限等情况，为创业企业持续发展提供资金保障。

（3）及时性原则。当今时代，创业机会稍纵即逝，为谋求先发优势，创业者必须能够及时筹集所需资金，将创意想法转化为现实的创业行动。由于融资成功往往需要一定过程和周期，创业者要根据创业的实际资金需求状况，尽量提前启动融资活动，以保证资金及时到位，规避资金风险。另外，创业者还应考虑创业活动的具体安排，使融资和投资协调一致，防止资金过多造成的闲置和浪费，将资金成本控制在合理的范围之内。

（4）效益性原则。创办和经营企业的根本目的是获得一定的经济利益，因此创业者应在深入分析成本效益的基础上决定资金筹集的方式和来源。鉴于投资效益是影响融资需求与成本的主要因素，投资收益和融资成本的对比便是创业者在融资之前要做的首要工作。只有当投资的回报率高于融资成本时，融资才有利于创业者实现创业目标，获得收益。另外，投资所需的资金额度决定了融资的数量，因此创业投资资金的合理估计是决定融资方式和测算融资成本的依据之一。总之，创业者应在充分考虑投资效益的基础上，确定最优的融资方案。

（5）杠杆性原则。创业融资对创业活动来说具有杠杆作用，可以使创业者利用获得的资金撬动更多的资源，保障正常活动开展的同时取得更大的经济效益。通常情况下，创业者融资的目的一方面是获得所需资金，另一方面是想获得资金提供方背后的各种资源。创业者在筹集创业资金时，应选择有资源背景的资金，以便充分利用资金的杠杆效应，在关键时期为企业发展助力。很多杰出的投资人及投资机构通常也会在企业特定阶段与企业合作，融合有效资源并加以利用。证券公司、投资银行，开展IPO路演等，或者投资方参与企业的重大决策，这些资源都是无价之宝。所以，创业者不能一味"拜金"，只有寻找一个有资源背景的基金才能有助于企业的健康发展与持续前进。

2. 创业融资的形式

创业融资主要有两种形式：股权融资和债权融资。股权融资，这里是指创业者出让部分所有权，以换取相应资本资源的融资方式。股权融资会引入新的股东并引起总股本的增加。债权融资，是指创业者通过借钱举债的形式获取资本资源的一种融资方式，它不会引起股东人数和股本的增加。

无论是股权融资还是债权融资均具有一定的优点，也都存在着一定的不足。创业者要权衡不同融资方式的利弊，考虑不同情况下的融资成本，以便做出科学的融资决策。

通过股权融资获得的资金既可以充实企业的营运资金，也可以用于企业的投资活动。通过债权融资获得的资金，企业要担负资金的利息，借款期满之后要向债权人还本付息。

债权融资的资金成本较低，合理使用还能带来杠杆收益，但债务资金的使用不当会带来企业清算或终止经营的风险；关于股权融资，股息要在税后利润中支付，成本较高，但由于在企业正常生产经营过程中不用归还投资者，是一项企业可永久使用的资金，没有财务风险。创业者筹备资金时，需要对股权资金和债务资金的优点与缺点进行对比，同时根据企业的资金需求与资金可得性，融资的风险、成本与获益，宏观投资环境及其控制权分散等方面做出综合的剖析与理性的评判。

(二)创业融资的主要渠道

融资渠道，这里是指创业者融资的来源和通道，指明了筹措资金的方向和目标。从大的方面划分，融资渠道主要有两种：内部渠道和外部渠道。其中，内部渠道是指从创业团队及创业企业内部进行资金的筹措，如个人积蓄等；外部渠道是指从创业企业外部开辟资金来源，如亲友资金、天使投资，以及机构融资、风险投资等。了解创业融资各个途径的特征及其适用范畴，能够使创业者正确选择与利用拓宽合理的融资渠道，进一步提高融资效益，减少融资的风险与成本。

1. 私人资本

(1) 个人积蓄。个人资金成本最易获取，因为创业者在试图引入外部资金时，外部投资者一般都要求企业必须有创业者的个人资金投入，所以个人积蓄是创业融资最为基础的途径，创业者基本上都在其新创建的企业投资过自己的个人积蓄。创业者可以通过转让部分股权的方式从合伙人那里取得创业资金。将合伙人或股东纳入自己的创业团队，利用团队成员的个人积蓄是创业者最常用的筹资方式之一。

(2) 亲友资金。除了个人积蓄之外，身边亲朋好友的资金是最常见的资金来源。亲朋好友由于与创业者个人的关系而愿意向创业企业投入资金，因此亲友资金是创业者经常采用的融资手段之一。

向亲朋好友融资时，大学生创业者一定要使用当前市场经济的契约准则、游戏准则及法律手段等规范和约束融资行为，维护各方权益，避免产生不必要的纷争。创业者在向亲朋好友融资前，必须要认真斟酌此行为对相互之间关系的影响，并把将来或许出现的有利及不利情况全盘告知，特别是创业风险方面，有助于在发生问题时把对他们的不良影响减少至最低。

(3) 天使投资。天使投资是一种非组织化的创投形式，即由个人出资帮助拥有专门技术或独创概念，但缺乏自有资金的创业者完成创业，同时承当创业中的高风险及取得创业成功后的高获益；也可以是非正式风险投资组织、自由投资人对小型初创企业或原创项目构想所进行的初期融资。

天使投资主要包括两种：有行业背景的天使投资与无行业背景的天使投资。这两种天使投资，无论是从行为和预期方面，还是创业团队的协作方面都大相径庭。但从资本方面来看，这两种投资都是特别好的渠道。假如创业团队早期不是单纯缺少资金，找寻具有行业背景的天使投资对创业发展会更佳。

2. 机构融资

（1）银行贷款。目前比较适用创业者的银行贷款方式有两种：一是担保贷款，二是抵押贷款。担保贷款则是由借款方向银行提出满足法定条件的第三方保证人作为还款保障的一种借款形式。适宜创业者的担保贷款方式包括担保公司担保贷款、自然人担保贷款、政府担保贷款。抵押贷款是指借款人将其持有的资产进行抵押，以获取银行贷款的担保。抵押期内，借款人能够继续使用抵押的资产。抵押贷款分为动产、不动产、无形资产抵押贷款这3种形式。无形资产抵押贷款作为一种较新的抵押贷款方式，适合具有专利产品与专利技术的创业者，允许创业者用著作权、发明专利权或其他无形资产向银行作质押或抵押以获得贷款。

（2）非银行金融机构贷款。非银行金融机构是指通过接受信用委托、发行债券与股票、提供保险等方式筹资，同时把筹集的资金用于长期投资的金融机构。按照法律法规，经中国银监会批准设立的公募基金、私募基金、证券机构、金融公司、保险机构、信托投资机构、融资租赁机构等都是非银行金融机构。

（3）交易信贷和融资租赁。交易信贷是指企业在进行正常的经营活动与产品交易过程中，因为延迟支付或预收货款所产生的企业相互之间常见的一种信贷关系。企业在筹备阶段和生产运营经营中，都可采取商业信用的形式筹措资金。例如，企业在购置设备或原材料、商品过程中，可以通过延期付款的方式，在一定期限内免费使用供应商提供的部分资金；在销售商品或服务时采用预收账款的方式，免费使用客户的资金等。

创业者也可以通过融资租赁的方式筹集购置设备等长期性资产所急需的资金。融资租赁指的是实质上转移与资产所有权相关的绝大部分或全部风险与酬劳的租赁，它是集贸易与技术革新、融资与融物于一身的一种新型金融业务。

（4）从其他企业融资。一些从事公用事业业务的企业，或者已经发展到成熟期的企业，现金流一般会比较充足，甚至会有大量资金需要通过对外投资的方式实现较高收益。对于有闲散资金的企业，创业者可吸纳其资金成为股权资本，也可向这些企业借款而建立债权资本。

3. 风险投资

风险投资指的是职业金融家投入到飞速发展的、新兴的、具备强大竞争潜能的企业中的股权资本。在我们国家，关于风险投资还没有一致的认识，较为常见的观念是：风险投资是一种由专业机构提供的、投资到富有发展潜能的创业企业且参与其经营管理的权益资本。

创业者找寻风险投资通常要经历10个阶段：①创业者明确自身资金需求；②了解、分析创业投资市场和相应机构；③分析找寻创业投资的概率，暂时明确找寻融资的目标创业投资机构；④准备创业计划；⑤联系接洽创业投资机构，提交创业计划执行总结；⑥最终确定关键的创业投资机构；⑦接受创业投资机构的尽职调查；⑧就企业价值和投资的股权架构进行谈判；⑨确定最终投资协议；⑩获得创业投资，投资方参与企业发展。

创业者获得风险投资的渠道主要有以下4种。

（1）给投资人发邮件。想获得风险投资最简单的方法就是给投资人发邮件，一般的风险投资都有自己的网站，上面标有公开邮箱，创业者可以将自己的创业想法或商业计划书发到公开邮箱中，以争取投资者的关注，并最终获得投资。采用这种方式的成本最低，但效率也最低，成功融资的概率很低。

（2）参加相关行业的会议或创业训练营。会议或创业训练营上会有很多投资人，创业者可以利用茶歇或休息的时间尽可能接触较多的风险投资者，或者接触自己感兴趣的投资者。这种方式的优点是在短时间内能够见到很多的投资者，但由于时间短，不一定有机会认识或结识他们，此外这种场合对创业者的说服能力要求较高。

（3）请朋友帮忙介绍。如果身边有朋友做过融资，或者已经得到风险投资的，可以请他们帮忙介绍，这种方式较前两者成功的概率稍大，毕竟接受过风险投资且取得经营成功的人的介绍就是一种名片，投资者可以借由介绍人的推荐对创业者或创业项目有一定了解，通过介绍人的引荐，对创业者给以初步的肯定。但是，这种方式的接触面可能较窄，朋友认识的投资者可能并不是创业者需要的类型，而真正适合的人未必是朋友认识的人。

（4）聘用投行帮助做融资。通过投行或融资中介的帮助寻找风险投资的成功率较高，他们对活跃的投资人很了解，能够帮助创业者和投资者进行沟通。投行会运用自己的经验帮助创业者挑选更合适的投资人，但是采用这种方式的成本也较高。

第四节　医学院校大学生创业风险的判断

创业风险是指创业者及其团队在创业过程中遇到或发生的风险，主要指由于创业者及创业团队价值观的差异性、能力与实力的局限性，创业市场的多变性，创业环境的复杂性，创业资源的局限性等造成创业发展困难，背离或无法达到创业设定目标的风险与后果。从广义上来说，创业风险是结果的不确定性，包括在创业过程中阶段任务指标实现的不确定性，收益多寡的不确定性；狭义上来说，创业风险是损失和没有收益的可能。对创业风险的判断是创新创业中最重要的内容之一，只有科学而准确地判断创业的风险所在，才能采取行动规避风险，使创业走向成功。

一、创业风险的预测

医学院校大学生创业者在创业风险识别中，既要明确决定承担的风险程度，又要对实际可以接受风险的程度做出客观评价，从而选择科学的风险管理方式，降低创业过程中的未知性。创业者风险承担能力是指创业者所能承受的最大风险。

第一，可以承受的创业风险资金预测。一般情形下，能够承受的风险资金数量与创业者的风险承受能力成正相关的关系。创业者的年龄与家庭条件等情况会影响其用于承担风险的资金。大学生创业者刚毕业时由于缺乏创业资金的积累，所以用以承受风险的资金相对较少；如果家境相对贫困，家庭生活等需要更多的资金支出，再加上可以获取的家庭支持相对较少等原因，其用于自担风险的资金通常比较少。

第二，资金渠道预测。从其他途径获取收入的能力与创业者的风险承受能力成正相关的关系。从其他途径获取收入的能力越强，创业失败对创业者的生活状况与情绪心态的负面影响越小，创业者用来清偿创业失败而产生的债务能力越强（采取公司制当作企业法律方式的创业活动除外，由于公司制企业是有限责任，仅以创业者投资企业的资金为限，负责公司债务），其风险承受能力也就越强。

第三，阶段可承受创业风险预测。一般来说，随着时间的推移和创业活动的进一步深入，创业者遇到的风险也会逐步上升。因而，创业者应该依据风险的来源和对创业活动的影响大小，预测在各个时期内能够承担的总风险。从创意到商业构想，再到创业企业的建立，不同阶段的创业风险会有所不同。

第四，危机管理能力的预测。创业者的危机管理意识和能力越强，其创业风险承受能力就越强，二者成正相关的关系。创业者的危机管理意识与能力直接影响创业风险出现时实施的风险调控策略的有效性，直接关系到损失程度。危机管理意识和能力越强，风险因子引发风险事件导致损失时，创业者防范风险的能力会越强，能够有效控制风险情况并防止风险继续增加，最大限度降低风险所带来的损失。

二、创业风险的防范

（一）系统风险的防范

对于系统风险，创业者或创业企业可从以下3个方面做好风险防范。

第一，正确预测。创业者应尽可能运用所学知识和所掌握的资源，采用科学的方法对可以预见的风险进行深刻剖析，采取和团队人员研讨、求教行业专家等方式，预估创业环境变化的可能性，以及变化会给创业企业带来的影响，创业者应对创业的系统风险做到心中有数，以便制定相应的应对策略。

第二，谨慎分析。创业者应正确了解与认识创业环境，对创业环境进行合理评估，通过层层细化、逐级分析，熟悉创业的宏观环境和微观环境，以求能够准确预判创业过程中可能遇到的系统风险。创业者应对所处的创业环境进行深入了解、认真分析。当前，国家实施就业优先战略，进一步落实支持创业方针，为大学生创业者在小额担保贷款、自主创业减税方面提供优惠，在创业地落户与场所、项目、技术、培训方面给予扶持，为大学生创业者营造了更为宽松的创业环境。

第三，合理应对。系统风险是在全局性因素的共同影响下发生的，一旦发生，创业企业自身和创业者既无法调控，也无法实施相对应的措施。由于系统风险的不可分散性，创业者只能通过谨慎分析及准确预估，提出科学的对策举措，尽可能避免和减少系统风险对创业企业或创业者自身的消极影响。例如，预测到市场利率上升，应尽量筹集长期资金；预测到未来经济低迷，应尽可能持有较多现金等。

（二）非系统风险的防范

非系统风险是由特定的创业者或创业企业本身原因引起的，仅对该创业者或创业企业造成影响。所以，创业者或创业企业在一定程度上能够对非系统风险加以调控，同时采取相应的举措进行防范。

1. 规避市场定位的风险

准确的市场定位是创业成功的源泉。一些创业者在创办企业时并未进行清晰的市场规划和定位，而是秉承走一步算一步的理念经营企业，最终可能导致企业走向失败。为了减少这种风险的发生，创业者应在创业前有清晰的市场规划与准确的定位，策略执行务必精准，确定所做的事情是正确的。

规避市场定位的风险需要注意以下几点。

（1）创业动机千差万别，大多数成功者的创业动机多是为了实现自己的理想和人生价值而投身到创业浪潮中，追求更大的成就感是很多民营企业家最大的精神动力。

（2）选对创业项目对于创业者非常重要。在选择创业项目时，必须遵循以下原则：项目选择要立足长远；项目选择要知己知彼；项目选择要有潜在的市场前景；项目选择要有个性。选择大于努力，如果项目的选择过于草率，不经细心考察就投入个人资金，可能会亏本，导致创业失败。

（3）为了避免风险，市场调研十分必要。调研内容应该包括市场的需求情况、国家的相关法律法规、国家的经济形势、行业的未来发展趋势、市场中已存在的竞争者情况、产品的生命周期情况等，只有从多个方面进行了解和调查，才能在创业项目实际运行时有成功的把握。

（4）创业者对创业优势和劣势进行全面分析，需要从创业知识、心理素质、资金来源等方面分析和考量。因此，创业者要全面认识自己，做到扬长避短。要了解自己最短的"木板"，也就是要了解自己在创业方面存在的弱点，以便做到扬长避短。

2. 规避行业选择的风险

各个行业的盈利模式不同，因此导致利润存在巨大差异，使刚入行进行选择的创业者容易进入盲从暴利的误区。创业者应该选择哪个行业——这是创业之初必须冷静思考的问题。选择某一行业，需要进行充足准备，结合自身实际情况，应有长远的眼光，不可盲目跟风或追涨杀跌，避免惨淡收场。如果创业者盲目投资，选择一个不适当的时机或一个自己并不了解的行业进行创业，可能会导致失败。事实证明，在创业之初，从事熟悉的行业与业务领域，可以将个人的核心专长发挥到极致，最容易取得成功。

3. 规避创业心态的风险

创业本身是一项冒险活动，"惊险一跳"是许多创业者都会遇到的情况，创业者需要有胆量，敢于冒险，才能顺利完成极具考验性的"一跳"。也就是说，冒险精神是每个创业者应当具备的创业精神。创业者要做好各种心理准备，克服各种心理难关。创业者最致命的失败源自害怕失败，在多数情形下，创业计划还未开始就已经害怕失败。事实上，创业过程中产生恐惧感是很常见的，创业者应该将恐惧合理化为力量，将其转变成有利于创业活动的正向力量。

创业是一个艰辛而漫长的过程，不可能一蹴而就。尤其是在创业初期，在既没有技术也没有人脉的情况下，更是困难重重，成功的概率会很低，这更需要创业者面对困难要保持乐观的心态，心平气和地寻找解决问题的办法。

4. 规避创业融资的风险

畅通的现金流是决定创业成败的关键。如果只有资金投入而没有产出，那么无论有多少资金投入都是不够的。如果产出日期不可确定，投入也就无法预计，就会对项目的发展形成隐患而导致失败。因此，处于创业之初的创业者需要预先筹划启动资金和周转资金，控制成本，合理规划好投入与产出。一方面清楚在可预见的将来可有多少收益；另一方面需要判断现阶段的固定支出，确定资金的需要量，并筹集足够的备用金。因为只有手里掌握了足够的备用金，才能从容应对很多意想不到的情况，避免项目因为现金断流而失败。创业融资要多管齐下，才能降低融资风险。

5. 规避创业的技术风险

技术创新可以为创业者创造巨大的收益，然而如果掌握不善将会导致创业者一事无成。所以，创业者必须要重视技术风险的防控。规避创业的技术风险应注意：①提高创业企业技术系统的活力；②合理运用法律手段规避损失风险，如采用专利申请、技术标准申请等保护性申请措施；③增强对技术创新方案的可行性验证，降低在技术开发和技术选择过程中的盲从性，建设机敏的信息预警系统以防范技术风险；④采取成立创新联盟或创建技术联合开发体等方法，降低技术风险出现的概率。

6. 规避创业的财务风险

有效规避财务风险，应做到以下4点：①做好创业企业现金流的管理，防止由现金断流造成财务窘迫，乃至破产清算的情况；②建立与维护创业者和创业企业的信用，提高获得资金的概率；③创业者要正确预测创业需要的资金，防止未来发生筹备资金不足的现象而阻碍企业的持续发展；④资本结构失衡及其筹备资金艰难是许多创业企业财务风险的重要根源与突出的财务特点，创业者与团队必须要全盘衡量企业的当前利益与长期发展，搭建科学的财务架构体系，选择合适的途径获取资金。

7. 规避创业的管理风险

具体来说，可以采取3项措施规避创业的管理风险：①明确决策目标，完善决策机制，减少决策失误；②重视领导层的自身建设，提高领导者的个人素质，如诚信意识和市场观念等，并健全与企业阶段性成长发展相匹配的组织机制；③坚持民主式管理和集权式管理有机统一，恰当安排企业的执行权，防止不规范的家族式管理阻碍创业企业的长远发展与成长壮大。通过提升管理者的整体能力和综合素养，转变决策方式与管理模式，进一步规避创业企业的管理风险。

8. 规避市场变化的风险

市场随时间千变万化，市场竞争也是瞬息万变。由于新产品在开发市场的过程中，市场需求是潜在的、待成长的，市场接受新产品的具体时间具有不确定性，因此创业者很难在新产品投入市场前预判出市场接受新产品的具体时间，也很难确定新产品上市的最合适时间点。创业者很难预测出新产品的市场需求的成长速度，也难以预测新产品的扩散速度。这些不确定性为创业者的下一步计划带来了困扰。创业者需要通过时刻关注市场，结合新产品市场需求的具体情况进行下一步计划。

新产品的生产离不开上游市场的原料供应。创业者在选定创业项目并决定投入生产后，能否从上游市场及时获得价格合适且足量的原材料供给，具有不确定性。

9. 规避人力资源的风险

由于人力资源是创业活动中的关键资源，其产生的风险对于创业企业而言具有毁灭性，因此一定要全面重视。第一，创业者必须要积极学习，增强创新能力及创业意识，使自身的知识能力与创业活动相符合；第二，采用奖励、惩罚、评价等方法管理团队，根据团队成长发展的不同时期制定具体的管理内容，同时科学评价成员的业绩；第三，招聘时要掌控好人才质量，录用具备优秀的职业品德与良好的团队协作能力，以及掌握的知识技能与职位相符的人员，在合同中确定双方的权利义务关系与合理授权，在日益完善的人力资源管理体系下，将关键成员的工作管理和非工作管理结合起来。

三、创业风险的识别、评估与应对

（一）创业风险的识别

在创业初期，由于创业者及其团队在创业活动的各个环节存在不成熟的因素，发生风险的概率较高。为此，创业者及其团队应在常规工作管理中强化对风险的识别工作，时刻保持高度的敏感，做到在计划中体现，在汇总中关注，在总结中分析。风险的识别应根据风险分类，全面、客观地审视创业过程，从风险产生的缘由入手，深入探究诱发风险的各类因素，使这些因素成为容易被观察并发现的基本单元，找出现实与未来可能影响创业阶段目标与终极目标实现的各种风险。创业者可通过建立风险清单、编制创业流程图、起草风险预案、市场调查研究、专家提出建议、集体研究探讨等方式开展风险识别。

（二）创业风险的评估

创业风险的评估能够使创业者更加从容理智地防范风险，做好面对风险的充分准备。风险评估包括两类内容：一是对各种风险发生的可能性及发生之后的损失程度的评估；二是对风险事件发生的可能性大小、可能的结果范围和危害程度、预期发生的时间、风险因素产生风险事件的发生概率4个方面进行评估。创业者及其团队既要有直面创业风险的勇气，更要有理性应对风险的方法，这是对创业者智慧、能力和素质的磨砺与考验。

（三）创业风险的应对

实现最高安全保障的管理手段是通过科学合理的措施加以预防控制，并以最经济有效的方式综合管理风险。

常用的创业风险应对策略包括风险自留法、风险避免法、风险防范法、风险控制法及风险转嫁法等。

第一，风险自留法：创业者自我承担风险损失。通常在风险低、损失小且损失不影响创业活动顺利进行时使用这种方法，如汽车驾驶新手上路，即便十分小心，但仍发生轻微剐蹭及被其他车辆的鸣笛催促，这都是正常的，驾驶员应该承受这些造成的心情不悦与经济损失。

第二，风险避免法：设法避免损失发生，降低特定风险发生的可能性。风险避免法是一种消极的风险管理方法。当某种特定风险导致损失的幅度及频率较高时，或者在创业者不接纳采取其他风险管理方法所产生的成本时采用。

第三，风险防范法：在损失产生前采取各类风险处理措施，尽可能降低风险产生的可能，通过消除或减少风险因素达到降低损失发生概率的目的。风险防范法通常在损失频率高且损失幅度低时使用。例如，汽车驾驶新手上路，为预防交通事故的发生，严格遵守交通规则，集中精力，认真驾驶。

第四，风险控制法：是在损失出现时或出现后，为减少损失程度所实施的对策手段。风险控制法多应用于损失大且风险难以规避的情况，如损失发生后的自救和损失处理等。

第五，风险转嫁法：指创业者为避免承担风险损失，有意识地将损失或与损失有关的财务后果转嫁给他人承担的一种风险管理方法。创业者可采用保险转嫁、转让转嫁和合同转嫁等方式。例如，汽车驾驶员，应为车辆办理相关保险，在发生交通事故及造成损失时，由保险公司承担损失结果。

创业者或创业企业需要针对风险评估的结果和具体的评估环境，选择合适的风险应对方法，采用科学的风险应对策略。

第五章　医学院校创新创业教育与道德教育的协同发展

第一节　大学生道德教育概述

"大学生作为社会中的重要群体,在新时代必须将其作为道德教育的重点对象,开展将新时代的发展要求与大学生的自我需求相结合的道德教育。这样做不仅使大学生自身思想道德素质得到提高,而且能够带动社会整体道德水平的提升,推动新时代中国特色社会主义新风尚的建设。"①

一、大学生道德教育本质的基本要义

当前,人们较为认同的道德教育本质论是"引导—建构论",以"引导—建构论"为基础,在有机吸收、兼容其他道德教育本质论优点的基础上,提出一种更为完善的道德教育本质论,即价值学习论。其核心内容是:道德教育是学习者在社会情境中的价值学习活动;价值学习的目的是帮助学习者超越现实生活,过上一种更道德、更美好的生活;价值学习是道德学习者体验生活、参与实践、理解他人、改变态度、重树信念的过程;以道德教育工作者为核心的价值学习环境是价值学习发生的必需条件。

简而言之,道德教育本质是一种以道德学习者为主体,以体验、实践、理解为途径,以创造更道德、更美好的生活为目的,以道德教育工作者与道德教育环境为依托的价值学习或价值自主建构过程。现代道德教育本质的核心要义可以从以下方面进行阐述:

---

① 刘莹. 新时代大学生道德教育研究 [D]. 大连:辽宁师范大学,2022:3.

(一)道德教育是一种价值学习活动

在现代道德教育中,道德教育的本质含义不是"教育",而是"学习",即道德学习,而道德的最内核要素是人的价值观,故道德学习的根本含义是价值观学习,现代道德教育即"价值观学习"或"价值学习"的代名词。"价值学习"不同于"知识学习""技能学习"。"知识学习"主要改变的是人的认识、观念,改变的手段是人类积累、占有的知识信息资源;"技能学习"主要改变的是人的动作方式,改变的手段是教育者掌握的动作经验与技巧;"价值学习"主要改变的是人的处事态度、人生信念与道德理解,改变的手段主要是道德体验、道德示范、道德实践等,反复性、长期性、内在性是这一转变的重要特征。

(二)道德教育是以道德学习者为主体的学习活动

道德教育活动是一项既具有教育性又具有发展性,既能主动引导学习者价值观的建构又能充分发挥学习者参与道德活动、发展道德素养的主体性的活动。通过这一活动,学习者在价值引导与自主建构中实现了道德的发展。同时,这两大矛盾之间是具有内在联系的:前者决定了学习者道德生活的建构和价值观的形成不能离开道德教育工作者的引导;而后者决定了道德教育工作者对学习者的价值观引导必须立足于其自觉、自主建构其价值观的主观能动性之上。确立并尊重学习者在道德教育过程中的主体性,让所有学习者成为道德教育活动的主人,让发展道德成为学习者自己的事是现代道德教育的基本特征。

(三)道德教育帮助学习者改变现有生活方式

现代道德教育的目的不只是要让道德学习者信守道德规范、伦理法则,做一个社会意义上的"规矩人",更要引导他们在道德理想、道德信念的指导下,积极突破现有的生活方式或"活法",过上一种更为自觉、道德的生活。道德教育的意义更多集中在道德理想指导下的可能生活。换言之,现代道德教育的目的是要让道德学习者更加自觉、自主、自由地应对现实生活,去追求更高境界的道德生活方式,追求一种更加幸福、公正、美好的生活方式。这种价值引导是现代道德教育的根本特征。

人们生活在世界上,就必然会选择一种生活方式,每种生活方式的内核或枢纽都是一种价值观念、理想信念，它决定着人的生活的各个方面；一旦人的价值观被改变，他的整个生活世界、生活面貌、生活细节都可能因此发生系统性改变。因此，重塑人的价值观，帮助他选择一种更加有意义的价值观，是改变人的现实生活宇宙的重要切入点。其实，适应现实生活只是道德学习者融入身边世界的前提，促使他们超越现实生活，建构一种更为理想的生活方式，才是道德学习者的能动性所在。现代道德教育正是借助对学习者道德理想、生活理想的引领来整体改变他们的生活方式与人生轨迹。

（四）道德教育是教育工作者主导学习的具体体现

在道德教育环境中，道德教育工作者始终处于主导、统领地位，他们正是通过对道德教育环境的设计、控制、干预，将道德教育影响传递给学习者。从某种意义上看，道德知识具有不可直接传递性，唯一能够传递的方式就是将之"搭载"到道德教育环境中来传递，道德教育工作者正是通过控制道德教育环境来促进学习者的价值建构的。在现代道德教育中，师生关系是影响学习者价值建构的最重要环境。另外，现代道德教育活动的"三要素"——道德教育工作者、学习者与理想道德生活之间构成了一种网状结构与多向互动，这一特殊的结构决定了现代道德教育活动的独特性：道德教育工作者与学习者之间是主体间关系、交往性关系、互主体性关系、对话协商式关系，而非主客体关系、训导性关系、单向性关系等。

二、大学生道德教育的功能

（一）大学生道德教育的社会功能

道德教育的社会功能，是指道德教育对社会发展的性质和水平所产生的影响或作用。社会是一个有机体，它涉及文化、经济等各个方面，社会发展就是文化、经济等方面的统一发展。在这几个方面的发展中，道德教育发挥着重要功能，从而分别构成了道德教育的经济功能和文化功能。在当代，道德教育在构建和谐社会关系、民主制度、转变经济增长方式、发展先进文化形态等方面发挥着愈来愈重要的功能。在此，我们将主要从文化功能和经济功能两个方面来阐明道德教育的社会性功能。

第五章
医学院校创新创业教育与道德教育的协同发展

1. 大学生道德教育的文化功能

一个社会的道德发展水平不仅奠定着该社会发展的文化基础，而且还通过影响学生的思想意识、精神动向等干预着该社会的文化系统，决定着该社会文化形态的基调。道德教育的文化功能主要体现在它对文化形态的维系和变异所产生的影响上。

（1）道德教育对文化形态的维系功能。任何教育活动都有传承社会文化的功能，道德教育活动也不例外。学校道德教育在传递社会的精神文化、维系社会文化形态的稳定中发挥着重要功能。这种功能是通过以下两种途径实现。

第一，文化的继承。文化一般有两种形态，即知识形态和规范形态。就道德教育而言，它传播的主要是规范形态的文化。规范形态的文化既包括人们之间相互交往的各种规范（如道德规范），又包括指导人的世界观、价值观、人生观、人生信仰，甚至包括社会的文化风尚、社会心态、群体人格等，这些规范形态的文化以文化传统的形式建构着个体及群体的人格特征，构建着一个民族、群体的共同人格，它们在人类发展中具有重要功能。

第二，文化的控制和整合。道德教育对文化的传承不是机械、随波逐流的传承，而是在这个过程中对这些文化形态进行了加工、过滤、选择、组织。因此，道德教育能够自觉控制文化发展方向，确保传承的是积极、健康、向上的文化，道德教育对文化传统的传承总是建立在积极的价值标准之上的。这种价值标准将那些不合乎学习者身心健康发展、不利于人类发展的内容剔除，从而保证了道德教育对学生的影响是一种积极的影响。

（2）道德教育的文化变革功能。文化既需要继承，又需要变革。随着社会的发展，文化的内容、结构、形态会发生一些变化，否则这种文化就难以适应社会变革的需要。道德教育的文化变革功能就是指道德教育具有引发文化系统的结构发生变化，促使其不断发展的功能。道德教育的文化变革功能主要体现在以下两个方面。

第一，道德教育是催生文化结构变革的"辅酶"。文化系统一般可以划分为3个层面：外层是文化的物质层面，中层是文化的制度层面，内层是文化的观念层面。文化的发展一般是沿着观念层面—制度层面—物质层面这样的序列向前推进。道德教育属于文化系统中的观念层面，它建构着整个社会的主流价值、基本观念。

第二，道德教育培养着新文化的生产者。当前，我国学校道德教育的目标是要培养出善于开拓、勇于创新、敬业乐群、心系民族、放眼世界的"新人"。实际上，这种"新人"的培养就是建构一种新文化的具体行动，是变革当前我国社会文化的直接举措。可以想象，当道德教育培养出足够数量的、具有这种文化意识的人时，整个社会的主导文化势必会发生质的变化，一种新的文化精神、文化形态就会产生。

2. 大学生道德教育的经济功能

道德教育的经济功能表现在它对人的劳动态度、经济意识、工作热情、经济生活、消费需要与消费方式等方面的影响上。具体而言，道德教育对经济发展的促进功能主要通过以下3个方面来体现。

（1）道德教育在生产领域的功能。道德教育既通过培养劳动者的思想道德品质来提高"人"这一生产力，又通过作用于生产技术来提高该社会的直接生产力。

第一，人是生产力中最具能动性的因素，道德教育对生产力的影响是通过影响劳动者的生产积极性、劳动能力应用方向及其发挥程度来实现的。道德教育能够培养人遵守一定的经济秩序，从而减少消耗，提高生产效率。在现代经济生活中，劳动力是一个关键因素。经济生活的顺利进行不仅需要劳动者具有一定的生产劳动能力，还要求他们具备一定的行为约束能力，如诚实守信、遵守经济活动规范和职业道德等。

第二，道德教育还通过影响一个时代的主流精神、价值观念等，对科学技术的发展产生促进或阻碍作用。

（2）道德教育在经济形态领域的功能。学校道德教育通过各种途径影响着一个国家经济基础的稳定与巩固。

第一，经济是政治的集中体现，学校道德教育通过其政治功能的发挥对社会经济制度、经济形态的建立和发展产生影响。

第二，道德教育还可以通过影响劳动者的意识形成和劳动生产率来巩固经济基础。

（3）道德教育在生活和消费领域的功能。学校道德教育通过引导人的消费需要、促进其形成合理的消费观，影响人们的生活方式和消费方式。道德教育能够在生产与消费的良性循环中促使人们的经济活动不断迈向新的层次。经济活动的发展不仅是产品数量的增长，还是产品品位的提高。在道德教育中，它不仅能构建一种真善美相谐的文化氛围，给人以熏陶与感染，还可以扩大人们对各种优秀产品、高品位商品的消费需求，提高他们的消费能力,引导他们的消费方向和消费趣味,从而改变人们的消费品的类型结构。

(二)大学生道德教育的个体功能

道德教育的个体功能,是指道德教育对个体发展所能够产生的实际影响和现实作用,包括个体发展性功能和个体社会化功能,涉及个体的生存、发展和生活3个方面。在现实生活中,个体不仅有生存和发展的需要,还有提高生活质量的需要。道德教育是通过培养个体的道德品质、道德人格等方式来满足大学生的上述需要,推动个体发展水平、生活质量的稳步提升。

1. 大学生道德教育的个体发展性功能

人一般具有两种基本需要:生存性需要和发展需要,或者说是外在需要和内在需要。其中,生存性需要或外在需要由外在世界提供,和谐的社会关系与物质性的产品构成了这种需要的对象。与之相对,发展需要是人主动超越自我的需要,是一种高于生存性需要的精神性需要,是人在追求自我价值、寻求自我实现、展示生存意义、追求幸福感中所体现出来的一种需要。这种需要构成了人的发展需要,它构成了人不断向前发展的动力,制约着人的发展方向。

(1)道德教育具有促进个体品德发展的功能。所谓品德即道德品质,是一定社会的道德在个体身上的体现,也就是个人按社会规范行动时所表现出来的稳定特性或倾向。显然,从社会性的道德向个体性的道德品质转化的过程就是道德教育的过程。道德教育是一项促进学习者品德发展的活动,它的直接使命和功能就是发展学习者的品德。品德是由多个维度、要素构成的一个整体。实际上品德的发展就是这些要素的综合发展。就品德的结构而言,人们一般较为认同的是四要素论所倡导的品德结构观。从形式上,品德的结构可以区分为品德认识、品德情感、品德意志和品德行为4个要素。

(2)道德教育具有促进个体智能发展的功能。道德教育过程的实质就是教人向善,教人学会对道德问题进行判断,创造性地开展教育实践。因此,任何道德教育活动的顺利进行都需要一定的智力活动,道德教育活动的开展过程就是个体智能得到应用和发展的过程。具体而言,道德教育促进个体智能发展的功能体现在它对人的认知能力、认知图式、认知热情的训练和强化上。

2. 大学生道德教育的个体社会化功能

人是社会的人,要在社会中生存就需要周围人的认可、关心和尊重,需要一个有秩序的社会环境,需要从他人那里获得生存的条件。为此,人必须和周围人建立起一种和谐的人际关系,以使自己能够从社会中获得发展所必需的物质、信息和情感等。在道德教育中,学习者能够学会与他人交往的伦理规则、道德规范,懂得如何去尊重人、理解人、关心人,从而自觉用道德的原则来构建人类社会生活秩序,用善良的心灵去构架人类生存的道德环境。个体要在社会中生存就必须并借助道德的准绳和道德的教育,实现品德社会化。

总而言之,道德教育能够通过引导人们树立合理的义利观、是非观、权利观、义务观,使人在芜杂的社会关系中实现社会化的生存,进而不断走向成熟、趋于完善。由此可见,道德教育是人实现社会化生存的重要工具之一,道德教育的个体社会化功能体现在它能够教会个体学会用道德的方式来参与社会生活,学会与人交往,不断从道德的力量中获取参与生活、实现生存的智慧。

第二节 医学院校创新创业教育与道德教育协同发展的必要性

"创新创业教育是国家的重要发展战略,是经济转型升级的需求,对毕业生就业压力的缓解非常有利,可使得大学生对国情更为了解,社会责任感得以强化,德育教育目标也可更好地实现。"[①] 创新创业教育与道德教育是相互依存、紧密联系的关系,对于医学院校而言,创新创业教育与道德德育相互融合,是未来学校发展的必然趋势和内在要求。

现代道德教育以促进主体德行发展为根本任务,道德教育范式的构建要着眼主体价值的实现,激发主体能动潜质。创造性是主体发展的最高形式,联合国教科文组织将创业教育看作是学习的"第三本护照",认为其与学术

---

① 王利华."互联网+"背景下大学生德育教育与创新创业教育融合的思考[J].就业与保障,2022(1):148.

教育、职业教育具有同等重要的地位。创新精神、创业意识和创新创业能力的培养不再是单纯的实践层面的素养提升，已成为当代人的一种公认理念，与个体生命价值的实现密切相关。经过多年的探索，高校创业教育逐步形成了从课堂教学到创业孵化实践的工作思路，取得了一定成效。创新创业教育是培养大学生创新意识、创业素质、创业技能的教育活动，能培养具有开拓性的大学生，其本质是引导大学生适应社会，提高生存能力。其开放性、发展性、主体性等特征为个体价值观教育创设了新境界，追求更高层次的道德品质，这不仅是推进当前医学高等教育综合改革的突破口，还是推动医学院校大学生更高质量创业就业的重要举措。

一、二者具有相同内涵的教育目标与教育内容

创新创业教育改革能够进一步拓宽医学院校大学生就业渠道，道德教育与创新创业教育有诸多实施共同点和价值契合点，二者在教育实践中有很多互补之处。

（一）教育目标的一致性

一般来说，创新创业教育的目标是培养大学生的创业意识和能力，能够主动参与创新创业活动，通过自我探索和实践，在推动社会创新发展的同时，丰富自己的职业选择。道德教育的目标是健全和完善学生的人格品质，使其在人生理想、就业观、发展观、思想品质等方面更进一步，成长为社会真正需要的人才，最终实现个人价值。因此，创新创业教育与道德教育有诸多契合点，二者相互联系和促进，在教育实践中有很多的共同之处，二者有机结合可以更好地促进大学生全面发展。

（二）教育内容的融合性

医学院校道德教育内容涉及方方面面，诸如道德品质、心理学、职业观、价值观等。上述各个方面有利于促进大学生的发展，这也是大学生成长成才的必然途径。医学院校创新创业教育目标主要包括培养创新意识和能力、健全和完善人格品质等，其教育目标的实现有赖于道德教育工作的顺利开展。要培养一个成功创业的大学生，必须要在思想教育上下功夫，不断提升其职业观、道德观和人格品质，这是道德教育的价值和出发点。从这可以

看出，创新创业教育与道德教育虽然有不同的目标，但是二者在内容和路径上又有诸多相通相似之处。

二、大德育时代呼唤创新创业教育

随着社会不断发展和变化，国内医学院校的道德教育内容也发生了较大的变化和改进，为开展道德教育提供了丰富的养分。在大力推行"双创"的时代背景下，大德育必须要顺应时代发展潮流，积极与创新创业教育相互融合发展。

（一）医学院校道德教育推动创新创业教育

随着全球一体化不断向前发展，国内外环境形势日益复杂。与此同时，医学院校道德教育环境也发生了巨大的变化。一方面，随着国内改革的不断推进与高等教育的普及化，大学生就业形势不容乐观，医学院校大学生的就业情况也比较严峻，使得社会上存在着"读书无用论"的观点，这对医学院校道德教育工作造成了很大的干扰。另一方面，国家制定的"双创"政策正在落地实施，在互联网科技广泛应用背景下，创新创业成为社会经济发展的新动力，这对医学院校大学生的个人综合素质提出了更高的要求。医学院校要改革和创新道德教育方法，坚持大德育理念，大力培养学生创新创业能力，为国家和社会输送大量有用人才。

（二）医学院校创新创业教育助力道德教育

医学院校是培养医疗人才的重要阵地，其教学宗旨就是立德树人。在当前社会发展形势下，医学院校要牢牢把握大德育发展趋势，同时推动道德教育与树人教育发展。树人主要是引导学生树立正确的三观，大力促进学生全面发展。在崇尚改革和创新精神的社会背景下，社会需要德才兼备的医学人才。同时，创新创业教育的目标是培养大学生的创新意识和能力，这与树人教育的目标是不谋而合的。因此，医学院校道德教育要与创新创业教育紧密结合起来，在加强大学生思想道德教育的同时，大力培养他们的创新创业意识与能力，将培养高素质、创新型人才作为医学院校道德教育的重要目标之一，以创新创业教育助推道德教育，是医学高等教育发展的大势所在。

第三节 医学院校创新创业教育与道德教育协同发展的主要路径

一、发挥德育教育优势，改进课堂教学模式

课堂教学是传播知识的主要阵地，是提升学生专业素质的重要渠道。创新创业教育不仅要注重理论教育，同时也要加强实践锻炼。对此，医学院校在开展创新创业教育过程中，要注重理论知识的灌输。从当前医学院校教学实践来看，德育教育成为重要的教学内容，这是医学院校培养德才兼备的人才的基础。鉴于此，医学院在制定德育课程的同时，要将创新创业教育内容融入其中，在道德教育的过程中强化学生的创新创业意识，为以后进入职场和社会做好充分的准备。

（一）课堂教学模式的基础含义

创新创业教育的课堂教学模式要根据学生层次与教学大纲，以传输基本理论知识与提高创新创业能力为宗旨，以现代教育方法为实施手段，开设有关教学课程。医学院校要围绕课堂教学这一主要阵地，积极发挥创新创业教育课堂教学的领航作用，为学生构建轻松愉悦的课堂学习环境，形成良好的创新创业教育条件，为社会培养全面型的现代医学人才。

（二）课堂教学模式的改革路径

1. 完善教材体系，融合创新创业

教材是课堂教学的重要工具和载体，它对教学"双主体"有重大影响。在知识传播过程中，教材设计具有十分重要的地位，它对学生吸收和获取知识有关键性的影响，是推动学生全面素质发展的重要动力源泉。对此，医学院校要打造现代化、完善的创新创业教材体系，为创新创业教学实践提供有力保障。只有顺应社会发展趋势的教材才能展现出旺盛的生命力，这是当前教材设计工作者需要认真思考的问题。

2. 优化课程体系，推动创新创业

目前，我国创新创业教育课程体系建设还停留在初级发展阶段，没有形成一套健全成熟的体系。针对这种情况，医学院校要高度重视课程体系的整

合优化工作，提供充足的资源保障。

（1）不断提升创新创业教育课程的专业化水平。创新创业教育要牢牢把握医学教育发展形势，更好地满足大学生学习需求，就必须要具备潜移默化的能力。因此，要将创新创业内容渗透到专业教材当中，任课教师要以当前教材为基础，深入发掘其中可用部分，同时引入现代化、创造性的教育内容，让学生在学习专业课程的同时，接触到最新的创新创业知识，形成良好的创新创业意识和能力。

（2）面向学生开设创新创业选修课程。开设专门的选修课能够保证创新创业教学常态化和稳定化，能够让学生根据自身需要和爱好选择合适的课程，充分吸收相关理论知识。例如，致力于创业的学生可以选择市场策划、项目策划等方面的课程；已进入创业阶段的学生，可以选择会计学、金融学等课程，尽快提升自己的实操能力。

二、构筑道德教育氛围，创新环境陶冶模式

（一）环境陶冶模式的基础含义

创新创业教育环境陶冶模式，是指营造积极良好的道德教育氛围和环境，为开展创新创业教育创造良好的客观条件，推动创新创业教学实践良性发展。在这种环境下，可以树立清晰的创新创业教育目标，为学生提供良好的自我发展条件，让更多学生参与到创新创业实践当中，并最终实现创新创业教学目标。

（二）环境陶冶模式的改革路径

1. 组织教学活动，塑造创业文化

开展各种各样的教学活动可以为学生提供丰富的学习体验，进一步充实学生精神生活。当前，医学院校构建创新创业道德教育环境要大力依托创新创业活动，通过开展活动吸引学生参与和学习创新创业专业知识，并在活动中践行专业理论知识，以推动学术、教学与实践一体化发展。

2. 构建创客环境，推动创客教育

创业教育应构建良好的创客环境，营造有利于创客发展的试错环境、纠错环境；营造良好的创客空间，为创客提供必要的实验室、实践基地；建成

创客发展的良性机制，推进创客教育与创客经济、医学院校大学生就业相结合，积极打造创客创意转化机制和平台，为地方经济社会发展服务。应当充分认识到，集创新、创造、创业等要素于一体的创客教育，只有契合医学院校大学生身心特点，才能在激发学生创新意识、培养学生创造力等方面意义深远。

3. 借助校园媒体，创造舆论环境

校园媒体是校园文化建设的主要手段，它对学生知识学习、精神生活、文化交流等有重要的影响。医学院校能够充分发挥校园媒体的功能作用，丰富和完善媒体工具和手段，借助互联网、微信、网站等，面向学生宣传和普及创新创业教育理论，通过案例推介、典型介绍等方式，在校园内营造"大众创业、万众创新"的良好氛围环境。

第六章 医学院校创新创业教育与专业教育的协同发展

第一节 医学院校创新创业教育与专业教育协同发展的必要性

创新创业教育和专业教育是高等教育相互联系的两个组成部分。随着国家创新驱动战略实施，医学院校要尽快摒弃重理论轻实践的教学模式，围绕社会人才需求，不断改良和丰富人才培养方式，灵活设计课程体系，将创新创业教育元素、内容与专业人才培养有机结合起来，形成一套功能更健全、能满足社会人才需求的人才培养模式。

第一，将创新创业教育与专业教育紧密结合起来，这是医学院校贯彻落实人才强国战略的具体体现和现实路径。创新是打造创新型社会的灵魂，是培育新社会发展动力的有效手段，也是推动国家战略落地的重要手段。创新战略的实施、重大理论创新成果的转化关键是人才培养，只有培养出具有良好的创新创业意识的人才，才能够奠定坚实基础。高等教育作为践行科学技术是第一生产力的重要力量，承担着为社会培养创新型人才的重任。医学院校将创新创业教育融入人才培养方案中，可以提高大学生的创新创业意识和能力，能够更好地满足社会人才需求。这是当前社会对人才提出的内在要求，也是医学院校适应时代发展的必然途径，更是打造现代人力资源竞争高地的重要手段。

第二，创新创业教育与专业教育相结合，是现代医学人才培养的实现路径，也是培养社会需要的医学人才的主要方式。医学院校在发展过程中，要注重创新创业教育与专业教育的有机融合。要利用现有的教学资源和条件，积极推动二者深度融合和交汇，才能够培养出社会需要的复合型创新型人才。将创新创业教育与专业教育融合，可以丰富医学专业学生的学习内容，激发其学习兴趣和积极性，不断增强传统专业教育动力，并实现医学院校教学改革目标。另外，二者有机融合可以为学生创造理论联系实践的条件，巩固学生理论知识和实践能力，不断提升其专业素养和实操能力，这就实现了培养同时具备创新意识和能力、专业素质过硬的现代医学人才。研究和探索创新创业教育与专业教育的融合路径，这有利于当前医学院校人才培养创新发展，也为创新人才培养模式提供新的渠道选择。

第二节　医学院校创新创业教育与专业教育协同发展的基本原则

创新创业教育是推动教育改革和提升教育质量的有效路径，深入研究和探索高校创新创业教育与专业教育融合发展方式和道路，能够加速推进我国高等教育人才培养方式改革和创新发展进程。推动医学院校创新创业教育与专业教育融合，要经历一个漫长的实践探索过程，最终积累形成一套科学的培养机制。医学院校要摆正自身定位，充分发掘内部优势开展创新创业教育，汇聚不同资源和力量推动学生创新创业素质发展，为社会培养全面发展的医学人才。

一、适应融合原则

医学院校创新创业教育与专业教育相互融合和渗透，关键要从以下 3 个方面推动和实施：首先，将创新创业教育与专业人才培养相结合，在开展专业教学的同时，将创新创业课程、考核方式、学分评价等融入现有教学考核体系当中；其次，医学院校创新创业教育与专业教育相互融合的重点在于实践，其中课程内容、课时安排和任课教师都是比较重要的发力点；最后，医学院校创新创业教育与专业教育的融合，要十分重视创新创业教育的实践性，建设专门的校内外实践基地，制定科学合理的教学课程。

二、需求引导原则

医学院校创新创业教育与专业教育是医学高等教育的重要内容，培养现代化医学专业人才，一方面要夯实专业教学基础；另一方面大力提升学生的创新创业能力。因此，必须要将创新创业教育与专业教育有机结合起来。医学院校要把握社会发展趋势，找到二者互补点，更好更快地推动二者深度融合。

第一，医学院校要寻找到一套正确的改革路径，改进和创新人才培养方案，在完成专业教育目标的基础上，在课程中融入创新创业教育元素，同时完善理论教学和能力实践两个关键环节，切实提高人才培养质量。

第二，随着社会不断发展和进步，对医学人才的创新创业能力提出了更高的要求，这要求医学院校将创新创业教育与专业教育有机融合起来，为创新创业教育找到正确的方向，二者齐头并进才能有效提升人才培养层次。

第三节 医学院校创新创业教育与专业教育协同发展的主要路径

一、加强顶层设计，创新管理体制

医学院校要打破传统单一专业教育的人才培养方案，需要加强顶层设计，结合时代发展形势优化人才培养方案，制定一套全方位的创新创业教育体系。这需要不同部门和主体的参与和支持，相互配合，齐心协力推动创新创业教育发展。学校内部要善于利用鼓励政策，引导师生积极参与创新创业实践，在教学考核过程中增加有关创新创业教育的评价指标和内容，推动广大师生共同开展创新创业教学实践。

在管理体制方面，要坚持党的领导，协调各部门共同参与。从实践来看，有的院校在开展创新创业教育过程中，涉及教务处、学生处、招生与就业处等多个部门职能，管理十分混乱，缺乏一套科学有效的协调机制。学校层面要成立自上而下的领导管理体制：成立校领导牵头的领导小组，校长担任组长，其他职能部门负责人为组员；组建创新创业教育学院，各部门发挥自身职能优势提供对口支援和服务，明确各自职责和工作目标。例如，教务处负责开发设计创新创业课程，组织开展教学工作；团委负责组织创新创业竞赛活动；招生与就业处负责建设大学生创新实践基地等，各部门通力合作，为开展创新创业教育奠定良好基础。另外，创新创业教育需要有效的激励机制推动前行。从教师角度来看，要将创新创业教学纳入到个人年度考核当中，在职称评选方面给予考核；从学生角度来看，可以为其提供各种创新创业大赛和实践活动，培养他们的创新创业意识和能力，推动他们积极参与其中。

二、推进教育改革，建设师资队伍

要实现创新创业教育与专业教育融合目标，必须要切实推动课程体系、教学内容的改革和创新。我国高等教育一直存在学科专业交叉融合不深的问题。不少医学院校将创新创业教育视为课外教学任务，没有很好地融入专业教育当中，教师平常只侧重专业知识的灌输，对学生创业、创新意识和能力的培养缺乏足够重视，这导致教学与社会实践脱节严重，人才培养难以达到预期目标，学生实操能力较弱，高分低能情况比较突出。医学院校要改革和创新现有的人才培养体系，整合创新创业教学资源，围绕促进学生全面发展目标，重构一套创新创业教育与专业教育有机融合的课程体系。创新创业教育要服务于专业教育，医学院校应从专业教育实际出发，指导创新创业教育课程设计和实践，在让学生掌握专业理论知识的同时，不断提升学生的创新创业意识和能力。

医学院校要实现创新创业教育目标，必须要从教师队伍建设着手，大力建设"双师型""实践型""辅导型"教师队伍，打造具有专业教学、理论指导、实践训练、创业规划等复合专业知识的教师队伍，建立一套完善的教师人才数据库。为保证充足的教师资源供应，可以采用交叉培养方式构建"双师型"教师队伍；面向社会公开招募创业实践指导教师，通过开展校企合作推动专业"实践型"教师队伍建设。同时，要从不同渠道、不同层次推动教师队伍建设。以培训项目、咨询项目为依托吸引校外导师入校，为学生提供丰富的实践教学课程；组织优秀创新创业导师参与校外学术交流、业务培训会，鼓励教师从事创新创业教育研究，不断激发广大教师创业教育改革活力。

第四节 医学院校创新创业教育与专业教育协同发展的实践探索

当前，已开启"双创"新时代，未来国与国之间的竞争更取决于科技创新人才的培养。医学院校要从自身实际出发，打造有特色、有竞争力的人才培养模式，这是医学院校顺应当前社会发展潮流的必然选择。医学院校人才培养涉及基础理论、基本知识技能等方面，同时还要强化职业道德教育，培养良好的创新意识和能力，树立崇高的社会责任感，不断提升大学生自主学习能力，学会获取和筛选信息，以便为保障和促进人类健康提供相应服务。

医学院校开展创新创业教育要与专业教育紧密结合，不能顾此失彼，要从专业培养出发，组织开展创新能力与实践能力培养，在让学生扎实掌握医学知识的基础上，不断提升专业技能和素质，夯实医学执业能力基础，使其成长为综合素质更全面的现代医学人才。创新创业教育作为素质教育的一个方面，覆盖了全体学生，其目标是为社会培养具有创新创业能力的医学人才，这迎合了当前社会人才需求发展趋势。因此，要从医学专业人才培养的实际出发，为学生量身打造一套创新创业教育体系，为提升学生综合素质创造良好条件。

从医学院校创新创业教育导向来看，其必须要与专业人才培养深度融合。因此，医学院校要围绕"执业能力"制定素质教育培养方案，为学生提供契合需求的教育方案。从实际来看，有的医学院校将创新创业教育片面等同于职业规划指导，这显然是不对的。创新创业教育要与专业教育紧密融合，教师是教育活动的组织者和推动者，教师要主动革新教学理念和思想，以专业课为导向，在制定教学大纲和计划时导入创新创业教育内容，把握当前社会对医学人才的素质要求变化，制定科学的人才培养计划，引导学生树立正确的就业观和择业观，为社会贡献自己的力量，实现个人人生价值。

将创新创业教育融入专业教育中，不仅要改革现有教材和课程内容，还要引入最新的教学方法和手段，根据教学大纲需要灵活组织运用PBL、翻转课堂、团队学习、互助学习等新型教学方法，最大限度激发广大学生的创造性和主动性，在专业学习上更上一层楼。

创新创业教育要顺应当前医学院校教育改革发展趋势和方向，加强培养学生创新意识和能力，突出医学人才培养特色，为社会输送高质量医学人才。要按照教育部政策方针，在人才培养过程中引入创新创业教育，以此开展人才培养计划，切实推动创新创业教育实践活动，致力于大力提升学生的创新实践能力，在国家大力提倡"双创"的时代背景下积极主动作为。以实际改革行动推动大学生创新创业能力提升，促进医学院校改革发展，不断转变现代人才培养理念和方法，注重创新创业实践教育和指导，切实提高医学生专业素质和动手能力，为社会输送有用的医学人才。

第七章 医学院校创新创业教育与专业教育协同发展的具体研究

在"双创"扎实推进的背景下,创新创业教育已然成为各高校的重点教育内容之一。对于医学院校而言,"双创"时代对创新创业类人才培养也有了更进一步的需求,怎样有效实现创新创业教育和专业教育协同发展,培育卓越的创新创业类人才以满足经济社会发展的创新需要,需要进行深入研讨。

医学院校的相关专业包含基础医学、临床医学、医学检验技术、康复治疗学、护理学等专业,本章仅用以上5个专业举例,探讨这几个专业领域与创新创业教育协同发展的实践问题。笔者作为医学院校护理学院的一名教师,在本章将侧重进行创新创业教育与护理学专业教育协同发展的探索研究。

第一节 基础医学专业创新创业教育体系建设

一、基础医学专业开展创新创业教育的必要性

(一)时代发展之要

《"十四五"医疗装备产业发展规划》指出,要在全社会大力发展"5G+医疗健康"模式。AI技术的出现,给传统医疗模式带来了巨大冲击和改变。AI技术在医学影像领域有广阔的应用空间,达芬奇手术机器人的出现让人对传统手术产生了颠覆性的看法,这些都折射出医疗行业正在全速创新发展,对医护人员职业素质提出了更高要求,也意味着医学院校人才培养必须

要做出相应的改革和创新。

基础医学是临床医学的基础，其主要目标是培养具备自然科学、生命科学和医学科学理论知识和技能，能够从事医疗研究、教学和实践的医学专业人才。创新型基础医学专业是培养高素质创新型医生的主阵地，也是推动临床医学和生命科学发展的重要动力。在新的社会发展背景下，必须要加强创新型基础医学专业人才的培养，才能够满足现代社会医疗服务的需求。鉴于此，发展双创人才培养模式已逐渐成为基础医学专业的重要发展趋势。

（二）基础医学教育发展之需

基础医学人才培养涉及多门专业课程，如解剖学、组织胚胎学、细胞生物学、生理学、病理生理学等，这是医学人才成长必须经历的学习路径。医学院校中的基础医学院承担着临床医学、麻醉医学、口腔医学、护理学等专业前期的培养重任，其培养目标是提升学生的医学理论基础、形成专业医学技能。因此，医学院校双创教育离不开基础医学院的参与，这是当前国内医学院校教学改革发展的主流方向。

（三）学生自身发展之基

当前，中国特色社会主义进入了新时代，人民群众的生活需求也发生了巨大变化，对美好生活的向往更加强烈。医学生步入社会，要承担起医疗、教学、科研和预防保健四大任务。要顺应时代发展潮流，必须要推动医学理论研究发展，不断开发新的医学领域，集中力量攻克专业"瓶颈"，为人类寻找更优、更安全的疾病预防和治疗方法，切实提高医疗服务水平，为人民群众提供更加优质的医疗服务。在社会科技日新月异的时代背景下，基础医学专业学生必须要具备批判性思维和创新性思维，否则就没有良好的创新动力和意识，没有创新的医学理论发展必然会停滞。面向基础医学专业学生进行双创教育，要将双创教育有机融入医学专业教育当中，大力推动学生综合素质发展，不断强化逻辑思维能力，使学生养成良好的创新意识，补齐素质短板。将专业教学资源引入创新培养，加快创新成果转化应用进程，使学生掌握优秀基础医学人才必备的素质和技能，更好地践行自己的人生价值，为社会医疗事业做出更大的贡献。

二、基础医学专业创新创业教育体系的建设

（一）完善保障体系，明确基础医学专业双创教育定位

在当前社会发展形势下，人才的标准不断提高，医学院校要灵活调整创新创业教育策略，在保证专业理论知识传授到位的基础上，大力促进学生朝着德智体美劳方向全面发展，为社会输送双创型医学毕业生。基础医学专业要科学设计双创教育计划和人才培养方案，要建立学校—学院—学生的一体化双创管理机制，在学校层面进行统筹指挥，夯实双创教育的领导制度和工作流程。在完善的领导体制下，加强各部门之间的联动与合作，完成课程设计、师资队伍建设、实践基地建设、人才培养等配套环节，为真正开展双创教育创造成熟条件。

（二）打造教学团队，筑牢基础医学专业双创培养基础

基础医学专业开展双创教育要体现专业特点与内在要求。基础医学教学队伍不仅要掌握专业的理论知识和技能，还要具备良好的专业实践和创新能力，对医疗行业未来发展趋势有一个正确的认识。鉴于此，医学院校要加强新型教师队伍建设，打造一支既懂医学又能承接双创教学工作的专业教师队伍，对外大力吸引高层次人才加入，弥补校内教学资源的不足，打造一支战斗力强的双创教学团队，不断增强基础医学专业双创师资队伍实力。①依托现有师资队伍，遴选一批具有双创意识和能力且有丰富创新大赛经验的中青年教师，将其统一纳入基础医学院双创师资培训系统当中，切实推动教师双创综合能力发展；②对在双创教学、比赛中表现出色的教师，要给予激励和表彰，并在评选职称方面优先考虑；③举办以双创为主题的双创竞赛、评比和培训活动；④面向社会公开招募高端创新人才，打造外聘双创教师队伍。

（三）建设课程体系，提高基础医学专业双创理论水平

基础医学专业双创教育的主要目标是培养专业扎实、创新能力强的医学人才，这必须要将双创能力与基础医学专业有机融合起来。传统专业教育与双创课程有明显的界线区分，二者之间难以有效融合。因此，当前在开设双创课程时，要注重与专业课程的契合，设计科学的双创课程目标、考核评价体系，构建多层次、适应性强的医学双创课程体系。

第一，双创课程与医学类课程融合起来，为学生提供与医学有关的人文课程，注重专业相关领域的延伸和拓展，丰富学生的视野。

第二，对现有医学专业课程进行适当调整，加入创新性元素，增加创业能力培训等内容，形成更加丰富的教学内容体系。基础医学专业二年级学生可参与创新设计和策划类培训课程；三年级学生可参与科研型PBL案例课程教学，采用开放式、互动式、研讨式教学方式，这有助于促进学生创新创造动手能力的提升。

（四）健全实践体系，锻炼基础医学专业学生双创能力

基础医学专业学生要有良好的科研思维和能力，要参加系统的创新创业训练，在学校内部打造双创实践基地，借鉴和学习其他院校先进经验和做法，打造实验实习合一的综合性实训平台和基地，让学生能够及时将所学知识理论运用到实践锻炼当中，切实提升理论联系实际的能力。

第一，学校统筹申报大学生创新创业训练计划项目，形成具有规范性的创新创业培训体系和机制，指定导师负责具体项目，成立双创奖学金项目，鼓励大学生吸收双创实践经验，发表学术论文。

第二，学院组织开展"科研与临床"实践项目，不同年级学生均可参与，并提供评价结果和证明。

第三，利用现有实验室和教学研究中心，成立双创实验室，明确实验室使用范围和规定，为大学生提供丰富的实验资源保障；由专任教师培训大学生的实验室操作技能，专业性较强的实验要求教师持证上岗，严格管理实验室。

第四，建立医学仿真模拟实验中心，借助互联网技术优势开展仿真实验和学习，为学生解决抽象性课题提供直观的科技手段，增强知识构建能力和实操能力，强化科研逻辑思维能力，为大学生申报创新项目提供全方位支持。

（五）构建校企平台，丰富基础医学专业双创实践路径

校外企业作为市场竞争主体，有丰富的经营经验和竞争意识。医学院校与企业合作，共同打造双创实验基地和平台，为学生提供丰富的双创锻炼资源和项目，增强创新意识和能力。企业与医学院校合作推动双创项目发展，可以利用高校科研资源和设备，为企业研发提供支持，同时可以提升企业综合实力。医学院校与企业要利用本地政策和地方资源，共同构建一体化研发

平台和创新实践平台，对基础医学专业学生进行双创人才培养。

总而言之，基础医学专业要坚持现代人才培养观，聚焦于科研能力、创新能力和动手能力，根据学生个人学习兴趣和特长，结合双创教育，组织开展课堂教学、实践教学、第二课堂等教学活动，聚焦双创课程体系开发和实施，打造立体化的双创教学、实训方案，使得基础医学专业学生具备扎实的专业知识基础、良好的创新意识和市场开拓能力，不断优化我国医学人才知识结构、提高竞争力，为社会医疗事业快速发展输送新鲜血液。

第二节 临床医学专业创新创业教育策略

21世纪的今天，创新创业教育理念开始被更多人所认识并广泛传播于国际教育界。当今已经进入了知识经济时代，市场需求发生了巨大变化，需要新的人才培养模式与之相适应，创新创业教育随之而生。创新创业教育就是培养创新者和创业者的教育，通过培养使受教育者"愿创""敢创"，同时又能够"会创""新创"。社会发展需要人才，高校在其中的作用不言而喻，通过系统培养满足社会对优秀人才的需要，对于医学院校同样如此。医学专业也需要创新创业人才，培养创新创业人才逐渐成为医学院校的教学教育目标之一。近几年临床医学专业招生规模不断扩大，但就业岗位的增速并不理想，在一定程度上也加大了就业压力，整体形势并不乐观。医学院校要对此有深入认识，开展创新创业教育培养适合的临床医学专业学生成为未来的主要方向。

一、临床医学专业实施创新创业教育的必要性

对临床医学专业大学生实施创新创业教育是极为必要的，其必要性具体可体现在以下两点。

第一，时代发展提出的必然要求。医学院校有必要对临床医学专业学生实施创新创业教育，不仅是政府相关部门的要求，更是时代发展提出的必然要求。

第二，近年医学院校不断扩招，大量临床医学专业学生进入市场，但岗

位增速并不理想，进一步增加了就业压力，整体形势严峻。面对这种情况，医学院校要有深入认识，努力寻找解决思路，在创新创业教育方面加大力度，着力培养学生的创新创业能力，对其进行正确引导，使其不仅仅局限于就业，而是将目光放在创业方面，这样才会拥有更多的就业选择。面对当前的严峻形势，创新创业教育至关重要，成为了解决就业难题的有效方法。

二、临床医学专业实施创新创业教育的方法策略

（一）将创新创业教育融入医学院校人才培养方案

为更好地实现对临床医学专业大学生进行创新创业教育，医学院校需积极且有针对性地培养临床医学专业学生，并制定合理的方案，加强创新创业教育，使之与专业课程有效地结合起来，融入人文素质教育中，成为就业指导教育不可缺少的部分。当今时代对于临床医学专业人才的要求也发生了改变，严峻的就业形势对人才培养提出了更高要求，创新精神及创业能力成为衡量人才的关键指标。医学院校应深刻认识到时代的变化，将创新创业教育引入日常教育中，使其成为教育的关键目标，并在学科方面进行调整，设置适合的课程，让全体临床医学专业学生从中受益。课程主要由选修课和必修课两个部分构成，设置相应学分确保有效管理。临床医学专业人才的培养是医学院校的主要任务，创新创业教育对其未来发展至关重要，医学院校要对此有深入认识。对临床医学专业学生实施创新创业教育，可以提升他们的创新创业素养，为未来发展奠定基础。

（二）提升临床医学专业教师队伍的创新创业素质

对临床医学专业大学生实施创新创业教育需要一支创新素质强的教师队伍为支撑。笔者针对部分临床医学专业教师进行研究，通过访谈获取数据，其中很多教师认为自身在创业素质方面并不理想，很难完全满足创新创业教育的需要。在医学院校中这种情况较为普遍，因此学校需要重视起来，但如何打造临床医学专业教师队伍至关重要，只有采取有效政策才能提升教师的整体创新素质。学校应对教师进行校本培训，定期或不定期展开活动，以此来提升教师的创业素质，从而满足教育的需要。还可以与创新教育发展较好的兄弟学校合作，充分利用他们的资源培训教师，帮助教师学习优秀经验，

从而有效地应用于本校的创新创业教育中。学校也可以外聘具有较高创新创业能力的教师，将他们充实到教师队伍中，提升校内教师的整体创新素质，这样才能更好地对临床医学专业学生实施创新创业教育。

（三）打造校内外创新创业教育实践基地

对临床医学专业学生实施创新创业教育，需要创新创业教育实践基地予以有效配合。有了创新创业教育实践基地，医学院校便可更好地对临床医学专业学生实施创新创业教育。笔者查阅了大量文献资料，对其进行总结，发现在创新创业教育方面，许多院校存在一定共性情况，尤其是在不遗余力打造创新创业教育实践基地方面。基地的建立和打造完全可在校内进行，这样方便临床医学专业学生在此接受创新创业教育及参与一系列实践活动，从而有利于提升他们的创新创业素质，实际结果也证实了这一点。医学院校还可以充分利用校外资源，与医院、企业合作，与当地建立联系，共同建立创新创业基地。通过合作能够更有效地获取资源，实现优势互补，为创新创业教育基地的建立创造条件，同时更接地气，更容易把握市场需要，有利于将临床医学专业和市场的需求结合起来，为后续的创新创业实践创造条件。总而言之，医学院校在对临床医学专业学生的教育要紧随市场，在创新创业教育方面加大力度，着力打造实践基地，这也是顺利实现对临床医学专业大学生实施创新创业教育的重要基础。

（四）积极指导学生创新创业活动与实践

医学院校对临床医学专业大学生实施创新创业教育要从多个方面入手，其中理论教育必不可少，还需要对学生具体创新创业给予指导。例如，学校针对临床医学专业大学生进行创新创业教育，可以为他们委派专业指导教师以提供专业指导，这样才能发挥引导作用，让他们的创新创业能力不断提升，为未来的创新创业实践提供帮助。学校还可以为学生构建展示平台，鼓励他们积极参与其中，给予更多的政策和经费支持，帮助学生参与创新创业实践。学生在学校学习了创新创业教育的相关理论，也愿意积极参与到实践中，但往往先行经验不足，可能出现诸多问题，如果不给予专业引导将会导致创业失败率提升。学校也应该认识到这一点，必须花时间花工夫去指导学生，引导他们正确地创新创业，这样才能减少失败的可能。零距离跟踪指导对于学生来说至关重要，也是他们实现创新创业的保障。临床医学专业大学生可以应用所学理论，充分利用学校提供的平台进行创新创业，当取得一定成绩后就会吸引更多的学生以更加积极的姿态参与到创新创业当中，从而形成一个良好的氛围，引领医学院校进一步提升。

当今时代对创新创业教育提出了更高要求，医学院校要对此有深入认识，更新传统教育理念，将创新创业教育理念引入传统教学中，并立足市场，改革人才培养模式，更新传统教学方法和内容，使之与时代相契合。对临床医学专业大学生实施创新创业教育是时代发展提出的必然要求，可帮助学生更好地实现就业。对临床医学专业大学生实施创新创业教育是一项系统工程，也是未来教育的重要方向，如何能够有效地进行创新创业教育对于学校的发展和学生的未来都至关重要，因此要将其纳入到医学院校人才培养方案当中，从教师队伍入手，提高他们的创新素质，同时充分利用各种资源打造实践基地，为之提供有效平台，指导他们积极地创新创业。

第三节　医学检验技术专业创新创业教育路径

创新是一个民族进步的灵魂，是一个国家兴旺发达的不竭动力。一直以来，医学检验技术专业主要以培养技术技能型人才为主。而当今时代发生了巨大变化，对于医学检验技术专业学生也提出了更高要求，他们的创新创业能力同样至关重要。如何能够立足于实践，培养出市场所需要的人才，需要将创新创业教育与医学检验技术专业教育相互协同，有效地发挥专业优势，提升学生的创新创业能力，为学生未来的发展夯实基础。

一、信息素养教育的必要性

信息素养包括信息意识、能力和道德。对于大学生来说，信息素养教育至关重要，是培养他们信息意识的基础，是提升他们信息能力的关键，直接与提高信息道德密切相关。对于创新创业大学生而言，精准获取新技能、新知识的能力至关重要，而接受信息素养教育是获取上述能力的有效手段。信息素养教育是一项重要的素质教育，是培养创新创业人才的教育，因此要纳入到高校教育中。对于医学院校而言，同样要进行信息素养教育，但传统的做法局限性较大，必须要与专业教育有效融合才能更有效提升人才的整体素质，符合信息时代的要求。

医学检验技术专业同样离不开信息素养教育，必须要将其与创新创业教育融合在一起，纳入专业教育中，才能使信息素养教育与专创教育紧密结合，有效发挥自身作用。医学检验技术专业不仅要安排创新创业通识课程，还需要开展信息素养课程，只有这样才能够全面培养学生，帮助他们学会如何搜集整理与自身专业有关的创新创业信息资源，提升分析能力。信息素养对于学生发展至关重要，需要让其成为自身核心能力而终身发挥作用，因此医学检验技术专业需要将信息素养教育与专创课融合起来，丰富学生的信息素养知识，有效提升他们利用专业信息的能力，并用于解决创新创业理论课程中的实际问题，在实践活动中发挥作用。

二、"校院地企"协同育人的重要性

学校进行创新创业教育，可以充分利用校外资源为学生提供实践平台，在创新思想的指导下，"校院地企"协同发挥作用，有效利用各自的优势，加强合作，最终实现共同发展。医学检验技术专业在医学院校中占有重要位置，如何培养具有创新创业能力的学生至关重要，多方联合可以为学生提供平台，提升他们的理论与实践能力，从而培养出社会需要的人才。

当今时代医学检验教育教学改革势在必行，时代的发展需要具有创新创业能力的人才，如何能够推动教育改革使其适应市场变化对于医学院校至关重要，可以充分利用各方资源，加强合作，推动产教深度融合，为未来人才的培养奠定基础。要加强资源共享，真正实现合作共赢，为医学检验专业开辟新道路，有效利用医院、地方和企业的优势，引进各种资源，建立定向培养班，全面提升学生的创新精神，培养他们的科研能力，使其成为高素质人才。

国家未来的发展需要创新型人才，而高校教育是培养人才的主要途径，医学院校要深刻认识到这一点，立足于未来发展要求调整自身教育目标，实现教育改革，从而提升学生的整体能力。要将创新创业教育引入医学院校教育中，从而满足创新型国家的需要。创新型检验人才的培养是医学检验技术专业未来的目标，也是医学院校教育发展的一个目标。

第四节　康复治疗学专业创新创业思维培训

　　创业是创新的目标，即通过自身努力创造就业岗位和就业机会。随着社会的不断发展，国内医学高等教育呈现出新的局面，但也增加了医学生就业难度，面对这种情况，医学院校要重视起来，将创新创业教育作为教学的一个重要方向，有力推动医学高等教育综合改革，大大促进毕业生的高质量创业就业。康复治疗学专业也随之发展起来，并将创新创业教育引入日常教学过程中。

一、康复治疗学专业开展创新创业教育的必要性

　　康复医学与临床医学、预防医学、保健医学并列组成四大医学，是现代医学体系中的重要组成部分。现代康复医学是一门新兴的、独立的医学学科，尤其进入21世纪以来，康复医学事业有了较大发展，医学院校相继成立康复治疗学专业，积极培养创新型人才是发展这门学科的关键。

　　我国康复治疗学专业始于20世纪80年代，发展时间虽短但知识内容复杂，主要针对各类功能障碍的患者利用多种康复器具或训练方法进行预防、诊断及评估，开展治疗、训练和处理等。多种因素导致此类患者出现功能障碍，因部位及功能障碍程度因人而异，无法采用统一的康复器具和方法进行处理，只有根据个体情况综合选择才能达到理想治疗效果，因此对学生的创新思维和意识要求较高，只有在学习期间不断努力才能实现工作中的创新，根据患者的实际情况设计和改良康复器具，提高治疗效果，真正实现个性化康复治疗。

　　随着高等教育普及化，大量毕业生涌入市场，但各级医疗机构对医学人才的需求增速要远低于毕业生增速，导致就业压力增大。医学院校应该认识到这一点，在康复治疗学专业教育过程中有目的地开展创新创业教育，提高学生们的就业意识，选择适合的就业方向，从而缓解目前就业率不佳的状况。

二、创新教育教学方法

在针对康复治疗学专业学生的教学中，医学院校要着重培养他们的创新创业能力，立足于实际教学需求，引入项目教学法，从而培养出适合的康复医学人才。这种教学法的核心是项目导师指导下的学生实践操作，重视他们的独立完成能力，学生可以在临床实践中培养和提升自己的思维能力，进而提高创新创业能力。

第一，导师选择。学生的实践活动要在项目导师的指导下进行，因此导师的选择至关重要，其标准不同于其他课程授课导师，对于实践能力的要求要优先于丰富的医学理论知识，因此临床医生更适合成为项目教学法导师。可以在附属医院康复医学科室中选择适合的导师，他们的优势在于康复治疗经验丰富，符合对导师实践能力的要求。

第二，成立项目团队。项目教学法的第二个环节就是成立项目团队，具体方法如下。一种是由导师发起。导师负责将自身研究专长和本阶段主要研究内容公布于学生，学生在此基础上兼顾自身兴趣爱好做出选择，如有加入团队意向可提出申请；另一种是由学生发起，发起者将创新创业意愿公布于其他学生，后者可根据自身实际情况自由选择。适当的师生比是达到理想创新创业效果的重要方面，一般不超过1∶5。

第三，确定研究主题。第三个环节就是确定研究主题，项目团队中所有成员都应参与其中，项目内容预先设计由发起者完成，而可行性等相关讨论结果则共同确定。

第四，项目成员分工。如果项目团队的发起者为导师，那么分工工作则由其负责完成。导师需要立足于团队成员数量，结合成员的不同能力做出选择，确保工作落实到位。例如，市场调研工作由A学生全权负责，而B学生的能力更适合进行临床试验，因此负责这个方面的工作等。如果项目团队的发起者为学生，则教师不参与分工工作，而是由发起者全权负责。

第五，研究预演。当完成上述各环节的工作后，项目团队进入了研究实践的假想和预想环节，即研究预演。主要包括以下过程：①团队中的每位学生都应参与其中，立足于自身任务进行研究思路的设计，设想可能遇到的问题，提出针对性的解决方案。②模拟演示。例如，设计康复器具的模拟演示，学生们根据需要进行设计，完成简易模型并负责演示效果。③小组讨论，针对具体的设计思路和康复器具模型，全体学生展开组内讨论，集思广益更容易发现存在的问题。④导师指导。完成小组讨论后导师要及时进行点评，确定最终的研究方案，使其更符合创新创业的要求。

第六，最终研究方案的制定。小组成员要结合上一环节的讨论结果和点评进行具体研究，制定最终的研究方案。老师在此过程中起到关键性作用，通过联系沟通团队成员随时了解研究进度，及时发现存在的问题并开展现场指导。

三、开展创新创业培训

第一，紧扣康复治疗学专业教学内容。巨大的就业压力促使学校开始将关注度放在了创新创业思维和意识的培养方面，但学生学习阶段的主要目标仍是掌握专业知识和技能，不能因此转变他们的学习目标。学校必须要有所兼顾，立足于专业教材内容的同时，引入创新创业教育，确保既使学生理解和掌握专业知识，又满足学生个性化需求，真正达到两全其美的教学效果。

第二，学校、医院要重视创新创业，为学生实践提供便捷条件。缺乏实验设备和经费的创新创业是难以进行下去的，学校和医院应该认识到这一点，发挥自身优势为学生提供研究支持和便捷条件。例如，学生的实践需要实验场地和器材，学校可以通过延长实验室开放时间满足他们的需求。医院是学生进行临床实践的场所，导师可以利用课余时间带他们接触患者，增加实践经验。

第三，给予学生犯错机会。进行课程教育时往往对学生要求较高，如人体运动学课程的学习就是如此，学生需要全面掌握严谨的知识内容，最大限度减少犯错的可能，以此来保证患者的治疗效果。而创新创业教育与之不同，其自身的风险性难以避免，失败率相对较高，甚至在一定程度上超过了成功率，对于成功率的过度强调会限制学生的探索能力，导致其风险意识受到影响，形成了过于保守的思维。高校要对此有深入的认识，在创新创业教育中避免出现上述现象，给予学生一定犯错机会。学生们只要参与到创新创业教育中，无论是否成功，都能获得一定的经验与教育，产生的提示和警示效果具有积极意义。

近些年，国家重视高校创新创业教育改革，针对医学院校同样如此，只有推进综合改革才能促进大学生高质量创业就业。医学院校应紧随时代发展，立足于康复治疗学专业实际情况，结合其教学特点引入项目教学法，带动创新创业教育的有效进行。教学过程的每个环节都至关重要,从导师到项目团队,从主题的确定到分工,从预演到项目实施都直接关系到最终的结果,只有将每一步做好,让学生们积极地参与其中,获取经验,总结不足,才能提升他们的综合素质。

第五节　创新创业教育与护理学专业教育的协同发展探索

社会的发展对护理学专业学生的个人能力提出了更高要求,他们同样面临着就业压力,因此创新创业教育至关重要,是拓展专业内涵的关键所在,在建设健康城市、打造智慧养老城市中意义重大。

一、创新创业教育与护理学专业教育协同发展的必要性

国家出台多项政策鼓励大学生创新创业,为普及创新创业教育保驾护航。社会的发展对护理岗位工作人员的专业性提出更高要求,但很多护理学专业的学生却未认识到这一点。他们普遍缺乏创新创业意识,固守传统思想不思改变。目前护理模式的转变成为大势所趋,社会需求不断变化,单纯的临床护理已无法满足要求,社区护理、老年护理等成为关注的目标,护理学专业涵盖的内容越来越广。面对这种情况,要大力发展创新创业教育,将其与护理学专业有效地结合起来,开拓学生视野、丰富学生知识、提高学生创新意识,使其勇于冒险,不但要在理论和技术上创新,而且要在观念上创新,将不同学科与护理学专业融合起来,真正走国际化发展道路。

护理学专业课程特点突出,内容广而杂,因此学习难度较大。部分学生固守传统,在学习上因循守旧,不愿主动探索与思考,缺乏创新精神和创业意识。目前,社会对护理人员的需求发生了改变,护理教育也应随之进行调整,将培养学生综合能力提上议事日程,提高他们的创新创业能力。

二、创新创业教育与护理学专业教育协同发展的实施路径

大学生创新创业离不开所学的专业，而专业的发展需要有创新创业精神。时代的发展对护理学专业提出了更高要求，医学院校要从创新创业教育入手，将其与护理学专业有效地耦合在一起，探索出适合的培养模式，帮助他们在专业领域进行创新创业，从而提高教育实效，提升护理人才的创新创业能力，使之更符合社会需要。

（一）将创新创业元素融入护理学专业课程

创新离不开专业知识，只有在此基础上才能完成实践，实现有效扩展和延伸，从而确定创业方向。时代的发展促使高校开展创新创业教育，但仅开展创新创业教育是不够的，还需要与专业教育相耦合，帮助学生树立创新思维，提高创业能力，将相关的训练与专业课程融合在一起，立足于实践教学，突出其自身优势，培养实用型人才，从而满足新态势下的社会需要。课程体系包括多个方面，必须要设立课程标准，完成课程设置，制定适合的实训课程计划，立足于市场需求，使专业供给与之相匹配，既满足对人才专业知识的要求，又能够有效解决创新创业实际问题，充分提高护理学专业学生的创新创业能力，培养他们的专业能力，将创新创业理念深入人心。

将创新创业能力元素嵌入护理学教育中，培养学生的创新能力，提升他们的综合素质，使之具备一定的职业精神，主要体现在以下 4 个方面：①自学和信息处理能力；②协作、沟通能力；③提出及解决问题能力、创新思维；④培养职业精神。

课程内容的设定要兼顾课程逻辑，按照编排知识和实践体系进行，包括基础知识、知识进展、市场需求、实践操作几个模块。例如，社区护理学中的基础主要包括妇女、儿童及老年人的保健，慢病保健等几个方面，需要将专业知识与创新创业知识相融合，同时还要兼顾热点问题和一些前沿进展，后者作为知识进展模块是必不可少的。社区包含多类人群，需要兼顾他们的所有健康需求，社区服务中要考虑到这一点。此外，还需要结合相应的产业前景，在多个方面展开实践操作，从技能到产品设计再到服务供给都必不可少。放眼社会资源，要将其充分利用起来，建立协同培养创新创业机制，并与多方合作，共同培养适用型护理人才。可以将多种形式的教学活动结合起来，有效地利用课堂内外，充分发挥线上线下的优势，开展校内外活动。应

引入创新创业教育，让其在专业教育过程中发挥作用，建立实践教学体系。学校既要重视课堂实践又要关注专业实践，还要兼顾社会实践，充分体现出创新创业实践，指导学生观察外部环境，塑造他们的内部能力，帮助其正确对自身进行评价的同时，可以及时抓住外部环境中的机会。

（二）在专业视域中开设完善创新创业课程

护理学专业开设的创新创业课程要突出自身特色，主要包括以下3个方面：①学校学院中有许多资深专家，可以有效利用这些资源，聘请他们为学生开设创新课程，从而培养学生的创新思维，提高创新意识；②有效发挥院校创业知识类课程的作用，通过选修的方式向学生传授公共知识，让他们了解何为市场营销，开设公共关系等课程为学生的创业实践奠定基础；③可以利用讲座的方式，邀请成功企业家为学生授课，将成功案例融入讲座中，培养学生创新思维方式，训练他们的创新创业技能，通过真实的护理创业经验分享，让学生对之有更深入的了解，包括护理用具的创新及护理方法、程序的发展等，从而产生启迪作用，更好地创造性解决护理问题。大一、大二就可以对学生进行创新意识的培养和创新知识的学习，这可以提升学生创新意识、增强学生创新精神，有助于学生制定职业规划，确定未来的学习目标。进入大三后，教育的重点就转到了创业素质和实操能力的培养方面，目的是为了提升学生的创新创业能力，为未来的实践活动奠定基础。

不断完善和丰富创新创业教育相关课程，建设专业的创新创业教育教师团队，增加开设课程的数量，保障开设课程的质量，将创新创业教育课程纳入必修课程中，拓展开设课程的覆盖面，争取让更多护理学专业学生在创新创业课程中受益，推动和扶助学生结合自己所学专业进行自主创业，如成立母婴护理中心、创立老年人健康护理中心等。

笔者管理教育过的学生中，有一些创业成功的事例：有的学生是将所学专业与创新创业相结合，开办与护理相关的公司，如母婴护理服务有限公司等；有的学生是涉足其他专业领域创办公司。在他们创新创业的过程中，有很多经验做法都值得借鉴与推广。

（三）利用第二课堂拓展创新创业教育渠道

创新创业教育离不开有效的方法，而创新创业竞赛活动往往取得较好效果，甚至超过了相关的教学课程。护理学专业教学中专业知识的积累必不可少，但创新创业意识和技能的培养更离不开实践。第二课堂活动内容和方式的设计要紧紧围绕着护理创业进行，拓宽思路，树立创新创业理念。网络上存在着大量资源，可以利用其开展微课吸引学生参加，从而丰富他们的知识。应有效利用护理实验室，为学生和教师的科研工作提供条件，将创业思路引入科研成果转化中。充分发挥创新教育基地的作用，利用创业实验训练中心等平台为学生提供服务，鼓励他们建立创新思维，不断创新，可以通过开发软件等各种方式实现创业。护理学专业学生的创新创业教育必须与护理内涵相一致，课程安排上要重视这一点，可以引入学分制度，并将其纳入院校课程安排，利用加分政策的鼓励效果让更多的学生参与其中，提高他们的积极性。同时，要发挥指导作用，帮助学生申请创新创业训练计划项目，并在具体实施方面提供帮助。参与社会服务有助于建立创新创业思维，学校要充分利用其启发效果达到教育目的。医学院校要积极组织各种创新创业类活动，吸引学生参与其中并给予支持，以活动推创新，以比赛促发展。

（四）优化课程教学方法

要让学生对目前护理行业的发展现状有充分了解，增强他们对未来前景的掌控，需要加入对临床问题及现状的思考，而实践创新型教学方法和手段必不可少。可以充分利用案例教学，发挥体验教学、模拟教学的作用，或者将这些教学方法融合在一起，提升学生对临床护理现状观察的敏锐度，使其更加主动地投入到学习中，激发创造潜能。以社区护理学课程教学为例，由于其主要涉及社区养老及康复等内容，因此课程中要着重介绍目前现状，分析国内外的运营管理现状，指出养老事业的前景所在，从而为学生探索养老创业奠定基础。老龄化社会已然到来，家庭健康需求多种多样，学生在实践中会对此有所体会，可以将其与自身结合起来进行讨论，指出目前养老方式等的不足之处，并在此基础上对创新理念有更深入的认识，进而形成创新思维。可以有效发挥媒体素材及开放课程资料的作用，充分利用微课、成功企业案例等进行教学，在此基础上讨论创业机遇与技能。例如，目前电视台有许多养老节目，大量的护理产品案例为我们所熟知，国内外各种各样的养老模式和公司案例等都可以引入其中，帮助学生掌握更多的知识和理论，并将其有效运用于实践当中。可以为学生们设置任务或提出问题，让他们围绕其进行思考，通过不同角度审视最终结果，引导他们形成不同的思维。

(五)改革课程教学内容

医学院校要重视创新创业教育,将其与专业教育有效地结合起来,立足于发展要求,更新理念,修订课程标准,将护理学专业的新进展等纳入教学当中,以必修课的形式要求学生参加,通过这种方式改变教学现状,不再局限于传统的验证性实验等,而是加入了创新创业能力培养等相关内容,从而提升学生的实际应用能力,使他们的具体操作能力有所提高,从而拥有更强的创新创业能力。

(六)创新课程教学模式

进行创新创业教学需要适合的教学模式才能达到理想的效果,学生作为主体存在,而教师应发挥有效的主导作用。当今时代信息技术不断发展,混合式教学能够更好地发挥线上线下作用,综合课堂内外的教学内容可以提升学生的学习自主性,促进小组合作学习,使他们的自学能力不断提高,信息处理能力日益提升,能够更好地协作与沟通。学做一体的教学模式更适合应用于创新创业教学当中,可以将案例教学和任务驱动结合起来,引入情景模拟等方式。教学过程中学生学会了如何提出问题并解决问题,提高了他们的主动探究能力。新的教学需要有新的教学思想和理念,思想的转变和理念的更新至关重要,只有立足于教学目标和要求,选择适合的教学模式,才能获得更好的教学效果。护理学的特点在于其实践性,因此教师要紧紧抓住这一点,在实践中完成对学生创新精神的培养和创新能力的提升,通过层层递进的方式达到教学目标。

(七)调整课程考核办法

教学是否有效完成要参照课程考核的结果,而创新创业教学是否达到理想效果同样如此,因此必须要突出其在考核中的地位,选择适合的评价方式,改革教学内容与模式,将重能力的过程性考核与终末性考核结合起来,探索适合的多元化考核方式,这样才能够反映出创新创业教育与专业教育的融合度。另外,可以通过课外实践活动提升学生创新创业能力,利用讲座培养他们的思维,提升他们的兴趣,通过教师科研带动达到更好的效果。

综上所述,提升学生创新创业能力就需要从创新创业教育入手,将其与护理学专业有效地结合起来,这样可以帮助学生提升应用技能,开拓创新创业思维，教育教学质量与就业率也会随之提升。

三、护理学专业创新创业实践探究

（一）深植创新创业教育理念

对于护理学专业而言，创新创业教育必不可少，而理念的形成至关重要，不能将创新创业等同于创办企业，而是要形成正确的思维方式，知道如何去解决问题，增强整合资源的能力，达到强化执行力的目的，这样才能具备创新创业精神，凸显自身的自信力。护理学专业创新创业教育要先树立创新创业意识，立足于自身的知识与技能，着力培养创新精神，提高创新意识，提升创业能力，这也是创新创业教育的根本目标，通过这种方式培养出适合未来发展的实干家，使他们既具有创业者的精神与能力，又具有足够的专业内涵。学校要发挥引导作用，鼓励学生应用自己的知识与技能，将其充分融入实践当中，争取更多资源和支持，营造浓郁的创新创业气氛。

（二）着力加强师资队伍建设

教师在教学过程中的作用不可忽视，他们向学生传授知识，对其进行引导，帮助其产生创新创业设想，为后续的实践做准备，因此对教师的专业素质提出了更高要求，他们必须有匹配的知识结构，既应具有专业背景又要有创新创业理念，从而在教育中发挥重要作用。学校要认识到教师的重要性，打造适合的师资队伍。还可以聘请专业人士兼职教师，他们大多数是成功的创业者，可以通过自身阅历向学生们传授相关知识，指导他们的实践。教学中理论的传授必不可少，但仍然需要与实际结合起来，充分展现经验做法与成功案例，同时还需要与专业教育相结合，如此才能达到更好的教学效果。兼职教师的选择主要以实践经验为参考，方便学生直观地了解创新创业实践，从而增强自身综合实践能力。学校应定期或不定期地开展相关培训，帮助教师提高创新创业相关知识，为之提供学习交流平台，提高他们的专业化技能水平，这样才能够提高教学效果、提升教学质量。

创新创业教育与护理学专业教育协同发展的探索过程中离不开学校的支持。资金和服务方面应加大投入，优化课程体制，选择适合的教学方法，改革评价考核，在实践中不断探索，培养创新思维，提高学生的创业能力，这样才能使护理学专业的创新创业教育水平达到新的高度,学生的核心竞争力也随之提升。

四、创新创业教育与护理实践教学的协同发展

护理教学中,实践教学的地位不可撼动。学生在学习相关理论与知识后,应尽快融入实践中,通过实践教学对知识加以理解与掌握,从而提高护理实践能力及自身综合能力,创新创业能力也会随之得到锻炼和提升。对于护理学专业来说,护理实践教学至关重要,是人才培养的关键一环,可以通过改革不合时宜的部分,加强学生创新意识的培养与创业精神的养成。

(一)创新创业教育与校内护理实践教学的协同发展

对于护理学专业的学生而言,校内实践教学是重要的内容,可以将创新创业教育融入其中,改革教学方法,在实操方面加大训练力度,如加强虚拟仿真实操训练,充分利用护理综合训练进行实践,通过层层递进的方式提升学生的创新意识,培养他们的创业精神。

1. 创新实训教学方法,增强学生创新意识

传统的实训教学方法存在诸多问题,它的流程通常是:首先从教师示教入手,然后学生进行实训,最后教师进行指导。这种传统的实训教学方法整体过于沉闷,难以激发学生的兴趣。我们可以从改革教学方法入手,增强实训效果,提高学生的积极性,促进其综合能力的提升,具体如下。

(1)课前。教师可以在课前布置预习任务,以视频的方式发布,同时提出要点和注意事项,让学生对后续的教学内容有了初步认识。

(2)课中。教师在课堂上要导入技能项目,可以充分利用临床案例完成,获取学生反馈,在此基础上进行讲解,帮助学生认识操作的重点和难点,了解注意事项。教师在此基础上设定现实情境,要求与临床贴近,学生要扮演相应的小组角色,通过这种方式进行技能实训。教师通过巡回了解各组学生的完成情况,进行实时指导。实训期间进行实地技能考核,达标考核申请由学生提出,考官由教师担任。

(3)课后。如果学生们在课上并未提出达标考核申请,那么可以在课下开放时间练习,自行录制技能操作视频,如果认为满意可上传至有关平台,教师和高年级优秀学生可以对这些操作视频进行评价,得出最终评分。这种

第七章
医学院校创新创业教育与专业教育协同发展的具体研究

模式是对原有课堂模式的突破,不再遵循单一的达标模式。对于学生而言,可以起到激发作用,提升他们的学习兴趣,同时也增加了技能训练的次数。传统上的操作成绩往往是在操作考试中确定,往往具有一次性弊端,时间利用不充分,问题相对较多。

将这种新的教学方法引入到实训课程当中,可以提高学生的积极性,增加护理实训效果——他们通过分析案例提升了自身发现问题的能力,同时能够更好地学会如何解决问题,护理评判性思维也会随之发展。实训课上的角色扮演能够帮助学生提升沟通能力,有助于后期与患者进行沟通,形成有效的创新思维。

2. 利用虚拟仿真实训,锻炼学生创新思维

当今时代是网络化时代,随着信息技术不断发展,许多技术被应用于教学当中,虚拟实操训练就是如此。这是一种模拟实训的新形式,充分利用多媒体优势,有效发挥虚拟现实技术的作用,使教学更具有直观性。学校可以充分利用其进行教学,建立虚拟仿真实训教学中心,学生可利用终端便捷地实现虚拟仿真实训。虚拟仿真实训中,学生既可以利用平台进行护理操作练习,也可以发挥主观能动性,自主设计实训,实操动手能力也会随之提高,继而提升学生设计与分析解决问题的能力及创新意识。心肺复苏是护理学专业学生必须要掌握的专业技能,可以利用虚拟仿真实训平台学习,通过模拟操作掌握技能,在摸索中提升实训兴趣的同时,提高了自身创新思维,在此基础上再进行现实的实训课往往可以达到意想不到的效果。传统的实训教学存在着一定弊端,而虚拟仿真实训则很好地解决了这一问题,真正实现优势互补,让学生能够更好地理解实训操作,掌握相关技能,教育教学质量也会随之提升。

3. 开展创新设计性实训,培养学生创新精神

护理教学过程中可以引入创新设计性实训,教师发挥指导作用,学生根据自身情况自行选择实训项目和主题,围绕这个主题查阅文献,进行实训设计与操练,撰写实训报告或研究论文。例如,学校开放实验室进行实训训练,学生可以在此基础上进行实训设计。首先完成实训分组,查找阅读文献后,在此基础上进行总结,形成创新设计思路,制定具体方案,完成计划并开放实训。学生要在方案设计中与教师定期沟通,及时探讨,从而确保方案的可行性与创新性,满足前沿性的要求。确定实训方案后,要定期申请开放实验室,通过分工协作进行实训操作练习,完成实训报告。一些学生在此过程中会有所收获,可以尝试写作和发表论文,教师要在此过程中给予针对性指导。

对于学生来说,创新设计性实训可以获得较好的效果,提升他们的自主性与能动性,吸引其参与其中,提高学习兴趣,培养创新思维,增强学术素养,使学生的综合能力达到一个新的高度。学生应用自己的智慧完成了许多创新设计,如自动无菌手套机的应用、青霉素过敏试验液配置的创新性设计等,充分体现出他们的创新能力和创新精神。

4. 加强护理综合性实训,提升学生创新能力

对于护理学专业学生来说,护理综合性实训也至关重要,这是要以一门或多门学科知识实训内容为基础,将它们融合起来开展的实训训练。这种实训训练要求学生必须要具备一定的知识和技能,并将其灵活运用于训练当中,属于复合型实训。在所设计的案例中,学生要将基础护理和临床护理知识运用起来展开综合实练,他们面对的是实际问题,而这些知识是分析和解决问题的关键。案例的设计也可以由学生进行,他们利用所学知识创设临床情境,展开角色扮演,通过这种方式模拟解决实际问题。学生可以通过综合实训的方式,对知识有更深入的认识,提升专业技能;也可以通过设计案例等方式提高自身学术意识,培养创新精神。

(二)创新创业教育与校外实践教学的协同发展

医学院校应该充分利用校外资源为学生提供优质的实践平台,让学生在合作医院与教学医院见习与实习。由于护理学专业的实践性较强,开展校外实践教学有利于提高学生的综合能力,增强学生的创新创业意识,为将来就业或创业奠定坚实的基础。在校外实践教学中,教师发挥的作用不可替代。学校对此要有深入认识,鼓励教师将创新创业教育融入实践教学中。首先要选择适合的带教老师,一般会偏重于具有创新意识及创新能力的临床护士,这样的师资往往更为优秀,能够更好地提升实践教学效果。其次,适宜的创新创业教育方法同样至关重要,带教老师应以护理学专业为基础,立足于校外实践教学,选择与时俱进的教学方法、教学策略、教学模式等。带教老师可以发掘与专业有关的创新创业案例,用于临床带教中,培养学生的创新创业理念,引导他们不断学习并提升自身综合能力。同时,以教学为中心查阅大量文献,挖掘大量创新性的实例引入实践教学中,锻炼学生的创新创业思维,提升学生的创新创业能力。

护理学具有实践性特点，创新创业教育要与护理学专业教育相融合，这一过程并非一蹴而就，只有不断探索、勇于改革，才能获得理想的成效。将创新创业教育与护理实践教学相互融入并协同发展，可以培养学生的创新精神，帮助其建立创新思维、提升创新能力，形成创新创业意识，为学生未来的发展筑牢根基，也能为社会提供更多的创新创业型护理人才。

五、创新创业教育与护理学专业教育协同发展的结语

创新创业教育与护理学专业教育协同发展是一项复杂而艰巨的系统工程，医学院校应以护理学专业教育作为根基，以创新能力与创业素质作为学生发展的方向，使创新创业教育与护理学专业教育各展所长、互相促进、相辅相成。在有关政策指导下，医学院校还需根据学校办学定位及专业培养目标，培养师生创新创业理念、打造双师型教师队伍、更新护理教育模式、打造创新创业平台、营造创新创业氛围、优化实践教学基地、推动多学科交叉渗透，逐步构建协同融合的课程教育体系，形成符合实际的护理人才培养模式，建立完善与两种教育相配套的人才培养机制，进而更有效地助推二者共同发展。

"双创"时代背景下，只有创新创业教育与护理学专业教育深度融合且协同发展，不断提高护理学专业学生的创新创业意识与创新创业能力，才能够培育出更多拥有创新创业理念与创新创业素质的新型护理人才，实现提升护理人才培养质量的目的，同时有利于优化护理教育的整体架构与系统建设，促进高校护理教育教学改革及护理教育的长远发展，持续推动我国护理事业的蓬勃发展，为实现健康中国战略目标而贡献积极力量！

参考文献

[1] 卞英芳. 双创时代下高职护理专业学生创新创业教育探讨 [J]. 黑龙江科学，2022，13（1）：98-99.

[2] 查晓丽，李绍华. 提升医学院校创新创业教育实效性研究 [J]. 锦州医科大学学报（社会科学版），2021，19（4）：45-48.

[3] 陈海龙，董静. 康复医学专业学生创新创业思维培训方法探讨 [J]. 管理观察，2019（33）：137-138.

[4] 程蕾. 新时代发展下护理专业创新创业教育模式与实践探索 [J]. 创新创业理论研究与实践，2021，4（1）：133-135.

[5] 邓彦敏，曹加文，罗纯. 论培养当代大学生创新创业思维的重要性 [J]. 创新创业理论研究与实践，2022，5（2）：99-101.

[6] 方小英. 医学生创新创业意识的培养和实践 [J]. 科教导刊（上旬刊），2020（31）：170-171.

[7] 葛茂奎，张然，许春蕾，等. 基于协同育人视角下创新创业教育课程与实践体系研究 [J]. 经济师，2022（3）：154.

[8] 郭静，袁艺标，袁栎. 新时代创新创业教育与医学教育深度融合人才培养模式的探索 [J]. 南京医科大学学报（社会科学版），2021，21（3）：296-299.

[9] 韩云峰，谢志平，葛杰，等. 以"执业能力"为导向的医学生创新创业教育实践探索 [J]. 继续医学教育，2021，35（9）：49-50.

[10] 黄德胜，郑长花，陈晓诗，等. 医学创新思维与TRIZ创新方法应用研究 [J]. 创新创业理论研究与实践，2021，4（5）：185-187.

[11] 黄河，栾晨. 高职院校创新创业教育中创新意识的培养 [J]. 商业经济，2022（11）：191-193.

[12] 黄瑞雪，王紫微，任国峰. 高等医学院校创新创业教育的困境与破解途径探索 [J]. 创新与创业教育，2017，8（3）：77-79.

[13] 姜恒，吕庆建，毕于建，等．对地方医学院校创新创业教育的思考[J]．医学教育研究与实践，2017，25（3）：332-334，384．

[14] 李莉．以第二课堂为平台的医学生创新创业教育模式研究[J]．宿州教育学院学报，2021，24（2）：54-56．

[15] 林华开．协同理论下高职院校创新创业教育与思想政治教育"五维融合"路径研究[J]．工程技术研究，2020，5（24）：209-211．

[16] 刘磊，孟晨，吕世军．新形势下医学生创新创业教育模式研究[J]．中国市场，2017（5）：229-230．

[17] 刘玲，李德英，李胜，等．创新创业教育融入高职护理药理学实践教学的探索研究[J]．科技视界，2020（7）：12-13．

[18] 刘明捷，王铭泽，庄林．加强医学院校创新创业教育改革的思考[J]．南京医科大学学报（社会科学版），2020，20（5）：478-481．

[19] 刘晓如，林默君．基础医学专业创新创业教育体系构建探索[J]．福建医科大学学报（社会科学版），2019，20（4）：38-41．

[20] 刘莹．新时代大学生道德教育研究[D]．大连：辽宁师范大学，2022：3．

[21] 马秋平，董静，于庆．高等院校医学生创新创业教育与专业教育融合发展路径的探索[J]．中国卫生产业，2019，16（16）：141-142．

[22] 欧阳超群，游毅文，尹灿东，等．医学院校创新创业平台多元智能构建的实证研究[J]．齐齐哈尔师范高等专科学校学报，2021（3）：86-87．

[23] 石晓丽，张培，顾小颖．医教协同育人环境下培养学生创新思维的方法探索[J]．创新创业理论研究与实践，2020，3（9）：176-177，192．

[24] 宋松．医学院校创新创业教育与思想政治教育融合路径探析[J]．晋中学院学报，2020，37（6）：17-20．

[25] 孙桂生，郑丽．应用型大学创新创业人才的创新思维培养探索与实践[J]．教育教学论坛，2021（31）：52-55．

[26] 王洪才．创新创业教育：中国特色的高等教育发展理念[J]．南京师大学报（社会科学版），2021（6）：38．

[27] 王娟，洪璇，邹丽，等．新建应用型医学本科高校"多元协同"创新创业教育体系的探索与实践[J]．高教学刊，2022，8（4）：52-55．

[28] 王鹏，宋洪庆，邵丽华．协同理论视域下高校创新创业教育研究[J]．北京科技大学学报（社会科学版），2021，37（6）：638．

[29] 王利华．"互联网+"背景下大学生德育教育与创新创业教育融合的思

考[J]. 就业与保障,2022（1）:148.

[30] 王志强. 创新驱动背景下大学生创新创业教育与专业教育融合策略研究[J]. 科技与创新,2022（14）:121.

[31] 谢志平,韩云峰,葛杰,等. 应用型本科医学院校创新创业教育探索与实践[J]. 高校医学教学研究（电子版）,2021,11（6）:56-59.

[32] 杨淑珍,郑凤莉,魏丽鸿,等. 健康中国背景下护理学创新创业人才培养模式的构建与实践[J]. 全科护理,2022,20（14）:2006-2008.

[33] 杨一令,赵洁,李志敏,等. 以学科竞赛为载体的高等医学院校创新创业教育实践研究[J]. 卫生职业教育,2022,40（12）:13-15.

[34] 尹淑娟. 地方院校创新创业教育与专业教育融合路径的研究[J]. 江西电力职业技术学院学报,2022,35（6）:114.

[35] 余燕岚,丁国庆. 医学院校研究生创新创业教育路径探析[J]. 全科医学临床与教育,2021,19（6）:481-483,488.

[36] 岳金月. 大学生创新创业思维培养的路径分析[J]. 陕西行政学院学报,2021,35（3）:123-128.

[37] 张东竹. 大学生创新创业教育研究：以超声医学专业为例[J]. 科学大众（科学教育）,2017（7）:141-142.

[38] 赵长林. 高校创新创业教育概念内涵、政策演进与时代变革[J]. 继续教育研究,2022（8）:67-73.

[39] 周琳,陈旭,张志阳. 医学院校创业基地与实验中心"双融合"平台的构建研究[J]. 中国高新技术企业,2017（9）:240-241.